"十二五"国家重点图书

出版规划项目

清华国学丛书

梁启超与晚清"今文学"运动

以梁著清学史三种为中心的研究

Liang Qichao and the New Text Studies of the Late Qing

张 勇 著

图书在版编目(CIP)数据

梁启超与晚清"今文学"运动:以梁著清学史三种为中心的研究/张勇著.—北京:北京大学出版社,2017.7
(清华国学丛书)
ISBN 978-7-301-28517-6

Ⅰ.①梁… Ⅱ.①张… Ⅲ.①梁启超(1873—1929)—中国历史—研究—清代 Ⅳ.①K249.07

中国版本图书馆 CIP 数据核字(2017)第 167925 号

书　　名	梁启超与晚清"今文学"运动:以梁著清学史三种为中心的研究 LIANG QICHAO YU WANQING "JIN WENXUE" YUNDONG
著作责任者	张勇 著
责任编辑	田炜
标准书号	ISBN 978-7-301-28517-6
出版发行	北京大学出版社
地　　址	北京市海淀区成府路 205 号　100871
网　　址	http://www.pup.cn　新浪微博:@北京大学出版社
电子信箱	pkuwsz@126.com
电　　话	邮购部 62752015　发行部 62750672　编辑部 62750577
印刷者	北京大学印刷厂
经销者	新华书店 880 毫米×1230 毫米　A5　10 印张　224 千字 2017 年 7 月第 1 版　2017 年 7 月第 1 次印刷
定　　价	40.00 元

未经许可,不得以任何方式复制或抄袭本书之部分或全部内容。
版权所有,侵权必究
举报电话: 010-62752024　电子信箱: fd@pup.pku.edu.cn
图书如有印装质量问题,请与出版部联系,电话: 010-62756370

目 录

"清华国学丛书"总序 …………………………………… 1

一 知识的源流:梁启超与晚清"今文学"研究 …………… 1
二 变化的"形象":梁著"清学史"三种有关
  晚清"今文学"叙述的比较 …………………………… 44
三 学术与政治:《近世之学术》读解 …………………… 76
四 "偶然"的背后:梁任公著述《清代学术概论》之心意 ……… 126
五 两种"兴味"与"晚年定论":《中国近三百年学术史》的
  著述由来与意旨 ……………………………………… 151
六 "自述"的检核:"今文学"运动中的梁启超 …………… 182
七 变化与不变:重新认识晚清"今文学" ………………… 210

附录 经今文学的异趋:张尔田与晚清民国时期的经史学 …… 228
后 记 …………………………………………………… 314

"清华国学丛书"总序

在现代中国,"国学研究"就其内容而言即国人对于中国文化之研究。中国文化有几千年连续发展的历史,中国文化的体系博大精深。经过百年来与外来文明的融汇,中国文化不断实现着新的发展与更新。在中国现代化进程不断发展、全球化浪潮冲击世界的今天,更全面、更深入地认识中华文明及其历史发展,发扬优秀的中国传统文化,已经成为新时代的重要使命。清华大学国学研究院的恢复建立,就是要为中华文明的伟大复兴,为中国文化走向世界,为中国学术的卓越发展,为重振清华大学中国文化研究的雄风而尽其努力。

在清华的历史上,1925年曾成立清华研究院国学门,当时亦通称清华国学研究院,后因各种原因,在1929年停办。在短短的四年当中,毕业学生近七十名,其中后来成为我国人文学界著名学者的近五十人。清华国学研究院指导学生的教授王国维、梁启超、陈寅恪、赵元任四位先生,后被称为四大导师,清华国学研究院的研究在当时代表了我国国学研究的最高水平,其教育人才的成就也成为我国近代教育史的一段佳话。

关于老清华国学研究院的宗旨和精神,吴宓在《清华开办研究院之宗旨及经过》中明确地指出:"惟兹所谓国学者,乃指中国学术文化之全体而言。而研究之道,尤注重正确精密之方法,并取材于欧美学者研究东方语言及中国文化之成绩,此又本校研究院之异于国内之研究国学者也。"近代以来,"国学"概念的使用有不同的用法,吴宓的提法代表了当时多数学者的用法。后来清华国学研究院的教研实践也显示出,清华国学研究院对"国学"和国学研究的理解,始终是把国学作为一种学术、教育的概念,明确国学研究的对象即中国传统学术文化,以国学研究作为一种学术研究的体系。在研究方法上,则特别注重吸取当时世界上欧美等国研究中国文化的成果和方法。这表明,老清华国学研究院以研究中国传统文化为本色,但从一开始就不是守旧的,而是追求创新和卓越的,清华国学研究院的学术追求指向的不是限于传统的学术形态与方法,而是通向新的、近代的、世界性的学术发展。

所以,这种求新的世界眼光,是清华国学研究院得以取得如此成就和如此影响的根本原因之一。事实上,在20世纪20年代,在大学里成立国学研究的院所,清华并不是第一家,前有北京大学研究所国学门(1922)、东南大学国学院(1924),后有厦门大学国学研究院(1926)、燕京大学国学研究所(1928),尤其是北京大学国学研究所成立早,人员多,在当时影响广泛,但最终还是清华国学研究院后来居上,声望和成就超出于其他国学院所,成为现代中国学术史的标志。究其原因,除了王国维等人本身是当时我国国学研究冠绝一世的大师外,主要有二:一是清华国学研究院以中西文化融合的文化观作为基础,在中国文化的研究方面,沉潜坚定,不受激进主义的文化观念所影响;二是把国人的国学研究和世界汉学、东方学的研究连成一体,以追求创新和卓越的精神,置身在世界性的中国文化研究前沿,具有世界的学术眼光。

老清华国学研究院是不可复制的,但它的精神和宗旨在今天仍然有其不可磨灭的价值。今天的清华大学国学院,依然承续老清华国学研究院对国学概念的理解和使用,我们也将以"中国主体、世界眼光"为宗旨传承老清华国学研究院的学术精神。"国学研究"是中国学者对自己的历史文化的研究,必须突出中国文化的主体性;但这种文化主体性的挺立,不是闭关自守、自说自话,而是在世界文化和世界性的中国文化研究中确立起自己的地位。

清华大学国学研究院力图秉承老清华研究院国学门的精神,接续20世纪三四十年代清华人文研究的传统,参与新时期以来清华文科的恢复振兴,力求把"清华国学研究院"办成具有世界影响的中国文化研究中心,为中国文化研究提供一个一流的国际化的平台。研究院将依托清华大学现有人文学的多学科条件,关注世界范围内中国研究的进展,内外沟通、交叉并进,既关注传统学术的总体与特色,又着重围绕中国哲学、中国史学、中国美学与文学、世界汉学进行多维度的深入研究,以高端成果、高端讲座、高端刊物、高端丛书为特色,为发展国际化的中国文化研究做出贡献。

"清华国学丛书"是清华大学国学研究院主办的几种高端丛书之一,丛书主要收入本院教授、访问学人的研究成果,及本院策划立项的研究项目成果。这些成果在完成之后,经过遴选而收入本丛书,由北京大学出版社出版。

清华大学国学研究院

2011年1月

一 知识的源流:梁启超与晚清"今文学"研究

晚清"经今文学"(简称"今文学")或"今文学"运动,是中国近现代思想史、学术史无法回避的重要问题之一,其对晚清政治改革也曾发生过重要的影响。

说到我们今天拥有的有关晚清"今文学"或"今文学"运动的知识,沿波以讨源,其源头则不能不溯及梁启超。正是任公通过其所著"清学史"(尤其是《清代学术概论》),首次系统地评述了晚清"今文学",建构了今日已成为常识的我们对于晚清"今文学"的基本认识框架。继任公之后的"今文学"研究著述,虽于任公之说或作引申或为反对,然大端不离梁著清学史所界定的基本概念和范围(详后);而晚近的相关研究,更有奉梁著为典要的趋势(亦详后)。

章太炎曾指出历史叙述的这样一种现象:"世儒以后之所订,而责前之故然。虽皮傅妄言,逾世则浸以为典要。"①简单地以太炎此论比附任公有关清学史(包括"今文学")的论述及后来者的研究,诚未免过当;然以太炎此说为警示,系统清理自任公以来的晚清"今文学"研究,检讨我们已有的晚清今文学知识的源流,无疑是继续推进

---

① 章太炎:《征信论上》,《章太炎全集》四,上海人民出版社1985年版,第55页。

这一研究所不可或缺的。

（一） 梁著"清学史"中的晚清"今文学"

1. 梁著"清学史"三种及在当时的影响

梁启超向被称为近代百科全书式的人物。然论及学术贡献，则首推其史学论著，尤其是有关"清学史"的著述。

梁启超有关"清学史"的著述以《清代学术概论》（1920）、《中国近三百年学术史》（1924）为代表作，此外则有早年所作《论中国学术思想变迁之大势》的第八章《近世之学术》（1904）。正如已有论者所指出的，梁启超有关"清学史"的这些论著，于"清学史"研究有"发凡起例的创辟之功"，①已成为"清学史"研究"必备的经典性名著"。②

1902年，梁启超撰著《论中国学术思想变迁之大势》（以下简称《大势》），连载于当年的《新民丛报》。梁启超于该著作的"总论"中，将有史以来中国学术思想的变迁划分为八个时代，其中"清代学术"属于"七衰落时代，近二百五十年是也；八复兴时代，今日是也"。在其刊于篇首的目录中，列有"八、衰落时代/九、复兴时代"，依此则所谓"清代学术"应为该著作的第八章和第九章。但实际情况是，《大势》于1902年12月的《新民丛报》22号刊毕"第六章第四节"后即中辍；至1904年9月《新民丛报》53号续刊该作，则题为"第八章 近世之学术（起明亡以迄今日）"。对此，梁启超于该章篇首作这样

---

① 陈祖武：《梁启超对清代学术史研究的贡献》，见陈祖武著《清儒学术拾零》，湖南人民出版社2002年版，第300—325页。
② 朱维铮：《〈清代学术概论〉导读》，见《清代学术概论》，上海古籍出版社1998年版，第3页。

的解释:

"本论自壬寅秋阁笔,馀稿久未续成,深用歉然。顷排积冗,重理旧业。以三百年来变迁最繁,而关系最切,故先论之。其第六章未完之稿及第七章之稿,俟本章撰成,乃续补焉。""原稿本拟区此章为二:一曰衰落时代,一曰复兴时代。以其界说不甚分明,故改今题。"①

故《近世之学术》一篇,应是梁任公最早的"清学史"著述。

梁著"清学史"影响最大者,当属《清代学术概论》及《中国近三百年学术史》。

《清代学术概论》(以下简称《概论》)作于1920年。学界通常接受梁启超本人的说法,即该著原是为蒋方震著《欧洲文艺复兴史》所作的"序言",后因篇幅过长,遂单独成篇。《概论》初以《前清一代思想界之蜕变》为题,连载于《改造》杂志;次年由商务印书馆出版单行本,改为今题。迄1932年,商务版《概论》先后印行八版,足见销路之畅旺。《概论》甫出,即有好评。胡适《日记》有这样的评论:"任公此书甚好,今日亦只有他能作这样聪明的著述。此书亦有短处。他日当为作一评,评其得失。"②当然也有不同看法,亦见之于胡适友朋信札。傅斯稜曾告知胡适他的计划:"……闲暇或把梁任公的《清代学术思想史》批评批评也未可知,因为他那部书太糟,就是梁氏太无

---

① 以上有关《论中国学术思想变迁之大势》的引述,均见《新民丛报》,并参见《论中国学术思想变迁之大势》,上海古籍出版社2001年版。《饮冰室合集》文集之七所收该篇,无题记。
② 曹伯言整理:《胡适日记全编》(3),安徽教育出版社2001年版,第240页。

学问,只以滑头的手段去作著述家,要知人外有人,人人不尽可欺的。"①然据现有资料,除却李详的《〈清代学术概论〉举正》一篇②,公开报刊上少见有对《概论》的专门评论。胡适、傅斯稜二人拟议的书评似亦未作。

继《概论》之后,1924年梁启超将其在清华等校讲授"清学史"的讲稿整理后分别交《晨报》《国文学会丛刊》《史地学报》《东方杂志》等陆续刊载,此即梁著"清学史"的又一名著:《中国近三百年学术史》(以下简称《近三百年学术史》)。如同《概论》,《近三百年学术史》发表后,当时的公开评论亦不多见。

1929年梁启超逝世,在当时为数不多的有分量的纪念文章中,几无例外地都谈到他在"清学史"研究方面的贡献。如张荫麟《近代中国学术史上之梁任公先生》称:"惟其关于中国佛学史及近三百年中国学术史之探讨,不独开辟新领土,亦且饶于新收获,此实为其不朽之盛业。"③被丁文江推许为当时纪念文章"第一"的郑振铎《梁任公先生》一文,则称:"《论中国学术思想变迁之大势》一作尤为重要,在梁氏以前,从没有过这样的一部著作发见过,她是这样简明扼要的将中国几千年来的学术加以叙述、估价、研究,可以说是第一部的中

---

① 《胡适来往书信选》上"傅斯稜致胡适"(编者注:此信约写于1922年夏),中华书局1979年版,第178页。
② 据记载,《概论》出版后,李详(审言)有《〈清代学术概论〉举正》一文刊载于沪上报刊。此文现已难寻,但钱基博曾两次论及此文,一则曰:"李详所驳,虽其细已甚,足微梁书为名物之末,疏漏亦弥复可惊。"(钱基博:《国学概论》序,《国学概论》,台北商务印书馆1956年版)再则曰:"唯李氏谀闻足以动众,而昧于问学之大,徒为毛举细故,引绳于字句,而未窥梁氏症结所在。"(钱基博:《后东塾读书杂志二》,《青鹤》第1卷第5期)据此大略可知,李文所"举正"多为名物、文字,且于梁氏《概论》似亦有赞有弹,并非一概否定。
③ 见《大公报》1929年2月11日。

国学术史(第二部的至今仍未有人敢于着手呢),也可以说是第一部的将中国的学术思想有系统的整理出来的书。"对于梁氏晚年的清学史研究,郑振铎认为"这也是将《中国学术思想变迁》一文中,关于清代学术一部分加以放大的"。而《清代学术概论》是梁启超"对于清代学术的有系统的一篇长论,但多泛论,没有什么深刻的研究的结果。独有对于康有为及他自己今文运动的批评,却是很足以耐人寻味的"①。郑氏推崇任公《大势》之作,胡适则以切身感受印证此说,胡适回忆:"我个人受了梁先生无穷的恩惠。现在追想起来,有两点最分明。第一是他的《新民说》,第二是他的《中国学术思想变迁之大势》。——《新民说》诸篇给我开辟了一个新世界,使我彻底相信中国之外还有很高等的民族,很高等的文化;《中国学术思想变迁之大势》也给我开辟了一个新世界,使我知道《四书》《五经》之外中国还有学术思想。"②在其他纪念文章中,郑师许认为,《清代学术概论》《近三百年学术史》等几种书,"实在是梁先生最后的贡献予学术界的成绩,而后来研究梁先生的学术的人们所不可不读之书"③。缪凤林也称梁任公晚年"专精于《三百年学术史》及《文化史》",天假余年,"其造福于史学界将无量"。④ 至1936年,郭湛波在其再版的《近五十年中国思想史》中这样评价梁启超:"我以为他最大的贡献,要算他有清一代的思想学术的整理,非他人所可比及。"⑤郭氏此论,或

---

① 见《小说月报》20卷2号(1929年2月)。
② 胡适:《四十自述》"在上海",《新月》三卷七号(1931)。
③ 郑师许:《我国学者与政治生活:为哀悼梁任公先生而作》,《新闻报》1929年2月17、18日。
④ 缪凤林:《悼梁卓如先生》,《史学杂志》1卷1期(1929年3月)。
⑤ 郭湛波:《近五十年中国思想史》,山东人民出版社1997年版,第222页。

可代表当时青年一辈对任公学术的认识。①

当然,也有对任公清学史著述不以为然或加丑诋者。张尔田评论《概论》即云:"尚论一代学术,谭何容易! 梁本妄人,又笃信其师,安得不妄。"②钱基博则不满此前李详"举正"《概论》之"毛举细故,引绳及于字句",而直指所谓"梁氏症结所在",以为《概论》"于清学之前因后果,实未睹其大体",具体言之:其一,"梁氏只知以清代考证学菲薄宋儒,而不知清学疑古精神及其治学方法,胥出宋儒"。其二,"梁氏叙考证学极盛之反响,为公羊今文学,亦知其一而不知其二之论"。即"不知前公羊今文学而非议考证学者",有浙东史学一派;"并公羊今文学而批评考证学者",则有陈澧、朱一新之兼采汉宋一派。其三,"戴震理欲之说,梁氏极意张大,以迎合青年之脆薄心理,得遂其纵欲长敖之私"。其四,"梁氏于桐城家备极轻薄,不知康有为之《新学伪经考》,即推衍方苞之《周官辨》一书,其他康氏疑古之大胆的假设,由方苞引其绪者不少"。其五,"公羊今文学,梁氏自以学所自出,著意叙述,不知公羊今文学之张设门户,当以江都凌曙晓楼筦其枢"。其六,"梁氏叙孙诒让得统于高邮王氏父子,以为清代考证家之后劲",不知"其学实渊源家学,而远承宋学之永嘉经制

---

① 郭著将任公的学术贡献仅限于"整理国故",且以为比之于胡适、冯友兰对"旧思想的整理",任公缺少新的方法,故成绩不如胡、冯。然则论"清学史",任公乃无人可比。郭氏此论似亦有所本,当年反对"整理国故"的吴稚晖曾说:梁启超"受了胡适之《中国哲学史大纲》的影响,忽发整理国故的兴会,先作什么《清代学术概论》,什么《中国历史研究法》,都还要的;后来许多学术演讲,大半是妖言惑众,什么《先秦政治思想》等,正与西学古微等一鼻孔出气。所以他要造文化学院,隐隐说若他死了,国故便没有人整理。我一见便愿他早点死了。"(见前揭《近五十年中国思想史》,第134页)

② 张尔田:《致李审言》,见苏晨主编:《学土》卷一,广东高等教育出版社1996年版,第42页。张氏与梁任公的交涉及其有关清代学术的意见,详见本书附录:《经今文学的异趋:张尔田与清末民初的经史学》。

一派"。① 然而,张氏评论见于友朋通信,属于私议;钱氏批评引据有征,却影响有限,很少为人提及。②

2. 三种"清学史"之关系及其特色

在梁著"清学史"三种中,《大势》第八章《近世之学术》虽为梁启超有关"清代学术"的最早论述,但迄今尚未引起学术界足够的重视。其原因,一则或由于后来的研究者更多地将《大势》视为一整体,强调其作为近代体例学术通史的"垂范"意义③;二则或由于后人听信了梁氏本人这样的说法,即晚年所作《清代学术概论》乃承《近世之学术》而来,其"根本观念""无大异同",而"局部的观察"则更为"精密"④,于是认《概论》为梁著"清学史"的成熟之作,而忽略了

---

① 钱基博:《后东塾读书杂志二》(梁启超:《清代学术概论》一册),《青鹤》第 1 卷第 5 期。
② 然而钱基博诸批评,却多有和钱穆《中国近三百年学术史》论说一致之处;此前,二人曾在无锡有密切交往(见钱穆:《八十忆双亲·师友杂忆》,三联书店 1998 年版,第 127—129 页),1930 年钱穆《国学概论》出版,书前有钱基博"序",主要就书中论清学一章,施以"针砭",并指钱穆对梁任公《清代学术概论》过于尊信。此序或对钱穆之后以任公为批评对象讲授、著述清学史产生过影响。尽管后来杨绛披露该序为钱钟书所撰(见杨绛:《我所知道的钱钟书与〈围城〉》),然序中论点必经钱基博认可,或即是钱基博口授大意、钟书笔述成文,亦属常情。二钱此段学术姻缘还可细述,俟另文。
③ 较早注意《论中国学术思想变迁之大势》并予以高度评价的是郑振铎、张荫麟等(见前引郑氏《梁任公先生》、张氏《近代中国学术史上的梁任公先生》),胡适则肯定了《大势》对他个人学术生涯的深刻影响(见前引胡适:《四十自述》)。近年来已有一些研究者,开始注意对《论中国学术思想变迁之大势》一文的专题研究,如夏晓虹:《中国学术史上的垂范之作:读梁启超〈论中国学术思想变迁之大势〉》(《天津社会科学》2001 年第 5 期)、潘光哲:《画定"国族精神"的疆界:关于梁启超〈论中国学术思想变迁之大势〉的思考》(台湾"中央"研究院:《近代史研究所集刊》第 53 期)等,或考订源流或抽绎作意,然均系通说,缺少对《近世之学术》这一实际上是单独成篇的"第八章"(详后)的专门讨论。
④ 见前揭《清代学术概论》"自序"。

对《近世之学术》的追究。

《清代学术概论》和《中国近三百年学术史》,是公认的梁著"清学史"的代表作。有关二者的关系,任公在《近三百年学术史》中称"我三年前曾作过一部《清代学术概论》。那部书的范围和这部讲义差不多,但材料和组织很有些不同。"①但通行的看法则以为,《概论》"带有综论的性质,富有'理论'色彩",《近三百年学术史》"侧重于史料的梳理",二者互为补充,"相映生辉"。② 既然如此,且相信并推衍梁氏在《概论》中所说,以为梁著"清学史"三种,"除具体人、事的去取有差异外,根本观念无大异同"③,那么以"论"见长、明晓畅达的《概论》,在梁著三种"清学史"中最受重视、影响最大,也就不足为奇。朱自清在20世纪30年代曾著文批评当时"青年的读书风气",说他们只愿意读粗制滥造的"概论""大纲""小史"等"架子书"④。此种"风气",迄今并无太多的改变,自有其原因所在,兹不赘述。

作为梁著"清学史"中最具影响力的《概论》,其与《近三百年学术史》在直观上的显著差异,实在于它的"完整"面貌。现通行的《近三百年学术史》,乃梁氏逝世后的整理之作。⑤ 其篇幅虽远远超过《概论》⑥,但在内容上却有明显的欠缺。即,其有关概论"清朝一代

---

① 朱维铮校注:《梁启超论清学史二种》,复旦大学出版社1985年版,第91页。
② 耿云志、崔志海:《梁启超》,广东人民出版社1994年版,第389—390页。以"论"与"史"分别标示《概论》与《近三百年学术史》的特色,已是最普遍的观点。前揭《梁启超论清学史二种》"校注引言"即称二者为"论史互补的姊妹篇"。
③ 罗志田:《道咸"新学"与清代学术史研究》,见章太炎、刘师培等撰,罗志田导读、徐亮工编校:《中国近三百年学术史论》,上海古籍出版社2006年版,"导读"第3—4页。
④ 朱自清:《青年的读书风气》,《独立评论》第74号。
⑤ 关于《中国近三百年学术史》的陆续发表和整理出版情况,详见本书"兴味"与"定论"一节。
⑥ 《概论》约5.5万字,《近三百年学术史》则约27万字,为《概论》的近5倍之多。

学术变迁之大势"的叙述("清代学术变迁与政治的影响"),仅占三节的篇幅;叙述清初学术的部分共八节,约占全书三分之一强;而以乾嘉为主(包括清初与晚清)的"清代学者整理旧学之总成绩"部分,则占去全书一半的篇幅。《近三百年学术史》如此这般重"清初""乾嘉",而略"晚清"的结构,显然与《概论》以"考证学"和"今文学"为清代学术之"两潮流"的叙述有很大的不同。所以,比之于《近三百年学术史》,《概论》的"完整"端在于其有关晚清学术——"晚清今文学"的叙述。

的确,梁启超有关晚清"今文学"的叙述,其影响最大者,莫过于《清代学术概论》。说到《概论》的作意,人们往往乐于重复梁氏所谓原为蒋方震《欧洲文艺复兴时代史》作序,因篇幅几等于蒋著,遂独立成篇的逸事,而忽略了任公所以作《概论》的最初或第一"动机":记述晚清"今文学"运动。首载于《改造》的《前清一代中国思想界之蜕变》开篇即云:

> 旧历中秋前十日在京省胡适之病,适之曰:晚清"今文学"运动,于思想界影响至大;吾子实躬与其役者,宜有以纪之。适蒋百里著《欧洲文艺复兴史》新成,来索序……吾泛泛为一序,无以益其善美,计不如取吾史中类似时代相印证焉,庶可以校彼我之短长而思所以自淬厉也。①

此段文字,在随后商务版单行本中略作改动,移入"自序",成著作《概论》的两个"动机",且仍以"胡适语我"一段居首。《概论》成书后,任公亦曾致书胡适云:

---

① 《改造》第三卷第三号。

> 公前责以宜为今文学运动之记述,归即嘱稿,通论清代学术,正宜[拟]钞一副本,专乞公评骘。得百里书,知公已见矣。①

由上述可知,所谓记述晚清"今文学"运动,实为《概论》的最初著作"动机",乃有意为之;而为蒋著作序则为"适逢其会",多少有点偶然了。② 正因如此,记述晚清"今文学"运动也就成为《概论》的重点内容之一。任公于此三致意焉,即先言其大,树立"今文学"之地位,云:

> 有清一代学术,可纪者不少,其卓然成一潮流,带有时代运动的色彩者,在前半期为"考证学",在后半期为"今文学",而今文学又实从考证学衍生而来。故本篇所记述,以此两潮流为主,其他则附庸耳。

而对于篇中有关晚清"今文学"运动的内容,又特作强调声明,标举记述的公正,云:

> "今文学"之运动,鄙人实为其一员,不容不叙及。本篇纯以超然客观之精神论列之,即以现在执笔之另一梁启超,批评三十年来史料上之梁启超也。其批评正当与否,吾不敢知。吾惟对于史料上之梁启超力求忠实,亦如对于史料上之他人之力求忠实而已矣。③

或许正是这种"亲历"的身份、"客观"的态度,加之简明扼要、长于论断的风格,致使《概论》有关晚清"今文学"运动的叙述,自刊行始,即

---

① 丁文江、赵丰田编:《梁启超年谱长编》,上海人民出版社1983年版,第922页。
② 关于《概论》之作的"偶然"之说,可参见朱维铮:《〈清代学术概论〉导读》,见《清代学术概论》,上海古籍出版社1998年版。
③ 以上引述,均自《改造》第三卷第三号,后移入《概论》"自序",文字未作改动。

被视为"信史",并深刻地影响了后继的"清学史"研究。①

诚如许多论者已指出的,《概论》并非"清学史"研究的首出之作,且其中一些论断,或多或少、或明或暗受到诸如章太炎、刘师培等同为"清学史"开创者一辈相关著述的影响。② 然而,将《概论》与章、刘同类著作相比较,毫无疑问,《概论》最具"独创性"的部分,仍在其有关晚清"今文学"运动的论述。就影响而言,后来的"清学史"研究,在有关"清初学术""乾嘉学术"的部分,容或征引章、刘的论断,或以章、刘论述为研究的起点,但有关晚清的论述,尤其是"今文学"的论述,则更多取自《概论》的基本观点和框架,或以《概论》所述作为讨论的对象。因此,若说《概论》在同类"清学史"经典中,其价值及影响端在其有关晚清"今文学"的叙述,或也并不为过。

3.《清代学术概论》有关晚清"今文学"的叙述

既然梁著"清学史"中以《概论》最为著名,而《概论》最具"独创性"的部分又在其晚清"今文学"运动的叙述,以下即撮录其要点,以方便同后来相关研究著述的比较。

(1)《概论》以"考证学"和"今文学"作为清学前后期的两大潮流。即,由"启蒙期"转出的考证学是清学"全盛期"的代表;由反叛

---

① 最早见到《概论》原稿的蒋方震、林志钧、胡适等人,均有修改意见,任公采纳诸说,"增加三节,改正数十处"(见《概论》"第二自序"),然所改者不涉"今文学"(见《改造》首刊本与《概论》单行本之比勘,详本书第四篇)。胡适称《概论》"甚好"(见前引 1921 年 5 月 2 日日记),自然包含有对其所要求的"今文学"运动记述的认可;郑振铎对《概论》总体评价不高,以为不过是《近世之学术》的扩充,但对"今文学"运动的记述,则以为"耐人寻味",予以特别提示(见前揭氏著:《梁任公先生》)。后来的研究者,大多对任公"自序"的"超然客观"态度给予佳评,例甚多,不列举。

② 近期对此问题的研究,可参看朱维铮:《〈清代学术概论〉导读》,见《清代学术概论》,上海古籍出版社 1998 年版。

考证学而来的今文学是清学"蜕分期"的旗帜,并因其对清学"正统派"(考证学)的批判而使清学进入"衰落期",最终结束"清学"。

(2)清学之特质或思想意义,"一言蔽之,曰'以复古为解放'。第一步,复宋之古,对于王学而得解放。第二步,复汉唐之古,对于程朱而得解放。第三步,复西汉之古,对于许郑而得解放。第四步,复先秦之古,对于一切传注而得解放"。以此衡量,"今文学"运动实担当第三、四步的"解放"重任,且"夫既已复先秦之古,则非至对于孔孟而得解放焉不止矣",故"今文学"比之于"考证学",显然更具"解放"的特质。

(3)"今文学"兴起于道、咸之际,其兴起之原因,一则因考证学学派本身缺点使之已趋末路,再则由内忧外患之环境所促成。故今文学之兴起,既是两汉经学今古文旧案之新翻,以西汉今文学反对考证派(正统派)宗主的东汉古文学,又是鸦片战争后逐渐输入的"极幼稚"之"西学"与重新复活的清初启蒙期"经世之学"的结合,具有鲜明的时代特征。

(4)"今文学"运动的代表人物是康有为、梁启超,其学术传承则渊源有自。今文学的中心在《公羊》,清代公羊学的启蒙大师为庄存与,传其学者有刘逢禄、龚自珍及魏源等。"今文学之健者,必推龚、魏。"龚自珍、魏源虽言经学,其精神与正统派之"为经学而治经学"相异,"好作经济谈,而最注意边事"。后之康、梁等借经术以文饰其政论,"则龚、魏之遗风也"。

(5)"今文学运动之中心,曰南海康有为。"康有为集今文学之大成,著《新学伪经考》《孔子改制考》,其独立"创作"则有《大同书》。

《伪经考》主旨在证明东汉晚出之古文经传,皆刘歆为王莽新朝所伪造;其影响在于"第一,清学正统派之立脚点,根本摇动;第二,一切古书,皆须从新检查估价。此实思想界之一大飓风也"。

《改制考》以为"六经"皆孔子托古改制之作,先秦诸子亦"罔不托古,罔不改制"。其影响于思想界者,如同"火山大喷火":其一,教人读古书,当求古人创法立制之精意;其二,使人知孔子之伟大,在于建设新学派(创教),从而鼓舞创作精神;其三,以六经为孔子托古之作,则使数千年来经典的神圣性发生疑问,引起学者怀疑批评的态度;其四,以为先秦诸子皆托古改制,则实际上"夷孔子于诸子之列",打破"别黑白定一尊"的观念,启发人们作比较的研究。

不同于《伪经考》《改制考》的综集诸说、整理旧学,《大同书》则是康有为的独立创作、自得之学。康氏以《春秋》"三世"之义说《礼运》,以"大同"为孔子理想社会,其说与世界主义、社会主义"多合符契"。然而,康有为虽著《大同书》,却又以为方今之世只可行"小康",不能言"大同",其毕生实践仅在"实行其小康主义的政治"。

(6)"对于'今文学派'为猛烈的宣传运动者,则新会梁启超也。"启超师事康有为,却对其师之武断和"以神秘性说孔子"不以为然;以为孔门之学衍为孟子、荀卿两派,荀传小康,孟传大同,故与夏曾佑、谭嗣同发起"排荀"运动。又创办《时务报》、"时务学堂",鼓吹变法、民权。戊戌政变后,亡居日本;唐才常起义失败后,"复专以宣传为业",创办《新民丛报》《新小说》等杂志,"二十年来学子之思想,颇蒙其影响"。启超三十以后,不谈"伪经""改制",反对康有为以孔教为国教说,主张思想的独立自由,"康、梁学派遂分"。启超在晚清思想界的贡献,主要在于对旧思想的批判,"其破坏力确不小,而建设则未有闻","可谓新思想界之陈涉"。

(7)"晚清思想界有一彗星,曰浏阳谭嗣同"。嗣同熔佛教思想、科学知识、今文家说为一炉,号召"冲决罗网"、摆脱旧思想之束缚,其怀疑之精神、解放之勇气,尽见于《仁学》上下篇,"扫荡廓清之力莫与京焉"。

晚清尚有一人"能为正统派大张其军者,曰余杭章炳麟"。炳麟提倡"排满"种族革命,其治学"应用正统派之研究法,而廓大其内容延辟其新径",影响学界甚巨。"而对于思想解放之勇决,炳麟或不逮今文家也"。①

(二) 梁著"清学史"有关晚清"今文学" 的叙述对于后世的影响

由上所述,梁启超既是晚清"今文学"运动的亲历者,又是晚清"今文学"运动的叙述者。惟"亲历"更增其叙述的权威性,而又由其"叙述"的权威,则晚清"今文学"运动及梁氏于其中的作用亦遂成定论,深刻影响于后世。以下依时间先后,于后来相关研究中仅择其主要者,略作比对,以见其影响。②

1. 20世纪80年代以前的晚清"今文学"研究

(1)《经今古文学》与《国学概论》

周予同于1925年发表的《经今古文学》③,是较早的有关"经今古文学"的专门著述。该著共分八节,其中五节为今、古文合论,即

---

① 以上撮要,均据前揭朱维铮导读《清代学术概论》。
② 本小书为旧作,此次修订出版,除个别之处的补充之外,只作文字的改定,其他一仍其旧,保留初作面貌。故以下对相关研究的概述,其时间下限至2006年。
③ 关于《经今古文学》发表及版本情况,见朱维铮编:《周予同经学史论著选集》(增订本),上海人民出版社1996年版,《经今古文学》题注。

"经今古文的诠释""经今古文异同示例""经今古文的争论""经今古文和其他学术的关系";另辟三节专论经今文学,即"经今文学的复兴""经今文学在学术思想史上的评价""经今文学的重要书籍"。如此结构,恰印证了周氏所谓"我个人是比较倾向今文的"①立场。

《经今古文学》用以区分经今古文的标准,主要取自廖平、康有为和章太炎诸人的著作(《今古学考》《伪经考》《清儒》等),有关今、古文的解说分析,则多以康有为、章太炎为各自的代表,也就是说,其所用今古文标准更多的是援据晚清以来的诸界说撮述而来。

经今文学尤其是晚清经今文学,是《经今古文学》叙述的重点。尽管周氏以为梁启超"对于国内思想界的贡献另有所在,实在不能称为今文学者"②;也尽管其后更曾指出,梁著"清学史"多取自章太炎的《清儒》、刘师培的《清儒得失论》和《近代汉学变迁论》③,但这并不妨碍《经今古文学》在有关晚清今文学的评述方面,几乎"全盘"接受梁著《概论》的基本框架和观点④。具体来说,其关于清学的特质和分期("以复古为解放"的四期)、关于今文学复兴的学术和社会原因、关于常州学派代表人物的基本评价、关于集今文学之大成的康有为及其著作等的叙述,均有极显明的取自《概论》或由《概论》引申发挥的印迹。至于被认为是周氏创见的有关今文经学历史作用的评价⑤,其基本判断——"在消极方面能发扬怀疑的精神,在积极方面

---

① 见前揭《周予同经学史论著选集》,第24页。
② 同上书,第22页。
③ 同上书,第837、900页。
④ 此仅指"基本框架和观点",在有关早期常州派人物的叙述中,周氏亦间采《清儒》。又,周氏有关梁著清学史取自章、刘的说法,似亦更多指有关清初及乾嘉的部分,具体内容可参见本文第三章有关《清儒》与《近世之学术》的比较。
⑤ 参见朱维铮:《中国经学史研究五十年》,前揭《周予同经学史论著选集》,第976页。

能鼓励创造的勇气"①,则显然与《概论》一再张扬的晚清"今文学"运动"思想解放"的意义和对康有为"二考"(《新学伪经考》《孔子改制考》)的评价,在思路和表述上都如出一辙。

周予同有关清代今文学的叙述,还可见于其所作《"汉学"与"宋学"》《五十年来中国之新史学》《中国经学史讲义》等,但若论流布之广、影响之大,仍当首推《经今古文学》。而周氏有关晚清今文学的基本叙述和评价,前后似也无太多变化,这由《经今古文学》1955年的重版本可以知晓。

钱穆是与梁启超齐名的清学史大家,其《中国近三百年学术史》是影响广泛的清学史名著。但钱氏最早有关清代学术的论述,则首见于1928年写成的《国学概论》。

如钱氏自述,《国学概论》"姑采梁氏《清代学术概论》大意,分期叙述。于每一时代学术思想主要潮流所在,略加阐发。其用意在使学者得识二千年来本国学术思想界流转变迁之大势……"②以"学术思想潮流""变迁大势"而概论"国学",由此可见任公所谓学术史叙述以"时代思潮"为主及其《论中国学术思想变迁之大势》的影响。

《国学概论》第九章专论清代学术,其标题为"清代考证学",且认同梁启超对清学"以复古为解放"的概括,③则其对清学的整体把握与梁氏以考证学为清学中心的判断正相契合。④ 循此思路,钱氏《国学概论》对清代学术的叙述也大体与梁氏《概论》相同。其论清

---

① 前揭《周予同经学史论著选集》,第31页。
② 钱穆:《国学概论》,商务印书馆1997年版,"弁言"。
③ 同上书,第329—330页。
④ 钱基博为《国学概论》作序,专门评说第九章,指出"此章于梁氏概论,称引颇繁,其非经学即理学一语,亦自梁书来"。此序见《国学概论》,台北商务印书馆1956年版。

初学术亦以对宋明理学的"反动"为主旨(所谓"正值宋明理学烂败之余而茁其新生"),所不同者在以为"汉学"开山非顾亭林一人之力,黄梨洲影响不在亭林之下(钱氏于此处,两引章氏《清儒》、梁氏《概论》,一并驳之)①;其论乾嘉学术,则兼取章氏《清儒》、梁氏《概论》,间出己意(如,言吴、皖二派均未能"舍古以成学""舍古以寻是",故"根本非异趋";又如表彰章学诚,以为可比王充、叶适,并为转移一时风气之人物,等)②;至于其论晚清今文学,则几全取梁氏《概论》诸说③。钱氏对于有清一代学术的总结,亦不越梁任公、胡适之的范围,即以为清代学术论方法颇合于科学的精神,言思想则缺乏空所依傍的创造。④

要而言之,《国学概论》虽不乏创获,但其有关清代学术的论述(尤其是晚清今文学的论述),则明显受到《清代学术概论》的影响,以至钱基博对其有佞梁氏《概论》过甚的批评。⑤ 该书于20世纪50年代"一仍其旧"在海外再版,成为了解"国学"的入门书,则实际于无意中扩大了梁氏《概论》的影响。

(2)《重论经今古文学问题》《中国近三百年学术史》与钱著《中国近三百年学术史》

《重论经今古文学问题》是钱玄同为北平文化学社重印《新学伪经考》所作的长篇"序言"。该文首以《重印新学伪经考序》为题刊于重印本之前,署1931年11月16日;后经删改刊于北京大学《国学季

---

① 前揭《概论》,第269—270页。
② 前揭《国学概论》,第286—287、300页。
③ 《国学概论》的体例类"纲目体",正文仅为"纲要",称引所及、辩证论难则散为"小注"。其论晚清今文学部分,多直接引述梁氏《概论》而少有辩驳。
④ 前揭《国学概论》,第211—217页。
⑤ 前揭钱基博:《〈国学概论〉序》,见《国学概论》,台北商务印书馆1956年版。

刊》第三卷第二号,改为今题。钱玄同此文虽自居"超今文"、超经学(以"经"为研究古史的史料)的"学术"立场,但却由于对《新学伪经考》的充分肯定,而成为最具影响的从"学术"价值和意义方面表彰晚清"今文学"的专门论述。

钱玄同以为,《新学伪经考》"全用清儒的考证方法——这考证方法是科学的方法",其"证据之充足,论断之精覈,与顾炎武、阎若璩、戴震、钱大昕、段玉裁、王念孙、王引之、俞樾、黄以周、孙诒让、章太炎(炳麟)师、王国维诸人的著作相比,决无逊色,而其眼光之敏锐尚犹过之";"古文经给他那样层层驳辨,凡来历之离奇,传授之臆测,年代之差舛,处处都显露出伪造的痕迹来了。于是一千九百多年以来学术史上一个大骗局,至此乃完全破案。"①因而是一部极重要、极精审的辨伪专著,其意义在于打破"宗经"的观念,鼓励疑经、辨伪、求真的精神。钱玄同对《伪经考》评价之高,甚而超过了梁氏《概论》,但其评价的尺度、意旨与《概论》并无二致。虽然钱玄同自有"今文"师承(师从崔适),其如此评价《伪经考》更有其现实的意谓,而未必就一定是受到了梁氏《概论》的影响,但客观上却不啻为《概论》有关晚清"今文学"运动的叙述做了一个具体而翔实的注解。②

---

① 钱玄同:《重印新学伪经考序》,见康有为:《新学伪经考》,北平文化学社1931年版,"序"第12—14页。
② 钱玄同自1913—1914年间师从崔适,改崇经今文,其对梁任公也就多了些关注和理解,相关议论也平实许多。如1921年9月17日日记,说到任公:"此公的文章本来浅显畅达,而头脑又很清晰,今后诚能不骛心于政治,而专门做整理国故的事业,则造福于学子者必甚大,决不在胡适之下。"其1928年1月11日日记则称任公之"学术、思想、政治,无论好坏,总是历史上一个极重要的人,我之对于梁,无论何时,总持敬意。敬其事,敬其人,敬其过去变法之举也。"任公去世,钱氏送挽联:"思想革命的先觉,国学整理之大师。任公先生不朽。后学钱玄同肃挽。"(1929年1月20日日记)以上引述,见《钱玄同日记(整理本)》,北京大学出版社2014年版。

蒋维乔编述的《中国近三百年哲学史》，是继梁著《中国近三百年学术史》后，又一部以"近三百年"标题的专史著述。该书1932年1月由中华书局印行，至1936年已出三版，可见在当时有一定的影响。该书所谓"近三百年"的概念(明末至民初)，与任公相同；虽标目"哲学"，内容实为"学术思想"(于各期人物介绍，多笼统以"学说"为题，间或以"政治哲学""人生哲学"标目)，其"总论"云：

> 综观近三百年之学术思想，可分两大时期：一复演古来学术；二为吸收外来思想。① 当宋明理学颓衰之时，有考证学派出，排斥宋学之空疏，自唐溯汉，提倡许郑之朴学。无论治经治史，以及诸子，皆重训诂，凭实证，用科学的精神，整理古籍，是即考证学之特长。清代自康雍以至乾隆时，考证学发展至极点，特尊之曰汉学，以示别于宋学。实则复演前代之学术，自宋以倒溯至东汉也。至乾嘉以后，考证之途已穷，学者无可致力。且域外交通大开，中外思想接触，觉我国所以贫弱，外国所以富强，必有重大之原因在。才智之士，对于政体与社会根本组织，均起怀疑；而以清廷禁网尚严，不敢公然反对，乃为文艺复兴之运动；即道咸以后所产生之公羊学派是也。此派庄存与刘逢禄倡之于前，龚自珍魏源继之于后，而大振于康有为。实则推倒考证家东汉之古文学，而复演西汉之今文学也。至于今日学者对于周秦诸子之研究，极盛一时……此则由西汉而复演及于周秦也。②

由此可见蒋著三百年史的基本论述框架和主要观点，均取自梁著

---

① 蒋著虽分三百年为两期，其叙述又以前期为主。全书共十章，以八章述"复演古来学术"时期，所谓"吸收外来思想"时期，则仅分述严复、王国维二人。
② 蒋维乔：《中国近三百年哲学史》"总论"，中华书局1932年版，第1—4页。

《概论》和《近三百年学术史》,作者所以自署"编述",或即此意。其对于晚清公羊学派之评价,一则谓其"与西洋民主思想携手,以鼓吹共和革命之精神,遂为辛亥革命之大动力";再则谓其"将自来无人注意之汉族民主大同之说,尽量发挥",使得孔子之真精神得以显现。① 比之于《概论》,虽表述略有不同,精神则大体一致。

20世纪30年代出版的最有影响的"清学史"著作,是与梁著《近三百年学术史》同名,成书于全面抗战前夕的钱穆著《中国近三百年学术史》。钱著亦是授课讲义,其自述云:"余赴北大,在历史系任教,是为余在大学讲授历史课程之开始。所任课,一为中国上古史,一为秦汉史,皆必修课由学校指定。另一门选修课可由余自定。余决开近三百年学术史。此一课程,梁任公曾在清华研究所已开过,其讲义余曾在杂志上读之。……余因与任公意见相异,故特开此课程,自编讲义。"② 与前述《国学概论》论述清学多袭梁著《概论》不同,钱著《中国近三百年学术史》的主要论点均由对任公有关清学论说的"反动"而来,称其为梁著"清学史"的"翻案"之作,或不为过。③ 然细绎钱著,又正可以从其与梁说"相反"处发现彼此"相合"的线索,恰如一枚钱币的两面。试以钱著有关晚清今文学的论述为例,稍作辨析。

钱著综论晚清学术云:"言晚清学术者,苏州、徽州而外,首及常州。常州之学始于武进庄存与,……庄氏为学,既不屑屑于考据,故不能如乾嘉之笃实,又不能效宋明先儒寻求义理于语言文字之表,而徒牵缀古经籍以为说,又往往比附以汉儒之迂怪,故其学乃有苏州惠

---

① 蒋维乔:《中国近三百年哲学史》"总论",中华书局1932年版,第93、105页。
② 钱穆:《八十忆双亲 师友杂忆》,三联书店2005年版,第155—156页。
③ 有关钱、梁二种清学史异同的较新的研究,可参见汪荣祖:《史学九章》之八"钱穆论清学史述评",三联书店2006年版。

氏好诞之风而益肆。其实则清代汉学考据之旁衍歧趋,不足为达道。而考据即陷绝境,一时无大智承其弊而导之变,彷徨回惑之际,乃凑而偶泊焉。其始则为公羊,又转而为今文,而常州之学,乃足以掩胁晚清百年来之风气而震荡摇撼之。卒之学术、治道,同趋澌灭,无救厄运。"①钱氏于晚清常州公羊、今文学评价极低,似与梁氏相反,然以今文学为晚清学术之中心,且将其作用极力夸大的思路实为一致。钱著述常州学派的传承与特点,则与梁氏说无大异,云:"常州之学,起于庄氏,立于刘、宋,而变于龚、魏,然言夫常州学之精神,则必以龚氏为眉目焉。……言夫常州学之精神,其极必趋于轻古经而重时政,则定庵其眉目也。"②钱氏以康有为"为三百年学术之殿军",其评述亦循梁著《概论》以康氏三书为主。其评《伪经考》《改制考》,详揭康著袭廖平之隐曲,并多引朱一新语驳斥其伪经、改制说,称康氏之治经"可谓之考证学中之陆王。而考证学遂陷绝境,不得不坠地而尽矣"。其评《大同书》,则反对梁氏所谓"有为著此书时,固一无依傍,一无勦袭"之说,以为"长素思想之来历,在中国则为庄子之寓言荒唐,为墨子之兼爱无等,又炫于欧美之新奇,附之释氏之广大,而独以孔子为说。分析《大同书》含义,虽若兼容并包,主要不过两端:一曰平等博爱,此西说也,而扬高凿深之,乃不仅附会之于墨翟,并牵率之于释迦。一曰去苦求乐,此陈义甚浅,仅著眼社会外层之事态,未能深入人性、物理之深微。"③虽然如此,钱氏亦充分承认康氏著作的巨大影响,以为谭嗣同《仁学》,即为"切实发挥《大同书》含义"之作,而"伪经""改制"之说,更为维新变法时期盛行之风气,并影响于

---

① 钱穆:《中国近三百年学术史》,商务印书馆1997年版,第580—582页。
② 同上书,第590—591页。
③ 同上书,第738页。

后世。即"不谓时过境迁,今学者治考据,言汉人经说,尚守其论不变,则所谓惑乱后学之罪,长素亦不幸终不得而辞也"。① 钱氏又以"扫地赤立"结括康氏及于晚清思想学术之影响,云:"当长素时,师友交游,言考据如廖季平,言思想如谭复生,皆可谓横扫无前,目无古人。……长素之于考据如廖,于思想如谭,更所谓横扫无前者,然亦不能自持之于后。凡其自为矛盾冲突抵消以迄于灭尽,则三百年来学术,至是已告一结束,扫地赤立,而继此以往,有待于后起之自为。"② 凡此种种钱氏之论断,实与梁氏《概论》所谓"飓风""火山""地震"之比喻,及引导怀疑、解放思想、鼓励创作之评判,有异曲同工之妙。至于钱氏"三百年学术史"之所以与梁氏《概论》及自著《国学概论》力求"反动"之缘由,则大体不离钱氏对当时学术界状况的极端不满,这从该书中对"近人"的屡屡批评和对康氏等"惑乱后学"的指责可见其用心。此一用心,更见之于其"自序"对现实的批判:"今日者,清社虽屋,厉阶未去,言政则一以西国为准绳,不问其与我国情政俗相洽否也。扞格而难通,则激而主'全盘西化',以尽变故常为快。至于风俗之流失,人心之陷溺,官方士习之日汙日下,则以为自古而固然,不以厝怀。言学则仍守故纸丛碎为博实。苟有唱风教,崇师化,辨心术,覈人才,不忘我故以求通之人伦政事,持论稍稍近宋明,则侧目却步,指为非类,其不诋呵而揶揄之,为贤矣!"③ 由此,则钱氏"三百年学术史"对于梁著"清学史"之"反动",又是其"以求合于当世"的有为之言。④

---

① 钱穆:《中国近三百年学术史》,商务印书馆1997年版,第785页。
② 同上书,第763页。
③ 同上书,"自序"第4页。
④ 钱氏有关"清学史"的论述,至晚年又有变化,此不具论。可参见氏著:《晚学盲言》等。

(3)《中国近世思想学说史》及《经学讲演录》

1945年,侯外庐著《中国近世思想学说史》(1947年再版,改题《近代中国思想学说史》;以下简称《学说史》)在重庆出版,这是第一部以唯物史观系统研究清学史的大作,也是20世纪40年代"清学史"研究的代表作。该著以对"启蒙"思想的表彰为重心,高度评价以王、黄、顾、颜为代表的17世纪思想的近代启蒙意义,以为其"气象博大深远","并不逊色于欧西文艺复兴与宗教改革以来的成果";对18世纪的"汉学运动"则反对任公所谓"清代学术极盛时代"的判断,指为"乾嘉对外闭关对内安定的学术暗流",其特出人物如戴东原、章实斋等,"不过是清初大儒思想的余波";于晚清思想巨变(所谓"文艺再复兴")中的诸家学说,虽承认由常州一系而来的公羊学派的巨大影响,但又视康有为公羊学派为自由主义(改良主义)的代表,而更多地肯定"章太炎的科学成就及其对于公羊学派的批判"。在其具体论述中,于钱穆、胡适等有关清学史的论述皆有引证、批评,而尤以对梁著清学史的引述、辩驳为最多,几见于各章、节,对一些重要问题的讨论,也多由梁说引出,足以表明作者对梁著的熟悉和钻研。以下仍以晚清为例,稍作排比。

《学说史》共三编,分述明末清初、清中叶和晚清的思想学说。其第三编"中国第十九世纪思想活动之巨变",叙述19世纪中叶至20世纪初年的"文艺再复兴",各章章目为:"第十二章,经今文学家的兴起与龚定庵思想";"第十三章,百日维新派自由思想家康有为";"第十四章,维新思想的健者谭嗣同";"第十五章,章太炎的科学成就及其对公羊学派的批判";"第十六章,反映十九世纪末叶社会全貌的太炎哲学思想";"第十七章,古史学家王国维"。由此章目,可见侯氏论述晚清思想学说的框架与重点与任公大体相同。在

具体论述方面,《学说史》与梁著清学史的异同,有如下可注意者:

其一,在有关晚清思想学说的总体判断上,侯氏亦承认"今文学"运动(公羊学派)的地位和影响,云:"从公羊学派兴起以后,康氏之学,复以公羊学建立政派,经过百日维新运动,至于民国初年,确实对于中国士大夫发生了很大的影响。"①与梁氏说不同者在于,侯著强调"改良"(保皇)与"革命"的界限划分(梁氏恰要泯化此一界线),故借用"经今古文论争"的"形式",对古文家的"最后重镇"章太炎的理性主义、民主主义的思想学说予以特别的表彰(以两章的篇幅),从而突出并首次系统、具体化了晚清所谓"今古文之争"的命题。②

其二,侯氏述晚清今文学之兴起及早期传承,引太炎《清儒》为基本依据③,然对今文学的评价,又不尽从章说。侯氏云:"按章氏所述晚清今文学家,其评今文学家的荒唐处,自有道理,而以为文采代替朴学,诡辩代替实学,是学术的毁灭,则不尽合于历史了。"侯氏以为,"公羊学派的今文家有怒吼的精神,而在激进主义的色彩中,隐藏着改良妥协的本质。……破坏方面是历史的,建设方面则为反历史的",并将今文家言比作"好像醒酒吐剂的煤油"④,因而肯定其批

---

① 侯外庐:《近代中国思想学说史》,生活书店1947年版,第784页。
② 关于晚清"今古文之争"的命题,梁氏《概论》已见端绪(如论太炎一节),但在梁氏实不愿就此话题张皇,反有回避之意(详说见本书第四篇);周予同:《经今古文学》等论述,则以康、章分别为晚清今、古文学之代表,并据以为区分经今、古文的标准;钱穆痛斥晚清今文学,所引为依据者多所谓宋学派或汉宋调和者言(如朱一新等),且并不以所谓乾嘉以来之古文家为是;侯氏:《学说史》,可谓首次详细梳理了太炎反对公羊今文的种种议论,并以此为太炎思想之"科学成就",虽其用意主旨或不在今古文之争(而在以"革命"批判"改良"),但客观上不啻突出了晚清"今古文之争"的命题。
③ 其实任公有关早期今文学传承的叙述,亦有取于《清儒》,详本书第三篇。
④ 侯外庐:《近代中国思想学说史》,第597页。

判现实、以学经世的时代意义。据此,侯氏对龚、魏均予表彰,尤其注意于龚自珍"揭露封建黑暗,预言民族危机"的社会批判论,并赋予其"最富人民性"的解说。这样,在对公羊今文家的评价(尤其是对龚、魏的评价)方面,侯氏实际上更多采取了梁氏《概论》而非章氏《清儒》的观点。

其三,对于任公所谓晚清"今文学"运动的"中心"——康、梁、谭一派人,侯氏称之为"公羊学政派"(即"维新派"),并将其学说判定为与"民主主义"相对立的"改良自由主义",亦即"商业资本主义的世界观"。侯氏以为,甲午战后"维新运动者大声疾呼变革以求活路的宣传,在当时是一把号筒,启蒙思想之功甚大,他们的自由平等思想虽然在保皇立宪的歧途中散布着,但进步的成分在朝气中,在浪漫主义的气氛中,是具有'过渡时代'的价值,这个时代极其短促,所以他们之受批判而为时代所吞灭亦极其迅速,他们'变'之信条,就在现实的百日维新变法中,已经因为没有'质变'的观念,而自己动摇,不能贯彻。任公说自己是思想界的陈涉,嗣同亦希望做陈涉、杨玄感,皆自知之明。"①这样的评价,除却政治标准的不同外,在对"今文学"运动的思想解放意义的肯定方面,侯氏至少是有保留地接受了梁氏《概论》的说法。

其四,侯氏对"今文学"运动的评价有政治与学术两个向度。在政治上既肯定所谓"自由主义"的历史意义,又在"民主主义"的立场上对其进行批判。在学术上,则否定其正面的学术价值,而仅承认其"背面"的客观影响。《学说史》叙述康有为的学术,多借用梁氏之批评,以为"南海的基本治学方法,即任公所谓'自由进退古今'者,'万

---

① 侯外庐:《近代中国思想学说史》,第648页。

事纯任主观'者",其《新学伪经考》"诡辩多端,任公亦谓'好博好异,往往不惜抹煞证据或曲解证据,以犯科学家之大忌',在考据学上而言,可谓之狐狸精";其《孔子改制考》牵引比附,"纬书之荒唐不经,已经不足为据,而他的推演更类于推背图了"。但同时又指出,《伪经考》也作了"一番秦汉学术史的检讨",其"勇敢地镕取材料",因而有"不规则飓风的意义";《改制考》则是"最早的有系统的先秦诸子思想研究",在中国学说史和中国古史的研究上影响了近代学人。① 这正是"二考"的"背面影响",即"上至学术思想史的背面检讨(如任公言孔子与诸子平列研究),下至制度沿革的背面寻求,在当时确实无意之中成了一种飓风和火山"。这里,《学说史》也就从"背面"肯定了任公《概论》对"二考"影响的概括。侯氏对康有为学术的评价,与任公全然相反者,在《大同书》。侯氏云:"《大同书》与前二书(指'二考')绝异,前二书成书甚早,尚为南海青春时期著作,故若探求其背面影响剥去其主观的幻想,在客观上颇具一种风雨气候,任公所谓风火之比者是。此书不然,……成书甚迟,民二《不忍》杂志始印一二两卷。先前在他的维新运动时代,他以'尚有待'而不允问世,然到了他的思想硬化时代,则尽(竟)然允印两卷,这就含着此书的意义。按此书是他公羊三世之义与礼运凑合的一种乌托邦,表面化装了甚有进步的样式,而内容则是否定了反清民族战争的政纲,任公推崇为'地震'的著作,不但过火,而且被此书的化装所蒙蔽。"②尽管"著者最初研究此书,因受了任公推荐的影响,颇欲寻出点有价值的东西",但最终认定《大同书》是康有为"改良妥协与投降

---

① 侯外庐:《近代中国思想学说史》,第703—704页。侯氏这里举出的"影响"之例,包括梁启超、胡适的中国学说史研究,钱玄同、顾颉刚的古史研究等。
② 侯外庐:《近代中国思想学说史》,第723页。

封建的挡箭牌",是"据以反对当时革命者的'平均地权'主张"的反动理论。

其五,与对康有为的评价不同,侯氏对"维新思想的健者谭嗣同"给予了更多的肯定。《学说史》虽然说到了康、谭之同(公羊学旨、宗教思想、崇尚思想、浪漫气氛等),但更注意揭示、阐发的是二人之异。侯氏指出,"如果把嗣同认为是有为的忠实信徒,而忽视其独立自得之思想,那便是一种诬蔑。"在他看来,谭嗣同有一套冲决罗网、反封建君主制度的理论,"他的解放思想,已经闪耀出民主主义的光辉,而且已经有人民事业的预感"。"所以,《仁学》和《大同书》不可并论,《大同书》为反动的思想,而《仁学》往往发抒着进步的要素。"①侯氏也分析了谭氏思想的驳杂(宗教思想的泛神论,人生哲学的推崇墨子、以任侠为仁,政治思想的继承黄宗羲并参以西洋近代的民权论,方法论的接受王夫之和焦循思想而参以西洋近代的科学观念,历史观的服膺公羊大义而极不忠实等)和矛盾(如反清与保皇,激进与改良),但最终又不赞同章太炎对《仁学》"拉杂失伦,有同梦寐"的评价,而取梁任公"欲以构成一种不中不西、即中即西之新学派,而已为时代所不容"的对康、梁、谭辈思想的基本判断。

其六,对章太炎思想学说的评述,是《学说史》着力最多的部分之一,而此前如此细致梳理太炎思想学说的著述极为少见,故《学说史》于太炎思想研究实有创辟之功。《学说史》对太炎思想学术的评述极尽全面、丰富、详至之能事,此不赘述;其贯穿叙述的中心是太炎作为古文家的"最后重镇",以"理性主义""民主主义"对公羊学派(改良派)的批判及其取得的"科学成就"。侯氏认为,"太炎之为最

---

① 侯外庐:《近代中国思想学说史》,第753、747页。

后的朴学大师,有其时代的新意义,他于求是与致用二者,就不是清初的经世致用,亦不是乾嘉的实事求是,更不是今文家的一尊致用,而是抽史以明因果,覃思以尊理性,举古今中外之学术,或论验实或论理要,参伍时代,抑扬短长,扫除穿凿附会,打破墨守古法,在清末学者中卓然凌厉前哲,独高人一等。"①针对任公所谓"对于思想解放的勇决,炳麟或不逮今文家"之说,《学说史》更屡屡强调太炎思想学术在打破传统、拆散偶像、诉诸理性方面的巨大功绩,明确指出太炎是五四打孔家店的先导者,且其对孔子的评价较五四新青年的反孔思想,更富学术价值。② 由此而言,注重晚清思想学术之于"思想解放"的意义,任公以来,几成思想学术史叙述的共识与标准。

要而言之,《学说史》之晚清部分,如同全书,长于材料的排比和理论的辨析,精识睿见,多益后学。其于"今文学"运动的评述,虽运用唯物史观予以剖析并推崇章太炎对公羊学派的批判,但其叙述的框架及对其意义影响的估量,则更多地以梁任公的"清学史"为参照,或借取或辩驳,若论前人研究的影响,仍以任公为最。

在《学说史》出版之前,1940 年,范文澜在延安中央党校作《中国经学史的演变》讲演。其讲演提纲,得到毛泽东的肯定,称"用马克思主义清算经学这是头一次,因为目前大地主大资产阶级的复古十分反动,目前思想斗争的第一任务就是反对这种反动。"③由此可知范氏讲演的"批判"主旨,而其中有关晚清今文学的叙述自然亦不例

---

① 侯外庐:《近代中国思想学说史》,第 851 页。
② 同上书,第 833—834 页。
③ 中共中央文献研究室编:《毛泽东年谱》(1893—1949)中卷,中央文献出版社 2002 年版,第 204 页。

外。① 应该提到的是,1963 年,范氏重作"经学讲演",态度趋于平和;现存《经学讲演录》中有关晚清"今文学"的叙述亦接近任公说。②

2. 20 世纪 80 年代以来的晚清"今文学"研究及其他

1949 年以后的近三十年中,由于众所周知的原因,中国大陆的清学史研究几近沉寂,有关晚清"今文学"的专题研究更为少见。同一时期,海外的相关研究虽未中断,亦乏有影响的佳制。③然而自 20 世纪 80 年代以来,情况却有了明显的变化。首先是在中国大陆,清学史及晚清"今文学"的研究,日渐引起学术界的关注,相关研究著述陆续出现,且有增多的趋势,海外尤其是中国台湾地区的相关研究,也有所进展。与此相关联,有关梁启超著"清学史"的专题研究也进入研究者的视野,长期以来梁著清学史虽影响颇巨却缺少专门研究的状况得以改变。以下仍从梁著清学史之影响的角度,对于相关研究论述,择其要者予以综述。

此一时期,率先于大陆学界作清代"今文学"专题研究的当属杨向奎先生。杨氏的《清代的今文学》④将今文学的兴起置于乾隆时期社会矛盾和危机的背景下加以考察,对清代今文学兴起时期的主要命题、师承递进及代表人物作了较细致的叙述和分析,其主要观点和

---

① 见《中国经学史的演变》"第三部分新汉学系——清到五四",收入《范文澜历史论文选集》,中国社会科学出版社 1979 年版。
② 见前揭《范文澜历史论文选集》,第 334—335 页。
③ 相关研究状况,可参见林庆彰、蒋秋华主编:《晚清经学研究文献目录》(1901—2000),"中央研究院"中国文哲研究所 2006 年。
④ 该文首载于《清史论丛》1979 年第 1 期,后收入杨向奎:《绎史斋学术文集》,上海人民出版社 1983 年版。

结论对后继的研究有较大的影响。① 在《清代的今文学》的基础上，杨氏又著成《清儒学案新编》第四卷，以"学案"体逐一介绍、评析自庄存与、孔广森迄廖平、康有为等清代今文学一系主要人物的学术思想与著述。② 该著集基本材料和评述于一，是为了解、研究晚清今文学的必备参考。杨氏出顾颉刚门下，喜晚清今文家言，尤注意《公羊》之"三世说""大一统"，欣赏其具有理想的政治思想，③故于今文学之评述，虽指出其考辨史实之粗疏，但仍充分肯定其关于社会政治改革思想的巨大影响。关于章太炎与康有为之争，杨氏以为"仍然是古今文经学思想内容之不同及方法上的歧异"，而倾向于今文学，云："今文经学闳肆的思想内容，枝叶扶疏的风貌，论影响远远超过古文经。后来梁启超在评论章太炎的时候，也曾指出这一点。"④此处所说梁启超评章太炎，即梁著《概论》所谓"对于思想解放之勇决，炳麟或不逮今文家"之说。由此可见，在对晚清今文学评价的基本精神方面，杨氏与任公是相通的。大体而言，杨氏对晚清今文学的叙述分析，循任公所述线索而深入广出，多有深刻自得之见解（如对孔

---

① 陈其泰即称其公羊学研究受到杨向奎的影响，见氏著：《清代公羊学》（东方出版社1997年版）"后记"。
② 《清儒学案新编》四（杨向奎著，齐鲁书社1994年版）所收学案计有：庄存与《方耕学案》（附述庄祖）；刘逢禄、宋翔凤《申受于庭学案》；孔广森《顨轩学案》；凌曙、陈立《晓楼默斋学案》；龚自珍《定庵学案》（附戴望）；魏源《古微学案》；皮锡瑞《鹿门学案》；廖平《井研学案》；康有为《南海学案》（附谭嗣同）；并附有《受今文经学影响的"古史辨派"》。
③ 参见杨氏：《致史念海教授书论晚近"公羊学"三变》（收入氏著《繙经室学术文集》，齐鲁书社1989年版），杨氏云："与兄五十年前同学顾门，虽所趋各异，所得不同，都受有今文经学影响"。
④ 杨向奎：《康有为与今文经学》，见前揭《繙经室学术文集》，第14页。

广森之不守"公羊家法"的分析)①,予后来的研究者以启示。且杨氏知识广博、学养深厚,于晚清今文学之研究,不仅能发其思想意蕴,亦能于经训经义作详细的考辨,比之于后来的相关研究,大多仅能在"思想"的层面上分析评述,而难以进入"学术"的(即"经学"本身的)内里辨析异同,杨氏的研究更显示其特色和价值。

同样学养深厚的著述还有张舜徽的《清儒学记》。张氏自忆早年"于梁著《清代学术概论》,尤好之不忍释手";②20 世纪 40 年代任教兰州大学时,曾开设《中国近三百年学术史》课程,"有所撰述""属稿未完"。此后,陆续刊发《清代扬州学记》(1962)、《顾亭林学记》(1963)、《清人文集别录》(1963)、《清人笔记条辨》(1986)等有关"清学史"的著述。《清儒学记》作于晚年,是为张氏清学史研究的"总结性专书"。该书用戴望《颜氏学记》之"学记"名目,而不从戴氏"学记"但事抄录、全无论断的体例,对于记述对象既有学行的综合概括,又有思想的分析批判,于特立拔起之人物,分别表彰;于自成风尚之学派,则综合叙述,用以"统括"有清一代之学术。③《学记》记述人物,除顾炎武、颜元、戴震外,特意提出张履祥、钱大昕、孙诒让予以表彰;叙述学派,于常州之外,则为浙东、湖南、扬州三派立记,如此择别,显示张氏对于清学有着不同前人的独到见解。虽然,《学记》对前人研究所得,亦多有取舍。大致说来,于清学史研究先驱之

---

① 梁启超称孔广森治公羊不守家法,杨氏循此而有更深入的分析,见前揭《清儒学案新编》"顨轩学案"等。相关的讨论亦可见拙作《孔广森与"公羊家法"》,《中国史研究》2007 年第 4 期。
② 张舜徽:《旧学辑存》,齐鲁书社 1988 年版,第 1947 页。
③ 见《清儒学记》(齐鲁书社 1991 年版)"自序"。

太炎与任公二人的论断,张氏多袭任公而弃太炎。① 张氏熟悉梁著《概论》与《近三百年学术史》,《学记》评述人物、议论学派多援引且认同梁氏说,其"常州学记"即关于晚清今文学的叙述,更是沿用了梁氏的叙述框架和基本结论。

此一时期,大陆学界在清学史尤其是晚清学术史研究方面卓有贡献、深具影响的学者还有朱维铮先生。朱氏曾师从周予同多年,周氏经学史著述得以结集出版,嘉惠后学,朱维铮为力尤多。20世纪80年代以来,朱氏沿师门路径而上,于清学史尤其是晚清学术史研究领域创获颇丰,其成果散见于《走出中世纪》(上海人民出版社1987年版)、《音调未定的传统》(辽宁教育出版社1995年版)、《求索真文明——晚清学术史论》(上海古籍出版社1996年版)、《中国经学史十讲》(复旦大学出版社2002年版)等文集。朱氏治学首重文献整理,曾先后整理校注如《章太炎选集(注释本)》(上海人民出版社1981年版)、《梁启超论清学史二种》(复旦大学出版社1985年版)、《章太炎全集(三)》(上海人民出版社1984年版)、《中国近代学术名著丛书》(三联书店1998年版)等多种,于方便启学、推动晚清学术史研究方面,功不可没。朱氏论晚清学术,力求高屋建瓴,知人论世;其议论之深刻、自信,予人启示良多。细读朱氏诸作,虽然于清学史著述源流强调章太炎、刘师培一线的贡献,于晚清今文学人物、著述的评述也时见反拨俗议的新得,但就晚清今文学的基本判断而言,其大端仍在梁任公论述的范围之内,于此尤见其师承的

---

① 《清儒学记》中时见对太炎说的批评,其不为吴、皖派作记,以孙诒让为清学殿军,皆似有意为之。

影响。①

与清学史与晚清学术史研究的进展相关联,对于清学史研究的学术史追述也日渐增多。其中有关梁著清学史的专门研究,更有多种成果出现。

如上述,梁著清学史自面世起,就有绝大影响。然而在相当长的时期里,虽然后出的清学史著述,无不受到梁著的启发、导引,但以梁著为对象的专门研究却极其少见。这一状况,直至 20 世纪 80 年代,才有改变。

20 世纪 80 年代,较早的有关梁著清学史的专题论文,或属萧萐父、黄卫平《评梁启超的"近三百年"中国学术史论》(《社会科学战线》1984 年 3 期)一文。作者视梁著《概论》《近三百年学术史》为"专门研究明末清初至清末民初近三百年思想学术的开创性著作",分别从近三百年学术史的定位、近三百年学术的主流和意义、历史进程和兴衰根源、主要代表人物的评价及历史感和现实感的统一等五个方面,对梁著《概论》《近三百年学术史》的相关内容和观点给予了充分的肯定,认为继梁著之后的蒋维乔著《中国近三百年哲学史》、钱穆著《中国近三百年学术史》,"总体上并未超出梁启超已达到的水准,甚至还有所不逮";同时,作者也以侯外庐著《中国近世思想学说史》为比照,具体分析了梁著的不足,并提出要进一步推进中国启蒙思想运动史的研究。萧、黄之作有现实的指向。这种指向,由李锦全《中国传统文化与近代解放潮流——读梁启超〈清代学术概论〉与〈中国近三百年学术史〉》(《学术研究》1987 年 1 期)一文表示的更

---

① 朱氏关于晚清今文学的集中概述,可参见《晚清的经今文学》一文,收入氏著《中国经学史十讲》(复旦大学出版社 2002 年版)。

加鲜明。该文着力于对梁著"以复古为解放"论断及其影响的分析,认为这样的分析,对于正确把握传统文化与思想解放的关系,"对我们今天如何解放思想进行改革,可能会有一定的借鉴意义"。不同于萧、李二文的取向,祁龙威的《梁启超与清代学术——〈清代学术概论〉疏证发凡》(《扬州师院学报》1988年2期)更注重对《概论》文本的研究。该文认为,《概论》的开拓精神,"远非同主题的其它作品所及",至今尚无可以取而代之的著作;"但嫌其简略,且间有疏误,因为之疏通证明"。祁文梳理《概论》的形成过程,对《概论》的粗疏、陋错作了部分注解、补充和纠正;虽或限于篇幅,仍嫌简略,但"发凡起例",确有贡献。

以上数文虽取向有异,但其对梁著清学史的地位和影响予以积极的肯定则又是相同的。此种"相同",还可见之于80年代至90年代初期陆续出版的数种梁启超传记。① 这些传记有关梁著清学史的叙述,侧重内容的介绍,且对其于清学史研究的贡献作了较高的评价。传记之外,还有研究专书的出现。易新鼎著《梁启超和中国学术思想史》(中州古籍出版社1992年版)一书,辟有专章讨论梁启超"对近三百年学术史的总结分析"。易著对于梁著清学史的批评,其内容之详细,可谓前所未有,但其用以批评得失的尺度,似较多受到侯外庐《中国近世思想学说史》的影响。易著之后,蒋广学的《梁启超和中国古代学术的终结》(江苏教育出版社1998年版)是又一部研究梁启超学术思想的专书。比之于易著随处可见的讥弹,蒋书对梁著清学史给予了几无贬语的复述和肯定;然而有意思的是,易、蒋

---

① 此一时期出版的梁启超传记有:孟祥才著:《梁启超传》(北京出版社1980年版),李喜所、元青著:《梁启超传》(人民出版社1993年版),耿云志、崔志海著:《梁启超》(广东人民出版社1994年版)等。

对于梁著清学史性质的判定却又大体一致,这从蒋著论梁启超清学史一章的标目——"向科学与民主的新'人学'匍匐前进的清代学术"——可见一斑。这好比同用一把尺,度量同一块布,不同的人量出了不同的尺寸。

世纪之交的梁著清学史研究,在更为开阔(通贯)和更加细密(具体)两个方向上均有进展。陈祖武先生有关梁著清学史的研究,一则注意于梁氏诸作源流的梳理,将前后相继的《近世之学术》《概论》和《近三百年学术史》,结合于梁氏际遇、思想的转换迁移,以观察彼此相因相异的变化线索,讨论其间得失互见的世故缘由;同时,又将梁著清学史置于近代清学史研究的"学术史"序列之中,通过对梁著与章太炎、钱穆清学史论著的比较研究,来界定任公清学史的贡献和缺失。① 以为"近人治清代学术史,章太炎、梁任公、钱宾四三位大师,后先相继,鼎足而立。太炎先生辟除榛莽,开风气之先声,首倡之功,最可纪念。任公先生大刀阔斧,建树尤多,所获已掩前哲而上。宾四先生深入底蕴,精进不已,独以深邃见识而得真髓。学如积薪,后来居上"。陈先生的如此结论,未必不可商榷,但其力求通彻的研究取向,对于梁著清学史研究的继续深入应是正当的指示。同样的取向,也见之于朱维铮为《清代学术概论》(上海古籍出版社1998年版)所作的"导读"。该"导读"清楚地勾勒了梁启超于民初至五四前后政治生涯的沉浮和心路历程的转换,回顾并分析了晚清以来章太炎、刘师培等人的清学史研究及其与梁著清学史的关联,试图使读者能够在一个开阔、"立体"的环境中了解《概论》作者"以史论为政

---

① 见陈祖武:《梁启超对清代学术史研究的贡献》《钱宾四先生对清代学术史研究的贡献》,二文收入陈祖武著:《清儒学术拾零》(湖南人民出版社1999年版)。

论"的心意及《概论》之于清学史研究的价值和意义。如此这般的"知人论著",无疑有助于丰富对《概论》的解读。后来者循"导读"引出的端绪而做更全面深入的追究,其必有新的创获是可以预期的。新近出版的李帆著《章太炎、刘师培、梁启超清学史著述之研究》(商务印书馆 2006 年版),则为进一步的比较研究做了基础性的工作。

至于海外的清学史著述、晚清今文学研究及梁著清学史研究,就笔者所见,一则论著有限,①再则其基本状态与大陆的研究亦大致相同,此处仅举中国台湾地区的相关研究数种,以见一斑。

出版于 20 世纪 80 年代初的陆宝千著《清代思想史》,其基本取向大体类钱穆《近三百年学术史》,然亦多有自得之见。其叙述重点在"经世"之学,尤对合"内圣外王"为一的明末清初诸子和晚清湖湘理学特加表彰,以为二者间实有一以贯之之精神(即"所述经世之道,皆植根于心性")。此议正与任公所谓晚清思想变迁之"最初原动力""是残明遗献思想之复活"②相合。循此思路,将"清代公羊学之演变"(第六章)别立于"琐屑纤细""是术而非学"的"清代经学"(第四章)之外,而充分肯定其"经世"的意义,也就理所当然。《清代思想史》论清代公羊学之谱系及精神("借经术文饰其政论"),均与

---

① 海外研究梁启超思想的论著,如列文森(Joseph R. Levenson)著:《梁启超与中国近代思想》(刘伟等译,四川人民出版社 1987 年版)、张灏(Hao Chang)著:《梁启超与中国思想的过渡 1890—1907》(崔志海等译,江苏人民出版社 1993 年版)、狭间直树编:《梁启超、明治日本、西方》(社会科学出版社 2001 年版)等,均无有关梁著清学史的论述;艾尔曼(Benjamin A. Elman)著:《从理学到朴学》(赵刚译,江苏人民出版社 1995 年版),虽于梁著清学史引述不多,然其对考据学派的"社会文化史"的研究,主要观点和基本判断显然受到梁著清学史的影响(如,艾著三、四、五章或可视为《概论》第十七、十八节的具体展开);艾氏另一部著作:《经学、政治和宗族:中华帝国晚期常州今文学派研究》(赵刚译,江苏人民出版社 1998 年版),对常州学派的兴起提出了新的解释,也可视为对梁启超有关"今文学"运动论说的一种反思。
② 《中国近三百年学术史》,前揭《梁启超论清学史二种》,第 123 页。

任公无大异；其以《公羊》"三科"（"通三统""张三世""异内外"）为纲，梳理晚清公羊学之演变、提示各期之特点（如龚、魏所据为"通三统"，康、梁所重为"张三世"等），以及康氏"大同""三世"说影响于孙中山革命党人，①等等，则属独出新意之处，并影响了后来的研究。

陆著稍前，有吴康《中国现代哲学初编》(1975)。该"初编"虽名为现代哲学，内容仅述及晚清今文经学"思想"，而以康有为、廖平、谭嗣同为主。吴氏以为清学之中坚"考证学"以经传小学为中心，较少涉及纯哲学问题；晚清学术界思想主流今文经学，以通经致用、援引西学而成其经世建设理论，开百年来中国现代哲学之先河。② 因此，"初编"于今文学及代表人物，即着力于发现其"现代"（或现代化）意义，而突出其"进化革新，不主故常"的思想。吴氏对于今文经学的基本评价，其精神实与任公相近。

陆、吴之后，孙春在的《清末的公羊思想》(1985)是又一专门论述晚清今文学的著作。孙著的论述框架近陆氏论公羊学，而材料更丰富、析论更详密；其力图将公羊思想置于"现代化"理论模式中考察的取向则略同吴氏，而更为"系统"又不免机械。③ 然瑕不掩瑜，孙著仍不失为台湾学界有关晚清公羊学研究的最系统因而也最具参考价值的著作。

有关梁著清学史的研究，近年来也引起台湾学界的注意。其中可以詹海云《论梁启超的清代学术研究》、吴铭能《梁启超清代学术

---

① 陆宝千：《清代思想史》，广文书局 1983 年版，第 268—269 页。
② 吴康：《中国现代哲学初编》，正中书局 1975 年版，"引言"。
③ 参见孙春在：《清末的公羊思想》（台湾商务印书馆 1985 年版）"结论"一章。

史研究述评》二文为代表。① 前者于任公有关清学史的各类著述、著作体例、中心概念等均有较详细的叙述和讨论,尤其注意到梁著清学史前后观点上的差异,以及梁氏在清学史评价方面与胡适、太炎、钱穆及马克思主义学者的异同;其不足或在对这些差异、异同的所在及原因的讨论仍嫌粗略。后者则详述任公清学史的基本见解、主要特色和治学方法;作者于任公清学史的缺失也试作分析,但亦嫌简单且思想的分析似非其所长,而更大的不足则或在没有注意到梁著清学史诸种间的差异,混一的分析尽管细密,亦不过"风疾马良,去道愈远"。

总结上述种种,梁著清学史的开创性地位及长于论断的特点,使得后来有关清学史的观念性讨论和个案研究,或正或反、或引申或辩驳,多以任公的相关论述为出发点;其中,有关晚清今文学的研究,更因任公以"亲历者"身份所做叙述的"权威性",而成为后来研究的基本凭借或起点。时事推移,梁著清学史已成清学史的经典论著,后继的研究愈益表现出在精神、框架或基本判断上对梁著的继承、肯定和认同,因而也就使得梁著之为清学史研究之"范式"的意义更加凸显。近年来,以梁著清学史为对象的专门研究渐增,虽然其中一些研究已具"范式"研究的意味,但有待进一步深入者尚多,而梁著有关晚清"今文学"的叙述即是其中之一。以上侧重于梁著清学史有关晚清今文学叙述的"影响"的挂一漏万的综括,旨在说明梁著清学史的此类叙述已成为一种"范式"或"基本知识"这一事实,从而为本书立意于检讨此"范式"和"知识"提供"意义"(必要性)的支持。

---

① 詹、吴二文均收入"国立"中山大学清代学术研究中心编:《清代学术论丛》第三辑(文津出版有限公司2002年版)。

(三) 重新检讨梁著清学史有关晚清"今文学"叙述的构想

如前述,梁启超既是晚清"今文学"运动的亲历者,又是晚清"今文学"的叙述者。惟"亲历"更增其叙述的权威性,而又由其"叙述"的权威,则梁著清学史有关晚清"今文学"的叙述遂渐成一知识性的常识,其被采信的程度亦与时俱进,愈后而愈深广。本文意在检讨这一"知识"本身,所以如此,基于以下几个问题。

其一,梁著清学史三种,其有关晚清今文学的叙述实际存在着较大的差异。

如前述,梁著清学史影响最大者为《清代学术概论》。比之于章太炎、刘师培等清学史先驱的同类著述,《概论》最具"独创性"的部分(亦是后来研究者认同度最高的部分),又莫过其有关晚清"今文学"的叙述。一则,《概论》以"今文学"为清代学术的两大潮流之一,有关"今文学"运动的记述,实为《概论》的重点内容。二则,任公以"今文学"运动之一员的身份"超然客观"地记述其亲历,益增其"记述"的真实可信。①

《概论》又非梁启超唯一的"清学史"著述。《概论》之前,有被列为《论中国学术思想变迁之大势》第八章的《近世之学术》(1904)。梁氏在《概论》"自序"中曾这样说:"余于十八年前,尝著《中国学术思想变迁之大势》,刊于《新民丛报》,其第八章论清代学术,……余今日之根本观念,与十八年前无大异同。惟局部的观察,今视昔似较

---

① 见前揭《清代学术概论》"自序"。

为精密。且当时多有为而发之言,其结论往往流于偏至。——故今全行改作,采旧文者十一二而已。"梁氏此说,值得注意者在于:一曰"余今日之根本观念,与十八年前无大异同";一曰"当时多有为而发之言,其结论往往流于偏至"。或许正是过于相信了梁氏这些说法的诚实性,后来的研究者多以《概论》为正论,既无意于《概论》与《近世之学术》在"根本观念"上的仔细比对,也忽略了对《近世之学术》的那些"有为而发之言"的追究。① 其实,《概论》与《近世之学术》不仅存在"根本观念"上的差异,二者有关晚清"今文学"的叙述更有相当大的不同。认真检核、条理这些差异和不同,讨论其所以不同的原因,不仅试图解释《近世之学术》的"有为之言",也尝试发现《概论》的"有为之言",无疑有助于深化我们对通行的晚清"今文学"知识的了解。

继《概论》之后,梁启超的又一部清学史名著是《中国近三百年学术史》。《近三百年学术史》的主观意图"是要说明清朝一代学术变迁之大势及其在文化上所贡献的分量和价值"②。然就其内容来看,其有关概论"清朝一代学术变迁之大势"的叙述,仅占三节的篇幅,即"清代学术变迁与政治的影响"(上、中、下);叙述清初学术的部分共八节,约占全书三分之一强;而以乾嘉为主(包括清初与晚清)的"清代学者整理旧学之总成绩"部分,则占去全书一半的篇幅。《学术史》如此这般重"清初""乾嘉",而略"晚清"的结构,显然与

---

① 近年来已有一些研究者,开始注意对《论中国学术思想变迁之大势》一文的专题研究,如夏晓虹:《中国学术史上的垂范之作:读梁启超〈论中国学术思想变迁之大势〉》,《天津社会科学》2001 年第 5 期;潘光哲:《画定"国族精神"的疆界:关于梁启超〈论中国学术思想变迁之大势〉的思考》,台湾"中央"研究院:《近代史研究所集刊》第 53 期等。但对其中《近世之学术》一章及其"有为之言",似少涉及。
② 前揭《梁启超论清学史二种》,第 91 页。

《概论》以"考证学"和"今文学"为两大潮流的叙述有很大的不同。梁氏本人曾对《近三百年学术史》与《概论》的不同作过这样的说明:"我三年前曾作过一部《清代学术概论》。那部书的范围和这部讲义差不多,但材料和组织很有些不同。"①《学术史》之所以"略晚清"或与"组织"有关,然而在其不多的有关"晚清"的叙述部分(如"清代学术变迁与政治的影响"),也几乎少有所谓"今文学"的内容和字样,就不能简单地归结为"组织"的问题了。为什么时隔三年的《近三百年学术史》与《概论》会有这样的不同,至少是一个需要解释的问题,而至今已有的有关《近三百年学术史》的研究,似乎并未注意到这一不同,当然也就没有对这一问题的解答。

其二,与梁著二种"清学史"对晚清"今文学"彼此有异的叙述相关联,三种清学史中有关梁氏本人与晚清"今文学"的关系的论述也颇有不同。唯一较详细叙述和肯定梁氏在晚清"今文学"运动中的地位和作用的梁著清学史是《概论》,但《概论》的相关叙述,似又于有意无意之间,特别提出"梁、谭"(或"梁、谭、夏")一派的说法,以显现其别样的(不同于乃师康有为的)色彩。其实,梁氏在戊戌期间有关"今文""公羊"的言论,确有独特之处。如少言"伪经",张扬"排荀";于孔子改制说的宣传,更多地突出和倡言其"太平"和"大同"的别解;以及以孔子为教主、儒学为孔教,提倡"保教""传教"等等。然而,既有的关于梁启超与晚清"今文学"运动的研究,大多满足于依照《概论》来罗列梁氏所谓"今文学"的论述及其在"今文学"运动中的贡献;虽也有论者试图归纳梁氏"今文学"宣传的特点②,也

---

① 《梁启超论清学史二种》,第91页。
② 如郑师渠:《梁启超与今文经学》,收入氏著《思潮与学派:中国近代思想文化研究》(北京师范大学出版社2005年版)。

有论者曾对梁氏在戊戌期间的"今文学"观念和活动(如"三世"说,如"排荀"运动)作了较详细、深入的考察①,但全面、通彻的研究仍不多见。因此,以梁氏自述及其变化为线索,认真解读梁氏及"梁、谭、夏一派"人有关"今文学"的论说,辨析其要点,揭示其底蕴,将有助于对梁氏所谓"今文学"运动之意旨和特点的把握和理解。

在综括梁任公有关今文学叙述的种种变化的同时,也应看到其叙述中前后一贯、始终不变的内容,即对今文学和康、梁一派在晚清思想解放和新思想引入方面的重要作用的充分肯定。循此"变与不变"的方向做些粗略的讨论,或可作为重新认识晚清今文学的初步。

根据以上的思路,本书此后各篇,将分别排比和讨论的问题如下:

"形象的变化"一篇,比较梁著"清学史"三种有关晚清"今文学"叙述的差异,即通过对梁著清学史三种有关晚清"今文学"叙述的条理和细致比对,指出梁著清学史三种在晚清"今文学"叙述方面的差异所在。

"政治与学术"一篇,分析《近世之学术》的著述动机及其针对性,并试图从梁启超与章太炎的关系、梁启超与康有为的关系以及梁氏本人的思想变化等多个角度,揭示《近世之学术》及其有关晚清"今文学"叙述的命意和用心所在。

接下来的"偶然的背后""两种兴味"二篇,则分别考察《清代学术概论》和《中国近三百年学术史》的著述主旨和言说对象,着力从梁启超五四时期的心思、志业及其与胡适的"交往"等的梳理中,探

---

① 前揭孙春在《清末的公羊思想》对梁启超的"三世说"有较细致的列举;朱维铮《晚清汉学:"排荀"与"尊荀"》(《学术集林》卷四,上海远东出版社1995年版)则对梁氏所谓"排荀"运动有较为深入的分析。

讨《概论》和《近三百年学术史》有关晚清"今文学"叙述之所以彼此相异的缘由。

"自述的检核"一篇,以梁著清学史中有关其本人在晚清"今文学"运动中的角色的自述为线索,将其与梁氏及谭嗣同、夏曾佑等人在戊戌期间的著述相比照,以求更准确地把握梁启超及"梁、谭、夏一派人"有关"今文学"言论的含义和关注所在,试图以一个侧面揭示所谓晚清"今文学"运动的实像,从而丰富对于晚清"今文学"的了解和认识。

最后一篇,"变化与不变",总结本书的讨论,并归结为这样的"开放式"结论:被后世奉为"典要"的梁著清学史有关晚清"今文学"的叙述,其本身存在着前后不一的差异;在梁著清学史中,所谓晚清"今文学"实际是一个有着演化和生成过程的概念,自然也就与所谓晚清"今文学"的实像有相当的距离。因此,对我们已有的关于晚清"今文学"的知识,实有重新检讨的必要。虽然,所谓晚清"今文学"运动,如果超出经学派别和名目的纠葛,其实际内容和意义仍可大致确定,即亦不过任公所云晚清"新思想的引入"之一端,及由之而来的"思想解放"潮流。

二 变化的"形象":梁著"清学史"三种有关晚清"今文学"叙述的比较

与以往多数研究者的意见不同,梁著清学史三种(《近世之学术》《清代学术概论》《中国近三百年学术史》)有关晚清今文学的叙述,并非一致,相反存在较多的差异。以下将条理梁著三种各自有关晚清今文学叙述的要点,并比较其间异同,以明其差异所在。具体而言,即将依次在"晚清今文学在清学史上的地位""晚清今文学兴起的背景""晚清今文学的传承谱系""晚清今文学与康有为、梁启超、谭嗣同""晚清今文学的意义"等五个问题下,分别排比梁著清学史三种的相关论述,并就其间的差异所在,予以概括和评述;并在篇末列表总结前述种种差异。如此做法,诚不免笨拙、呆板,但却有助于直观、明了地说明问题:在梁著清学史三种的叙述中,晚清今文学的形象,是有着前后不一的变化的。

(一) 关于晚清"今文学"在清学史上位置的叙述

1.《近世之学术》

《近世之学术》(以下简称《学术》)作于1904年,为梁著《论中国学术思想变迁之大势》(以下简称《大势》)的第八章,但实际上则是一篇"独立"之作(详后)。

《学术》"起明亡以迄今日",乃任公最早的记述清学史的著述。依照《大势》原先的划分,清代学术应分属两个时代,即"七、衰落时代,近二百五十年是也,八、复兴时代,今日是也。"①至《学术》成稿,则分清代学术为三期,即永历康熙间、乾嘉间和最近世,所谓"最近世",即述道咸以来的学术,亦即所谓晚清之学术。

《学术》叙述晚清学术,以今文学为起始,所谓"其最近数十年来,崛起之学术,与惠、戴争席,而骎骎相胜者,曰西汉今文之学"②。而继"西汉今文学占据学界第一位置"(廖平为集大成者)之后,晚清学界还有一个"先秦学占第一位置"的阶段。如此,任公又细分清学为四期,即第一期(顺康间)为宋学,第二期(雍乾嘉间)为汉学之"纯正经学"(惠、戴),第三期(道咸同间)为汉学之"应用经学"(龚、魏),第四期(光绪间)为先秦学(康、谭)。并列表以示四期变迁之序:

第一期	第二期	第三期	第四期
顺康间	雍乾嘉间	道咸同间	光绪间
程朱陆王问题	汉宋问题	今古文问题	孟荀问题 孔老墨问题

而总括清学为"古学复兴时代",云:

> 本朝二百年之学术,实取前此二千年之学术,倒影而缫演之,如剥春笋,愈剥而愈近里,如啖甘蔗,愈啖而愈有味,不可谓非一奇异之现象也。此现象谁造之?曰社会周遭种种因缘造之。凡一社会之秀异者,其聪明才力必有所用。用之于一方既

---

① 前揭《论中国学术思想变迁之大势》第一章总论,第7页。
② 同上书,第125页。

久,则精华既竭,后起者无复自树立之余地,故思别辟新殖民地以骋其脑识。宋学极盛数百年,故受之于汉学;汉学极盛数百年,故受以先秦。循兹例也,此通诸时代而皆同者也。其在前两期,则霸者之所以监民也至严,学者用其聪明才力于他途,或将以自焚,故不得不自锢于无用之用,此惠、戴所以代朱、王也。其在第三期,天下渐多事,监者稍稍弛,而国中方以治经为最高之名誉,学者犹以不附名经师为耻,故别出一途以自重。吾欲名惠、戴一派为纯正经学,名龚、魏一派为应用经学,虽似戏言,实确论也。其在第四期,则世变日亟,而与域外之交通大开。世变亟,则将穷思其所以致此之由,而对于现今社会根本的组织,起怀疑焉;交通开,则有他社会之思想输入以为比较,而刺激之、淬砺之。康、谭一派,所由起也。要而论之,此二百余年间,总可命名为"古学复兴时代"。特其兴也,渐而非顿耳。然固俨然若一有机体之发达,至今日而葱葱郁郁,有方春之气焉。吾于我思想之前途,抱无穷希望也。①

任公曾云:"一时代中或含有过去时代之余波,与未来时代之萌蘖",晚清学术或即如此。而今文学只是这新旧过渡时期的第一个阶梯,任公对此有别具心意的解释:

数新思想之萌蘖,其因缘故不得不远溯龚、魏。而二子皆治今文学,然则今文学与新思想之关系,果如是密切乎?曰是又不然。二子固非能纯治今文者,即今文学亦安得有如许魔力?欲明其理,请征泰西。夫泰西古学复兴,遂开近世之治。谓希腊古

---

① 《论中国学术思想变迁之大势》第一章总论,第133—134页。

学,果与近世科学、哲学,有不可离之关系乎?殆未必然。然铜山崩而洛钟应者,其机固若是也。凡社会思想,束缚于一途者既久,骤有人焉冲其藩篱而陷之,其所发明者,不必其遂有当于真理也,但使持之有故,言之成理,则自能震骇一般之耳目,而导以一线之光明。此怀疑派所以与学界革命常相缘也。今文家言,一种之怀疑派也。二百年间支配全学界最有力之一旧说,举凡学子所孳孳焉以不得列宗门为耻者,而忽别树一帜以与之抗。此几一动,前之人所莫敢疑者,后之人乃竞起而疑之;疑之不已,而俶诡之论起焉;俶诡之论多,优胜劣败,真理斯出。故怀疑派之后,恒继以诡辩派;诡辩派之后,而学界革命遂成立。此征诸古今中外而皆然者也。今文文学,对于有清一代学术之中坚而怀疑者也。龚、魏及祖述龚、魏之徒,则近于诡辩者也,而我思想界亦自兹一变矣。①

依此而论,晚清今文学只是晚清"学界革命"之先导的"怀疑派""诡辩派",或者说只是清代"古学复兴"之由东汉到西汉的阶段(其后还有西汉到先秦的阶段),亦即前列清学四期变迁表中的"第三期"。

2.《清代学术概论》

《清代学术概论》(以下简称《概论》)以"生、住、异、灭"喻"时代思潮"之流转,分清代学术为启蒙、全盛、蜕分、衰落四期。其启蒙期代表为顾炎武、胡渭、阎若璩,全盛期代表为惠栋、戴震、段玉裁、王念孙、王引之,蜕分期代表则为康有为、梁启超,而蜕分期同时即其衰落期,康、梁于是为两期之代表。《概论》总结清代学术,云:

---

① 前揭《论中国学术思想变迁之大势》,第127页。

  综观二百余年之学史,其影响及于全思想界者,一言以蔽之,曰"以复古为解放"。第一步,复宋之古,对于王学而得解放。第二步,复汉唐之古,对于程朱而得解放。第三步,复西汉之古,对于许郑而得解放。第四步,复先秦之古,对于一切传注而得解放。夫既已复先秦之古,则非至对于孔孟而得解放焉不止矣。

而此"复古"四步,康、梁一派,又居其二。

  康有为乃综集诸家说,严画今古文分野,谓凡东汉晚出之古文经传,皆刘歆所伪造。正统派所最尊崇之许、郑,皆在所排击。则所谓复古者,由东汉以复于西汉。有为又宗公羊,立"孔子改制"说,谓六经皆孔子所作,尧舜皆孔子依托,而先秦诸子,亦罔不"托古改制"。实极大胆之论,对于数千年经籍谋一突飞的大解放,以开自由研究之门。其弟子最著者,陈千秋、梁启超。千秋早卒。启超以教授著述,大弘其学。①

由此"两期""两步",则晚清今文学于清代学术,实二分天下有其一,正符合任公所谓"有清一代学术,可纪者不少,其卓然成一潮流,带有时代运动的色彩者,在前半期为'考证学',在后半期为'今文学'"的论断。亦由此,晚清今文学升格为"运动",比之于《学术》《概论》之晚清"今文学",其在清学中的地位,已有大的改变。

3.《中国近三百年学术史》

  《中国近三百年学术史》(简称《近三百年学术史》)始作于1923年,乃任公在清华学校讲授清学史的讲义。任公于该著开篇即云:

---

① 以上引自前揭《清代学术概论》,第6—7页。

"这部讲义欲说明清代学术变迁之大势及其在文化上所贡献的分量和价值";与三年前的《概论》相比,"那部书的范围和这部讲义差不多,但材料和组织很有些不同"。

这些"不同",首先表现在对清学的基本判断上,任公云:

> 这个时代的学术主潮,是厌倦主观的冥想而倾向于客观的考察。无论何方面之学术,都有这样趋势。可惜客观考察多半仍限于纸片上事物,所以它的效用尚未能尽量发挥。此外有一支流,即排斥理论,提倡实践。此支流屡起屡伏,始终未能很占势力。总而言之,这三百年学术界所指向的路,我认为是不错的——是对于从前很有特色而且有进步的,只可惜全部精神未能贯彻。以后凭借这点成绩扩充蜕变,再开出一个更切实更伟大的时代,这是我们的责任。

如此判断,显然与《概论》所谓"文艺复兴""以复古为解放"的概括,以及以前期"考证学"、后期"今文学"为清学两大潮流的划分,很有些不同。

所谓"不同"之二,是《近三百年学术史》论清学"大势",仅引《概论》第一节①,泛言"生、住、异、灭"四期,而无清学的具体分期。之后重点叙述政治对清学变迁的影响,则似又回到了早期《近世之学术》的叙述顺序,即顺、康时期,乾、嘉时期,嘉、道以后时期。再后,于论颜李学派一章,则明确指出:"有清一代学术,初期为程朱陆王之争,次期为汉宋之争,末期为新旧之争。"②如此说,似又将《近世之学术》分清学为四期中的后两期(西汉学,先秦学)和《概论》的

---

① 即自"今之恒言"至"则其最切著之例证也",见前揭《梁启超论清学史二种》,第1—3页。
② 前揭《梁启超论清学史二种》,第215页。

"蜕分""衰落"二期归并为一,即以"新旧之争"囊括了"今古文之争"和"今文学"运动。

以"新旧之争"为线索,《学术史》概述嘉、道以后学术,大致分为四个阶段。(1)于嘉、道间,特别注意"新兴之常州学派",以为常州学派产出一种新精神,"就是想在乾、嘉间考证学的基础上建设顺、康间经世致用之学",代表这种精神的人是龚定庵、魏默深。但此派在嘉、道间"不过一支别动队"。(2)咸、同间,"当洪杨乱事前后,思想界引出三条新路":"宋学复兴""西学之讲求""排满思想之引动"。(3)光绪年间,中法、中日战争酿成思想的剧变,思想剧变又酿成政治上的剧变,而思想剧变的"原动力",则"是残明遗献思想之复活"。新思想的急先锋是康有为,其变法维新则完全失败。(4)戊戌政变之后,新思想的主要潮流有四,其代表人物为梁启超、章太炎、严复、孙中山,"清末思想界不能不推他们为重镇,好的坏的影响,他们都要平分功罪"。总而言之,清末三四十年间,"学界活力之中枢,已经移到'外来思想之吸收'。"其大毛病,"一是混乱,二是肤浅"。《近三百年学术史》对晚清学术的这般概括,几无"今文学"的位置,与《概论》确是"很有些不同"。①

(二) 关于晚清"今文学"兴起的背景

1.《近世之学术》

《近世之学术》并无有关今文学兴起原因的专门叙述。仅在综论清学四期时,于第三期(道咸同间,龚、魏为代表的今文学)有这样

---

① 以上引述见前揭《梁启超论清学史二种》,第91、119—125页。

的说法:"其在第三期,天下渐多事,监者稍稍弛,而国中方以治经为最高之名誉,学者尤以不附名经师为耻,故别出一途以自重。吾欲名惠、戴一派为纯正经学,名龚、魏一派为应用经学,虽似戏言,实确论也"①。其大意谓今文派所以别出一途,为志在"经世"的"应用经学",恰是当时学术、政治环境的产物。

2.《清代学术概论》

《概论》较详细分析今文学兴起的背景。以为道、咸以后,清学所以发生分裂,有自身原因三:

> 所谓发于本学派自身者何耶?其一,考证学之研究方法虽甚精善,其研究范围却甚拘迂。就中成绩最高者,惟训诂一科,然经数大师发明略尽,所余者不过糟粕。其名物一科,考明堂,考燕寝,考弁服,考车制,原物今既不存,聚讼终未由决。典章制度一科,言丧服,言禘袷,言井田,在古代本世有损益变迁,即群书亦末由折衷会通。夫清学所以能夺明学之席而与之代兴,毋亦曰彼空而我实也?今纷纭于不可究诘之名物制度,则其为空也,与言心言性者相去几何?……要之清学以提倡一"实"字而盛,以不能贯彻一"实"字而衰,自业自得,固其所矣。其二,……清学之兴,对于明之"学阀"而行革命也。乃至乾嘉以降,而清学已自成为炙手可热之一"学阀"。……于是思想界成一"汉学专制"之局。学派自身既有缺点,而复行以专制,此破灭之兆矣。其三,清学家既教人以尊古,又教人善疑。既尊古矣,则有更古焉者,固在所当尊。既善疑矣,则当时诸人所共信

---

① 前揭《论中国学术思想变迁之大势》,第134页。

者,吾曷为不可疑之? 盖清学经乾嘉全盛以后,恰如欧洲近世史初期,各国内部略奠定,不能不有如哥伦布其人者别求新陆,故在本派中有异军突起,而本派之命运,遂根本摇动,则亦事所必至、理有固然矣。

有环境变化促成者三:

所谓由环境变化所促成者何耶? 其一,清初"经世致用"之一学派所以中绝者,固由学风正趋于归纳的研究法,厌其空泛,抑亦因避触时忌,聊以自藏。嘉道以还,积威日驰,人心已渐获解放,而当文恬武嬉之既极,稍有识者,咸知大乱之将至。追寻根原,归咎于学非所用,则最尊严之学阀,自不得不首当其冲。其二,清学之发祥地与根据地,本在江浙;咸同之乱,江浙受祸最烈,文献荡然,后起者转徙流离,更无余裕以自振其业,而一时英拔之士,奋治事功,更不复以学问为重。……其三,"鸦片战役"以后,志士扼腕切齿,引为大辱奇戚,思所以自湔拔;经世致用观念之复活,炎炎不可抑。又海禁既开,所谓"西学"者逐渐输入,始则工艺,次则政制。……于是对外求索之欲日炽,对内厌弃之情日烈。欲破壁以自拔于此黑暗,不得不先对于旧政治而试奋斗,于是以其极幼稚之"西学"知识,与清初启蒙期所谓"经世之学"者相结合,别树一派,向于正统派公然举叛旗矣。①

《概论》如此分析,可谓详细;然其所述背景之时间,则已至同治年间及以后,不专为"常州学派"兴起而言,所谓"对于旧政治而试奋斗",则似指康、梁的维新变法活动。易言之,此一原因分析,实就晚清

---

① 前揭《梁启超论清学史二种》,第57—59页。

"今文学"运动(包括康、梁在内)之总体背景而言。

3.《中国近三百年学术史》

《近三百年学术史》概括常州学派新精神产生的原因有二：

> 头一件,考证古典的工作,大部分被前辈做完了,后起的人想开辟新田地,只好走别的路。第二件,当时政治现象,令人感觉不安,一面政府钳制的威权也陵替了,所以思想渐渐解放,对于政治及社会的批评也渐渐起来了。①

综而论之,《近世之学术》与《近三百年学术史》所论仅为今文学即常州学派(龚、魏)兴起之具体原因,《概论》则笼统叙述晚清"今文学"运动包括自常州学派至康、梁之学的大背景;这样的差异,实源于三者对所谓晚清今文学的界定(如康、梁一派是否在内)的不同。

(三) 关于晚清"今文学"的传承谱系

1.《近世之学术》

《学术》述晚清今文学的传承如下。

(1)庄、刘。今文学的首倡者为庄存与(方耕),著《春秋正辞》。"方耕与东原(戴震)同时,……戴学治经训,而博遍群经;庄学治经义,而约取《春秋公羊传》。东原弟子孔巽轩(广森),虽尝为《公羊通义》,然不达今文家法,肤浅无条理,不足道也。方耕弟子刘申受(逢禄),始颛主董仲舒、李育,为《公羊释例》,实为治今文学者不祧之祖"。

---

① 《梁启超论清学史二种》,第119页。

(2)龚、魏。"逮道光间,其学寖盛。最著者曰仁和龚定庵(自珍),曰邵阳魏默深(源)。""定庵,段茂堂外孙也,其小学多得自段氏,而经义则挹自庄、刘;又好治史,意章实斋之学,言六经皆史;又学佛,欲排禅宗,衍教下三家。其思想盖甚复杂。然其于《春秋》盖有心得,能以恢诡渊眇之理想,证衍古谊。其于专制政体,疾之滋甚,……又颇明社会主义,能知治本。……语近世思想自由之导向,必数定庵。吾见并世诸贤,其能为现今思想界放光明者,彼最初率崇拜定庵。""前此治今文者,则《春秋》而已,至魏默深乃推及它经,著《诗古微》《书古微》。……一家之言,不可诬也。魏氏又好言经世之术,为《海国图志》,奖励国民对外之观念。""数新思想之萌蘖,其因缘故不得不远溯龚、魏"。

(3)李、宋、邵。"与龚、魏相先后而其学统有因缘者,则有若阳湖李申耆(兆洛)、长洲宋于庭(翔凤)、仁和邵位西(懿辰)。宋氏附会太过,支离太甚,不足以为巨子。李氏明算,长于地理,其治经则排斥《周官》特甚。邵氏则卓然一经师也。盖申耆(受)始治今文《春秋》,默深始治今文《诗》、今文《书》,而位西则言今文《礼》,著《礼经通论》,以《逸礼》三十九篇为刘歆矫造。自是群经今文说皆出。"

(4)王、廖。集今文学之大成者,为王闿运及其弟子廖平。"王氏遍注群经,不断断于攻古文,而不得不推为今学大师。盖王氏以《公羊》说六经,《公羊》实今学中坚也。""廖氏受师说而附益之,著书乃及百种,可谓不惮烦。……虽然,固集数十年来今学之大成者,好学深思之誉,不能没也。盖自今古之讼既兴,……逮廖氏而波澜壮阔极矣。"①

---

① 以上引述均见前揭《论中国学术思想变迁之大势》,第125—128页。

2.《清代学术概论》

《概论》述晚清今文学谱系如下。

(1) 庄、刘。今文学中心在《公羊》。清儒既遍治古经,戴震弟子孔广森始著《公羊通义》,然不明家法,治今文学者不宗之。今文学启蒙大师为庄存与,著《春秋正辞》,刊落训诂名物,专求微言大义;刘逢禄继之,著《春秋公羊何氏释例》,凡何氏所谓非常异义可怪之论,如"张三世""通三统""黜周王鲁""受命改制"诸义,次第发明。其书亦用科学的归纳法,有条贯、有断制,在清人著述中,实最有价值之创作。

(2) 龚、魏。龚自珍受训诂学于段玉裁,而好今文,说经宗庄、刘。"自珍性䛁宕,不检细行,颇似法之卢骚;喜为要眇之思,其文辞俶诡连犿,当时之人弗善也。而自珍益以此自憙,往往引《公羊》义讥切时政,诋排专制;晚岁亦耽佛学,好谈名理。综自珍所学,病在不深入,所有思想,仅引其绪而止,又为瑰丽之辞所掩,意不豁达。虽然,晚清思想之解放,自珍确与有功焉。光绪间所谓新学家者,大率人人皆经过崇拜龚氏之一时期。初读《定庵文集》,若受电然,稍进乃厌其浅薄。然今文派之开拓,实自龚氏。夏曾佑赠梁启超诗云:'瑟人申受出方耕,孤绪微茫接董生。'此言今文学之渊源最分明。拟诸正统派,庄可比顾,龚、刘则阎、胡也。"

"今文学之初期,则专言《公羊》而已,未及他经。然因此知汉代经师家法,今古两派,截然不同;知贾、马、许、郑,殊不足以尽汉学。"其时辑佚学正盛,研究今文遗说者渐多(冯登府、陈寿祺、陈乔枞、廷鹤寿等),然皆不过言家法同异而已,未及真伪问题。魏源著《诗古微》,始大攻《毛传》及《大小序》,谓为晚出伪作。其言博辩,比于阎氏之《书疏证》,且亦时有新理解。又著《书古微》,谓不惟东晋晚出之《古文尚书》为伪也,东汉马、郑之古文说,亦非孔安国之旧。同时邵懿辰亦著《礼经通论》,谓《仪礼》十七篇为足本,所谓古文《逸礼》三十九篇者,出刘歆伪造。而刘逢禄故有《春秋左氏考证》,谓左氏不传《春秋》。"盖自刘书出而《左传》真伪成问题,自魏书出而《毛诗》真伪成问题,自邵书出而《逸礼》真伪成问题。若《周礼》真伪,则宋以来成问题久已。……质言之,则所谓古文诸经传者,皆有连带关系,真则俱真,伪则俱伪。于是将两汉今古文全案,重提覆勘,则康有为其人也。""今文学之健者,必推龚、魏。……后之治今文学者,喜以经术作政论,则龚、魏之遗风也。"

(3)康、梁、谭。"今文学"运动之中心,曰南海康有为。"然有为盖斯学之集成者,非其创作者也。"有为早年,酷好《周礼》,尝贯穴之著《政学通义》,后见廖平所著书,乃尽弃其旧说。"平,王闿运弟子。闿运以治《公羊》闻于时,然故文人耳,经学所造甚浅,其所著《公羊笺》,尚不逮孔广森。平受其学,著《四益馆经学丛书》十数种,颇知守今文家法。晚年受张之洞贿逼,复著书自驳。其人固不足道,然有为之思想,受其影响,不可诬也。"有为著《新学伪经考》《孔子改制考》和《大同书》,三书于思想界的影响可比之为"飓风""火山喷火"和"大地震"。

"对于'今文学派'为猛烈的宣传运动者,则新会梁启超也。"启超师从康有为,"其讲学最契之友,曰夏曾佑、谭嗣同"。戊戌时期,启超办《时务报》、时务学堂,宣传变法主张和"民权论"。

晚清思想界有一彗星,曰谭嗣同。嗣同幼好骈体文,缘是以窥今文学。其诗有"汪魏龚王始是才",可见其向往所自。又好王夫之之学,喜谈名理。自交梁启超后,其学一变。自从杨文会闻佛法,其学又一变。嗣同著作《仁学》,"欲将科学、哲学、宗教冶为一炉,而更使适于人生之用,真可谓极大胆极辽远之一种计划"①。

3.《中国近三百年学术史》

《近三百年学术史》无晚清"今文学"运动的系统叙述。其相对集中的论述见于《清代学者整理旧学之总成绩》"经学"部分有关《公羊传》的注疏"成绩",摘录如下。

> (1)清儒头一位治《公羊传》者为孔巽轩(广森),著有《公羊通义》,当时称为绝学。但巽轩并不通公羊家法,其书违失传旨甚多。公羊学初祖,必推庄方耕(存与),他著有《春秋正辞》,发明公羊微言大义,传给他的外孙刘申受(逢禄),著《公羊何氏释例》,于是此学大昌。龚定庵(自珍)、魏默深(源)、凌晓楼(曙)、戴子高(望)都属于这一派,各有散篇的著述。而陈卓人(立)费毕生精力,成《公羊义疏》七十六卷,实为董、何以后本传第一功臣。……晚清则王壬秋(闿运)著《公羊笺》,然拘拘于例,无甚发明。其弟子廖季平关于公羊著述尤多,然穿凿过甚,几成怪了。康先生(有为)从廖氏一转手而归于醇正,著有《春秋董氏学》《孔子改制考》等书,于新思想之发生,间接有力焉。
>
> (2)(《春秋公羊传义疏》,陈立卓人著)卓人为晓楼弟子,继师志以成此书。此书严守"疏不破注"之例,对于邵公只有引申,绝无背畔,盖深知公羊之学专重口说相承,不容出入也。其所征引,自董仲舒、司马迁以下,凡汉儒治公羊家言者,殆网罗无

---

① 以上引述分见前揭《梁启超论清学史二种》,第61—75页。

遗;清儒自孔、庄、刘以下,悉加甄采,而施以严正的裁断;礼制一部分,则多采师(凌)说而笃宗郑氏,程易畴、金辅之驳正最多。其余公羊三世九旨诸说——邵公所谓"非常异义可怪之论"者,阐发无余蕴,不独非翼轩所梦见,即方耕、申受亦逊其精锐。在公羊学里头,大约算登峰造极的著作了。

(3)综校清代春秋学之成绩,《左》《谷》皆微微不足道。(刘氏《左传正义》若成,则左氏重矣。)惟《公羊》极优良,诸经除《仪礼》外,便算他了。"今文学"运动以公羊为中心,开出晚清思想界之革命,所关尤重。①

综上,《学术》与《概论》在有关晚清今文学传承的叙述方面,对于庄、刘和龚、魏的记述,大致相同;其差异在对于王、廖和康、梁的评说;而对王、廖评价的低昂,又取决于晚清今文学"中心"的界定——《学术》以王、廖为今文学之中心、"集大成者",康、梁不在今文学序列之内;《概论》则将所谓今文学中心移至康有为及其弟子,王、廖地位也随之降低,成为附庸。至于《近三百年学术史》,则少有对晚清今文学的专门叙述,其相关的散见议论,于常州学派模糊其今文学形象②,强调龚、魏为"经世致用"之学;于公羊专家则推崇陈立;与之相应,王、廖的地位更低下,对康有为著作的评价也更谨慎,所谓"于新思想之发生,间接有力焉"。

---

① 以上引述分见前揭《梁启超论清学史二种》,第314—315、322页。
② 《近三百年学术史》述常州学派有两个源头:经学由庄、刘开派,文学由张惠言、李兆洛开派;二派合一产生"在乾嘉间考证学的基础上建设顺康间经世致用之学"的"新精神"。不仅就公羊今文立论。

(四) 关于晚清"今文学"与康有为、梁启超、谭嗣同的关涉

由上述可知,梁著清学史三种有关晚清今文学叙述的差异,更多地与三者对康梁一派的定位和评价的不同有直接关联。以下试条理三著中有关康、梁、谭的叙述,以资比较。

1. 《近世之学术》

《学术》述康有为学术渊源及特色,云:

> 吾师南海康先生,少从学于同县朱子襄先生(次琦)。朱先生讲陆、王学于举世不讲之日,而尤好言历史法制得失。其治经则综糅汉宋、今古,不言家法。康先生之治《公羊》治今文也,其渊源颇出自井研(廖平),不可诬也。然所治同,而所以治之者不同。畴昔治《公羊》者皆言例,南海则言义。惟牵于例,故还珠而买椟;惟究于义,故藏往而知来。以改制言《春秋》,以三世言《春秋》者,自南海也。改制之义立,则以为《春秋》者,绌君威而申人权,夷贵族而尚平等,去内竞而归统一,革习惯而尊法制。此南海之言也。畴昔吾国学子,对于法制之观念,有补苴,无更革;其对于政府之观念,有服从,有劝谏,无反抗。虽由霸者之积威,抑亦误学孔子,谓教义固如是也。南海则对于此种观念,施根本的疗治也。三世之义立,则以进化之理,释经世之志,遍读群经,而无所于阂,而导人以向后之希望,现在之义务。夫三世之义,自何邵公以来,久暗智焉。南海之倡此,在达尔文主义未输入中国以前,不可谓非一大发明也。南海以其所怀抱,思以易天下,而知国人之思想,束缚既久,不可以猝易,则以其所尊信之

人为鹄,就其所能解者而导之。此南海说经之微意也。而其影响波动,则既若此。近十年来,我思想界之发达,虽由时势所造成,由欧美科学所簸动;然谓南海学说无丝毫之功,虽极恶南海者,犹不能违心而为斯言也。南海之功安在?则亦解二千年来人心之缚,使之敢于怀疑,而导之以入思想自由之途径而已。

康氏之学,影响及于谭嗣同:

> 自兹以还,浏阳谭壮飞(嗣同)著《仁学》,乃举其冥想所得、实验所得、听受所得者,尽发之而无余,而思想界遂起一大革命。①

故康、谭之学,实代表清学发展("古学复兴")的最新、最后阶段——先秦学的阶段。

> 二十年来,南海言孔子改制创新教,且言周秦诸子皆改制创新教(见南海所著《孔子改制考》卷二、卷三)。于是孔教宗门以内,有游、夏、孟、荀异同优劣之比较;于孔教宗门以外,有孔、老、墨及其他九流异同优劣之比较。凡所谓辨,悉从其朔,故先秦学占学界第一之位置。

具体而言,康氏之学,自有系统,其所以排斥古文,与廖平(井研)大不相同。

> 南海尊《礼运》"大同"义,……谓子游受微言以传诸孟子,子夏受大义以传诸荀子;微言为太平世大同教,大义为升平世小康教。因此导入政治问题,美孟而剧荀,发明当由专制进为立

---

① 前揭《论中国学术思想变迁之大势》,第128—129页。

宪、共和之理。其言有伦脊,先排古文以追孔子大义,次排荀子以追孔子之微言,此南海所以与井研异也。井研为无意识之排古,南海则有所为而排之,以求达一高尚之目的也。

其对孔子的重新评价,成为思想界革命——思想自由的先导。

> 挽近学界,对于孔子而试挑战者,颇不乏人。若孔子之为教主与非教主也,孔子在三千年来学界之功罪也,孔子与六家九流之优劣比较也,孔子与泰西今古尊哲之优劣比较也,莽然并起,为学界一大问题。顾无论或推尊之或谤议之,要之其对于孔子之观念,以视十年前,划若鸿沟矣。何也?自董仲舒定一尊以来,以至康南海《孔子改制考》出世之日,学者之对于孔子,未有敢卜评论者也。恰如人民对于神圣不可侵犯之君权,视为与我异位,无所容其思议,而及今乃始有研究君权之性质。夫至于取其性质而研究之,则不惟反对焉者识想一变,即赞成焉者之识想亦一变矣。所谓脱羁轭而得自由者,其几即在此而已。

南海又有《大同学》,

> 其渊眇繁赜之理想,恐尚非今之青年所能几也。①

2.《清代学术概论》

《概论》对康、梁、谭记述如下。

(1)"今文学"运动之中心,曰南海康有为。"然有为盖斯学之集成者,非其创作者也。"其思想曾受到廖平的影响。

有为最初所著书,曰《新学伪经考》,诸所主张,是否悉当且勿

---

① 以上引述分见前揭《论中国学术思想变迁之大势》,第 128—131、133 页。

论,要之此说一出,而生影响有二:第一,清学正统派之立脚点,根本摇动;第二,一切古书,皆须重新检查估价。此实思想界一大飓风也。《伪经考》大体皆精当,其可议处乃在小节目。

有为以好博好异之故,往往不惜抹杀证据或曲解证据,以犯科学家之大忌,此其所短也。有为之为人也,万事纯任主观,自信力极强,而持之极毅。其对于客观的事实,或竟蔑视,或必欲强之以从我。

《伪经考》出甫一年,遭清廷之忌,毁其板,传习颇稀。(其后有崔适者,著《史记探源》《春秋复始》二书,皆引申有为之说,益加精密,今文派之后劲也。)

有为第二部著述,曰《孔子改制考》;第三部著述,曰《大同书》。此二书者,其火山大喷火也,其大地震也。

有为治《公羊》,不断断于其书法义例之小节,专求其微言大义。

定《春秋》为孔子改制创作之书,谓文字不过其符号,如电报之密码,如乐谱之音符,非口授不能明。又不惟《春秋》而已,凡六经皆孔子所作,昔人言孔子删述者误也。孔子盖自立一宗旨而凭之以进退古人、去取古籍。孔子改制,恒托于古。尧舜者,孔子所托也,其人有无不可知;即有,亦至寻常;经典中尧舜之盛德大业,皆孔子理想上所构成也。又不惟孔子而已,周秦诸子,罔不改制,罔不托古。老子之托黄帝,墨子之托大禹,许行之托神农,是也。近人祖述何休以治《公羊》者,若刘逢禄、龚自珍、陈立辈,皆言改制,而有为之说,实与彼异。有为所谓改制者,则一种政治革命、社会改造的意味也,故喜言通三统,三统者,谓夏、商、周三代不同,当随时因革也;喜言张三世,三世者,谓据乱世、升平世、太平世,愈改而愈进也。有为政治上变法维新之主张,实本于此。有为谓孔子之改制,上掩百世,下掩百世,故尊之为教主;误认欧洲之尊景教为治强之本,故恒欲侪孔子于基督,乃杂引谶纬之言以实之;于是有为心目中之孔子,又带有神秘性矣。《孔子改制考》之内容,大略如此。

《改制考》之意义在于:教人读古书,当求义理;所谓义理,又非言心性,乃在古人创法立制之精义;于是汉、宋学皆吐弃,为学界别辟一新殖民地。语孔子所以伟大,在建设新学派(创教),鼓舞人创作精神。《伪经考》既以诸经中一大部分为刘歆所伪托,《改制考》复以真经之全部为孔了托古之作,则数千年来公认为神圣不可侵犯之经典,根本发生疑问,引起学者怀疑批评的态度。虽极力推挹孔子,实则夷孔子于诸子之列;所谓别黑白定一尊之观念,全然解放,导人以比较的研究。

"二考"皆整理旧学之作,《大同书》则为创作。有为早年,即"欲自创一学派",以三世之义说《礼运》,升平为小康,太平为大同。"有为著此书时,固一无依傍,一无剿袭,在三十年前,而其理想与今世所谓世界主义、社会主义者多合符契,而陈义之高且过之。呜呼!真可谓豪杰之士也已。""而有为始终谓当以小康义救今世,对于政治问题,对于社会道德问题,皆以维持旧状为职志。自发明一种新理想,自认为至善至美,然不愿其实现,且竭全力以抗之遏之;人类秉性之奇诡,度无以过是者。"

(2)对于"今文学派"为猛烈宣传者,则梁启超。启超年十三,与其友陈千秋同学于学海堂,治戴、段、王之学。康有为以布衣上书被放归,举国目为怪。千秋、启超好奇谒之,一见大服,执业为弟子,共请开馆讲学,则所谓万木草堂是也。

"有为不轻以所学授人。草堂常课,除《公羊传》外,则点读《资治通鉴》《宋元学案》《朱子语类》等,又时时习古礼。"千秋、启超弗嗜,则相与治周秦诸子及佛典,亦涉猎清儒经济书及译本西籍,皆就有为决疑滞。"居一年,乃闻所谓'大同义'者,喜欲狂,锐意谋宣传。有为谓非其时,然不能禁也。又二年,而千秋卒,启超益独立自任。"

启超治《伪经考》,时复不慊于其师武断,后遂置不复道。其师好引纬书,以神秘性说孔子,启超亦不谓然。

> 启超谓孔门之学,后衍为孟子、荀卿两派,荀传小康,孟传大同;汉代经师,不问为今文家、古文家,皆出荀卿(汪中说);二千年间,宗派屡变,壹皆盘旋荀学肘下,孟学绝而孔学亦衰。于是专以绌荀申孟为标帜,引《孟子》中诛责"民贼""独夫""善战服上刑""授田制产"诸义,谓为大同精义所寄,日倡道之;又好《墨子》,诵说其"兼爱""非攻"诸论。

启超屡游京师,渐交当世士大夫,而其讲学最契之友,曰夏曾佑、谭嗣同。曾佑方治龚、刘今文学,每发一义,辄相视莫逆。其后启超亡命日本,曾佑赠以诗,中有句曰:"冥冥兰陵门,万鬼头如蚁,质多举只手,阳乌为之死。"此可想见当时彼辈"排荀"运动,实有一种元气淋漓景象。嗣同方治王夫之之学,喜谈名理,谈经济,及交启超,亦盛言大同,运动尤烈。而启超之学,受夏、谭影响亦至巨。

其后启超等之运动,益带政治的色彩。启超创一旬刊杂志于上海,曰《时务报》。自著《变法通议》,批评秕政,而救敝之法,归于废科举、兴学校,亦时时发民权论,但微引其绪,未敢昌言。嗣同与黄遵宪、熊希龄等设时务学堂于长沙,聘启超主讲席,唐才常等为助教。启超至,以《公羊》《孟子》教,课以札记,所言皆当时一派之民权论,又多言清代故实,胪举失政,盛倡革命。其论学术,则自荀卿以下汉、唐、宋、明、清学者,掊击无完肤。先是嗣同、才常等,设南学会聚讲,又设《湘报》(日报)、《湘学报》(旬刊),所言虽不如堂中激烈,实阴相策应。又窃印《明夷待访录》《扬州十日记》等书,加以案语,秘密分布,传播革命思想,信奉者日众,于是湖南新旧派大哄,叶德辉著《翼教丛编》数十万言,将康有为所著书,梁启超所批学生札记,及《时务报》《湘报》《湘学报》诸论文,逐条批驳。而张之洞亦著《劝学篇》,旨趣略同。戊戌政变前,某御史胪举札记批语数十条指斥清宰,鼓吹民权者具摺揭参,卒兴大狱。嗣同死焉,启超亡命,才常等被逐,学堂解散。盖学术之争,延为政争矣。

启超自三十以后,已绝口不谈"伪经",亦不甚谈"改制"。而其师康有为大倡设孔教会、定国教、祀天配孔诸义,国中附和不乏。启超不谓然,屡起而驳之。启超以为,中国思想之痼疾,确在"好依傍"与"名实混淆"。若援佛入儒也,若好造伪书也,皆原本于此等精神。以清儒论,颜元几于墨矣,而必自谓出孔子;戴震全属西洋思想,而必自谓出孔子;康有为之大同,空前创获,而必自谓出孔子。及至孔子之改制,何为必托古?诸子何为皆托古?则亦依傍混淆也已。此病根不拔,则思想终无独立自由之望。启超盖于此三致意焉。然持论既屡与其师不合,康梁学派遂分。

启超之在思想界,其破坏力确不小,而建设则未有闻。晚清思想界之粗率浅薄,启超与有罪焉。启超常称佛说,谓"未能自度而先度人,是为菩萨发心"。故其生平著述极多,皆随有所见,随即发表。彼尝言:我读到性本善,则教人以人之初而已。殊不思性相近以下尚未读通,恐并人之初一句亦不能解。以此教人,安见其不为误人?启超平素主张,谓须将世界学说为无限制的尽量输入,斯固然矣。然必所输入者确为该思想之本来面目,又必具其条理本末,始能供国人切实研究之资,此其事非多数人专门分担不能,启超务广而疏,每一学稍涉其樊,便加论列,故其所著述,多模糊影响笼统之谈,甚者纯然错误,及其自发现而自谋矫正,则已前后矛盾矣!"平心论之,以二十年前思想界之闭塞萎靡,非用此种卤莽疏阔手段,不能烈山泽以辟新局。就此点论,梁启超可谓新思想界之陈涉。""启超虽自知其短,而改之不勇,中间又屡为无聊的政治活动所牵率,耗其精而荒其业。识者谓启超若能永远绝意政治,且裁敛其学问欲,专精于一二点,则于将来之思想界尚更有所贡献,否则亦适成为清代思想史之结束人物而已。"

(3)晚清思想界有一彗星,曰谭嗣同。嗣同幼好骈体文,缘是以窥今文学。其诗有"汪魏龚王始是才",可见其向往所自。又好王夫之之学,喜谈名理。自交梁启超后,其学一变。自从杨文会闻佛法,其学又一变。其所谓新学之著作,则有《仁学》。

《仁学》之作,欲将科学、哲学、宗教冶为一炉,而更使适于人生之用,真可谓极大胆极辽远之一种计划。嗣同幼治算学,颇深造,亦尝尽读所谓格致类之译书,将当时所能有之科学知识,尽量应用。又治佛教之唯识宗、华严宗,用以为思想之基础,而通之以科学。又用今文学家"太平""大同"之义,以为"世法"之极轨,而通之于佛教。嗣同之书,盖取资于此三部分,而组织之以立己之意见。其驳杂幼稚之论甚多,固毋庸讳,其尽脱旧思想之束缚,戛戛独造,则前清一代未有其比也。

嗣同根本地排斥尊古观念,对于中国历史,下一总批评曰:二千年来之政,秦政也,皆大盗也;二千年来之学,荀学也,皆乡愿也;惟大盗利用乡愿,惟乡愿工媚大盗。当时谭、梁、夏一派之论调,大约以此为基本,而嗣同尤为悍勇。"此等论调,近于诡辩矣,然其怀疑之精神,解放之勇气,正可察见。"

《仁学》下篇,多政治谈。其篇首论国家起源及民治主义,实当时谭、梁一派之根本信条,以殉教的精神力图传播者也。又鼓吹排满革命,词锋锐不可当。《仁学》之政论,归于"世界主义",其言曰"春秋大一统之义,天地间不当有国也。"篇中此类之论,不一而足,皆当时今文学派所日倡道者。①

3.《中国近三百年学术史》

《近三百年学术史》不同于前引《学术》《概论》,并无专门论述康、梁思想学术的部分。其散见于各章者,汇辑如下。

其一,第四章"清代学术变迁与政治的影响(下)",论及光绪间之新思想时,云:

> 那时候新思想的急先锋,是我亲受业的先生康南海(有为)。他是从"常州派经学"出身,而以"经世致用"为标帜。他虽有很奇特很激烈的理想,却不大喜欢乱讲。他门下的人,便狂热不可压制了,我自己便是这里头小小一员走卒。当时我在我主办的上海《时务报》和长沙时务学堂里头猛烈宣传,惊动了一位老名士而做阔官的张香涛(之洞),纠率许多汉学宋学先生们著许多书和我们争辩。学术上新旧之斗,不久便牵连到政局。康南海正在用"变法维新"的旗号,得光绪帝的信用,旧派的人把西太后拥出来,演成"戊戌政变"一出悲剧。表面上,所谓"新

---

① 以上引述分见前揭《梁启超论清学史二种》,第63—77页。

学家"完全失败了。

其二,同一章(第四章)论及戊戌政变后的新思想运动,云:

> 新思想的中心,移到日本东京,而上海为之转输。其时主要潮流,约有数支:第一,我自己和我的朋友。继续我们从前的奋斗,鼓吹政治革命,同时'无拣择的'输入外国学说,且力谋中国过去善良思想之复活。第二,章太炎(炳麟)。他本是考证学出身,又是浙人,受浙东派黄梨洲、全谢山等影响甚深,专提倡种族革命,同时也想把考证学引到新方向。第三,严又陵(复)。他是欧洲留学生出身,本国文学亦优长,专翻译英国功利主义派书籍,成一家之言。第四,孙逸仙(文)。他虽不是学者,但眼光极锐敏,提倡社会主义,以他为最先。

"要之,清末思想界不能不推他们为重镇,好的坏的影响,他们都要平分功罪。"

其三,第十二章清代学者整理旧学之总成绩(一)"经学"之《公羊传》,述晚清公羊学,云:

> 晚清则王壬秋(闿运)著《公羊笺》,然拘拘于例,无甚发明。其弟子廖季平关于公羊著述尤多,然穿凿过甚,几成怪了。康先生(有为)从廖氏一转手而归于醇正,著有《春秋董氏学》《孔子改制考》等书,于新思想之发生,间接有力焉。

其四,第十四章清代学者整理旧学之总成绩(二)"辨伪书"一节,记述清人辨伪书之著作,云:清初最勇于疑古的人应推姚立方(际恒)。其专为辨伪而作者有《古今伪书考》。"此后专为辨证一部或几部伪书,著为专篇者,则有:阎百诗的《古文尚书疏证》,惠定宇的《古文尚书考》;万充宗(斯大)的《周官辨非》;孙颐谷(志祖)的《家语疏证》,范家相的《家语证讹》;刘申受(逢禄)的《左氏春秋疏证》;康长素先生的《新学伪经考》;王静安(国维)的《今本竹书纪年疏证》,崔觯甫(适)的《史记探原》。""康先生书总结西汉今古文公案,对于刘歆所提倡的《周官》《左传》《毛诗》《逸礼》《古文尚书》(非东晋晚出者)、《尔雅》等书皆认为伪。"①

比较以上梁著清学史三种有关康、梁、谭的记述,至少可见如下不同:

其一,关于康有为的地位,《学术》虽不回避康氏与今文学集大成者廖平的渊源关系,但更强调康学对今文学的超越和自得,以显示康、谭一派作为清学之最高阶段——先秦学的地位和影响;《概论》以康有为作为"今文学"运动之中心,并予以今文学集大成者之头衔,实际上则予"今文学"运动以晚清学术思想中心的地位;《近三百年学术史》中的康有为不过是新思想的"急先锋",其作用和影响或大受限制或在不议不论之列。

其二,关于康有为的学术评价,《学术》侧重于康氏"改制""三世"义的阐释,于康氏著作,突出《改制考》,略及《大同学》(即《大同书》),《伪经考》则避而不谈;《概论》较全面而详细地介绍康氏"二考"与《大同书》,并从思想解放的角度予以了正面的评价;《近三百年学术史》对康氏著作介绍简略,并力图将其归入清学的"学术"系列。

其三,《学术》称康、谭派,不及梁,对谭氏介绍亦简略;《概论》称康、梁派,予梁"今文学猛烈宣传者"的角色,并用较多篇幅介绍其生

---

① 以上引述分见前揭《梁启超论清学史二种》,第123—125、315、388—390页。

平、剖析其思想;对谭嗣同也有较为详细的叙述;《近三百年学术史》述及梁启超处不多,除延续《概论》"猛烈宣传"的说法之外,更突出其在清末思想界的地位,就此而言,梁氏的地位及"独立性"较《概论》有了新的提升。

（五） 关于晚清"今文学"的意义的叙述

梁著清学史三种之述论晚清学术,其根本着眼点在晚清以来欧西物质、精神文明压迫下中华民族和民族文化的出路问题,即现实中的新思想、新文化的建设问题,亦即如梁氏所说"对我国旧思想之总批判"及"今后新思想发展应遵之途径"的问题。故三著论"今文学",其共同处为均注意于"今文学"与新思想的关系,并由此赋予其意义;但由于其各自对"今文学"界定和具体叙述的差异,导致了三书对"今文学"意义阐发的不尽相同。①

1.《近世之学术》

《学术》比附泰西"古学复兴",将今文学兴起视为挑战传统、开启近世新思想的第一步,强调其"怀疑"的价值:

> 数新思想之萌蘖,其因缘故不得不远溯龚、魏。……今文家言,一种之怀疑派也。二百年间支配全学界最有力之一旧说,举凡学子所孳孳焉以不得列宗门为耻者,而忽别树一帜以与之抗。

---

① 从今文学与新思想的关系的维度来界定今文学的意义,其关键处还在对于"新思想"或现实中新文化建设的认识。实际上是对新思想、新文化的现实考量,影响了对今文学的意义判断。关于此一点,详本书以后各节,此处不具论。

此几一动,前之人所莫敢疑者,后之人乃竞起而疑之;疑之不已,而僷诡之论起焉;僷诡之论多,优胜劣败,真理斯出。故怀疑派之后,恒继以诡辩派;诡辩派之后,而学界革命遂成立。此征诸古今中外而皆然者也。今文之学,对于有清一代学术之中坚而怀疑者也。龚、魏及祖述龚、魏之徒,则近于诡辩者也,而我思想界亦自兹一变矣。①

2.《清代学术概论》

《概论》之"以复古为解放"的主题,使其更突出"今文学"运动之于晚清"思想解放"的作用;由于将康、梁移作"今文学"运动的中心,原《学术》中分属今文学(西汉学)和康、谭派(先秦学)的"怀疑"价值和"解放"意义,也就合而为一,成为对晚清今文学的基本评价。《概论》评论康有为"二考",云:

> 《伪经考》出,影响有二:"第一,清学正统派之立脚点,根本摇动;第二,一切古书,皆须从新检查估价。此实思想界一大飓风也。"
> 《改制考》之意义在于:教人读古书,当求义理;所谓义理,又非言心性,乃在古人创法立制之精义;于是汉、宋学皆吐弃,为学界别辟一新殖民地。"语孔子所以伟大,在建设新学派(创教),鼓舞人创作精神。""《伪经考》既以诸经中一大部分为刘歆所伪托,《改制考》复以真经之全部为孔子托古之作,则数千年来共认为神圣不可侵犯之经典,根本发生疑问,引起学者怀疑批评的态度。""虽极力推挹孔子,实则夷孔子于诸子之列;所谓别

---

① 前揭《论中国学术思想变迁之大势》,第127页。

黑白定一尊之观念,全然解放,导人以比较的研究。"①

《概论》论梁启超、谭嗣同,亦着重其"对旧思想的总批判"及"冲决罗网"的意义,如比梁氏为"思想界之陈涉",比《仁学》为《民约论》,皆在表彰其"怀疑之精神,解放之勇气";而以为章太炎"对于思想解放之勇决"不如今文家,则更显示《概论》的评价尺度及对今文学在晚清思想界主导地位的肯定。

3.《中国近三百年学术史》

《近三百年学术史》虽无专论晚清"今文学"的章节,但从散见的片断议论,仍可见梁氏以晚清为思想解放时代的故有思路。所不同的是其评价角度略有调整,即由此前的更多肯定"思想解放"的正面意义转向注意其"毛病"和不足("混乱""肤浅")。② 其有关常州学派的评价,仅言龚、魏二人著作,影响光绪初年思想界;其有关康、梁派的具体叙述,一则模糊其与"今文学"的关系(仅称康氏出身"常州经学")而强调其在晚清政治变迁中的作用(如康有为之于戊戌变法,梁启超鼓吹"政治革命")③,再则有将其论著纳入清代所谓学术正统(考证学——"整理旧学之总成绩")的努力(如《改制考》入经学《公羊》系列,《伪经考》入"辨伪书"系列;梁氏《墨经校释》亦入"校注古籍"一类,等)④。任公在《近三百年学术史》中,言及自己在

---

① 前揭《梁启超论清学史二种》,第64—65页。
② 《梁启超论清学史二种》,第125页。"今文学"运动的不足,《概论》在论康、梁的部分已有检讨,但是在充分肯定其积极意义的基础上进行的。《近三百年学术史》则有相反的取向。
③ 同上书,第123—124页。
④ 同上书,第315、389、361页。

戊戌后思想界的"奋斗"时,特意提及"力谋中国过去善良思想之复活",比之于《概论》倡言"批判""破坏",似已有了微妙的变化。

(六) 小结

梁著清学史三种有关晚清今文学叙述的"差异"已见前述,以下试再列表明之并作小结。

梁著清学史三种中的"晚清今文学"

	今文学在清学史中的位置	今文学兴起的背景、原因	今文学的传承谱系	今文学与康、梁、谭	今文学的意义
《近世之学术》	清学分为四期:宋学、东汉学、西汉学、先秦学;今文学属于第三期:西汉学	天下渐多事,而国中方以治经为最高之名誉,故别出一途以自重。可名为"应用经学"	首创者庄、刘;早期代表龚、魏;中心与集大成者王、廖	虽与今文学(西汉学派)有渊源,然自成康、谭派(先秦学派)	类欧西古学复兴之第一阶段——怀疑派,其价值即在对传统的怀疑精神
《清代学术概论》	与前期考证学并列为清学两大潮流之一	学术自身原因:琐屑不实,学阀专制,尊古善疑启异军突起。环境促成原因:大乱将至,学求经世;咸同之乱,文献荡然;西学输入,改革旧制	首创者庄、刘;早期代表龚、魏;中心与集大成者康、梁	康有为乃"今文学"运动之中心、集大成者;梁启超为猛烈宣传者;谭嗣同冶西学、佛学、今文学为一炉,与梁启超、夏曾佑为同调	晚清思想解放的主流派

续 表

	今文学在清学史中的位置	今文学兴起的背景、原因	今文学的传承谱系	今文学与康、梁、谭	今文学的意义
《中国近三百年学术史》	常州派为晚清四阶段(嘉道、咸同、光绪前期、戊戌以后)之首	学术原因:考古已穷,另辟新路;政治原因:统治衰微,批评时政	常州学派:庄、刘公羊与阳湖古文合一,龚、魏为代表;公羊学序列:庄、刘、龚、魏、凌曙、戴望、陈立、王、廖、康;陈氏《义疏》,为公羊学登峰造极之作	康有为出身常州经学一派,为新思想急先锋;梁启超为新思想宣传者,又为清末思想界四代表(梁、章、严、孙)之一	常州派之龚魏影响后来光绪初期的新学家

综上所述,与梁启超所谓《清代学术概论》与《近世之学术》"根本观念""无大异同"①之说不同,也与以往多数研究者视《清代学术概论》与《中国近三百年学术史》互为补充、相得益彰的意见不同,梁著清学史三种有关晚清今文学的叙述,实际存在着较多的差异。(见上表)这些差异可归结于这样两大问题:第一,晚清今文学在清学史中的地位如何?在《近世之学术》中,今文学(即西汉学)是清学四期的第三期;在《清代学术概论》中,晚清"今文学"运动是与前期"考证学"并列的清学两大潮流之一;至《中国近三百年学术史》,今文学已无独立的位置,成为融入晚清新思想大潮的若断若续的支流。第二,作为晚清思想重镇的康、梁一派,与今文学的关系如何?《近世之学术》中的"康、谭派"代表清学发展的一个独立阶段——"先秦学",其与今文学虽有学术上的渊源,但又

---

① 见前揭《清代学术概论》,"自序"第2页。

存在着根本的不同;《清代学术概论》则将康、梁作为今文学的集大成者和晚清"今文学"运动的中心,并以之代表晚清学术思想的主流;而《中国近三百年学术史》对康、梁的叙述,已少从今文学立论,代之以更多强调其在晚清政治变革和吸收外来思想方面的作用和影响。

由梁著清学史三种在晚清今文学叙述上的差异,又产生这样的问题:第一,为什么会有这样的差异,怎样认识这些差异?第二,所谓晚清今文学的实际情况究竟如何,对其已有知识,我们应有什么样的认识?对于前一问题,后文试图还原三著于各自的"语境",结合梁氏思想的前后变化和梁氏于不同语境中的思想关注,分别讨论其各自的著作主旨和现实指向;对于后者,本文则仅拟以梁氏在《概论》中的"亲历"自述为线索,通过对戊戌时期梁启超及谭嗣同、夏曾佑等人的"今文学宣传"的个案研究,以求略有助于对晚清"今文学"的重新认识。其具体内容,详见后文各节。

三　学术与政治:《近世之学术》读解

《论中国学术思想变迁之大势》,是梁任公影响一代中国学人与学术的重要论著之一。① 近年来,该著的学术史和思想史价值,已引起研究者的注意②,但对其中第八章《近世之学术》的独立性和特殊意谓,尚缺乏足够的认识。

《近世之学术》"起明亡以迄今日",是任公有关清学史的最早论述。关于此篇,后来任公在其清学史名著《清代学术概论》的"自序"中,曾这样说:

---

① 胡适曾云:"我个人受了梁先生无穷的恩惠。现在追想起来,有两点最分明。第一是他的《新民说》,第二是他的《中国学术思想变迁之大势》。——《新民说》诸篇给我开辟了一个新世界,使我彻底相信中国之外还有很高等的民族,很高等的文化;《中国学术思想变迁之大势》也给我开辟了一个新世界,使我知道《四书》《五经》之外中国还有学术思想。"(《四十自述》"在上海",《新月》3卷7号,1932年)。郑振铎则称:"《论中国学术思想变迁之大势》一作尤为重要,在梁氏以前,从没有过这样的一部著作发见过,她是这样简明扼要的将中国几千年来的学术加以叙述、估价、研究,可以说是第一部的中国学术史(第二部的至今仍未有人敢于着手呢),也可以说是第一部的将中国的学术思想有系统的整理出来的书。"(《梁任公先生》,《小说月报》20卷2号,1929年)。

② 参见夏晓虹:《中国学术史上的垂范之作:读梁启超〈论中国学术思想变迁之大势〉》,载《天津社会科学》2001年第5期;潘光哲:《画定"国族精神"的疆界:关于梁启超〈论中国学术思想变迁之大势〉的思考》,台湾"中研院",《近代史研究所集刊》第53期。

余于十八年前,尝著《中国学术思想变迁之大势》,刊于《新民丛报》,其第八章论清代学术,……余今日之根本观念,与十八年前无大异同。惟局部的观察,今视昔似较为精密。且当时多有为而发之言,其结论往往流于偏至。

任公此说,值得注意者在于:一曰"余今日之根本观念,与十八年前无大异同";一曰"当时多有为而发之言,其结论往往流于偏至"。而后来的研究者却大多无视任公的这些提示,既无意于《清代学术概论》与《近世之学术》在"根本观念"上的仔细比对,更忽略了对《近世之学术》的那些"有为而发之言"的追究。

简言之,作于1904年的《近世之学术》,是对章太炎《清儒》篇的直接回应。此一"回应"不仅有着鲜明的"革命"与"保皇"相对峙的背景,更事关任公师门(即所谓"康、梁一派")在学术上的贡献和现实政治中的位置。欲对其中这些"有为之言"做出合乎情理的解读,则又必然涉及任公自戊戌年流亡海外后,一度徘徊于"保皇"与"革命"之间的思想矛盾和心路历程,及其凭借东瀛所得之西学新知反观中国"学术思想"的新认识。

(一) 独立之作:对章太炎《清儒》篇的回应

1.《近世之学术》的刊行与指向

《近世之学术》(以下简称《学术》)连载于《新民丛报》第53—55、58号,标目为"《论中国学术思想变迁之大势》第八章",实际上是一篇"独立"之作。

《论中国学术思想变迁之大势》原拟作十六章。① 1902年3—12月,《新民丛报》第3—5、7、9、12、16、18、21、22号陆续刊载至第六章第四节,之后停止续刊。时间过了近两年,1904年9月,《新民丛报》第53号忽又刊出《论中国学术思想变迁之大势》第八章,题为"近世之学术"(起明亡以迄今日),对此略显突兀的做法,任公于文前写有"著者识"记,予以特别解释:

> 本论自壬寅秋阁笔,馀稿久未续成,深用歉然。顷排积冗,重理旧业。以三百年来变迁最繁,而关系最切,故先论之。其第六章未完之稿及第七章之稿,俟本章撰成,乃续补焉。②

然而事实是,迄当年12月《新民丛报》第58号刊毕第八章即《近世之学术》后,所谓"续补"部分始终未曾面世。现通行的《饮冰室合集》,即将此两次之作一并收入"文集之七",署"清光绪二十八年"(1902),既不分章,又无说明,予人首尾完具之观感,于无意中影响了对《学术》的准确解读。

确认《学术》的撰著时间,以及此章与《论中国学术思想变迁之大势》其他各章的关系,是探知任公特殊作意的关键。

《学术》不仅著作时间上晚于章太炎之《清儒》,且是作者看到《清儒》之后所作,这由《学术》中对《清儒》的引述得到了证明。而任公之所以要改变《论中国学术思想变迁之大势》原有的写作计划

---

① 细目包括:一、总论,二、胚胎时代,三、全盛时代,四、儒学统一时代,五、老学时代,六、佛学时代,七、儒佛混合时代,八、衰落时代,九、复兴时代,十、学术思想界之暗潮,十一、地理上之关系上(国内地理),十二、地理上之关系下(国外地理),十三、政治上之关系,十四、文学上之关系,十五、学术思想所生之结果,十六、今后革新之急务及其方法。

② 《论中国学术思想变迁之大势》,上海古籍出版社2001年版,第100页。

(也许是本已放弃的计划),跳过未完成的(以后也不再完成的)第六七章,来赶写所谓"第八章",以至于使《学术》成为实际上的一篇独立之作,其中原因或确如任公自云"以三百年来变迁最繁,而关系最切";但这"关系最切"应当不是泛泛而论,而是有着明确的现实指向的,即对章太炎《清儒》的回应。

2. 章太炎的《清儒》

章太炎是晚清以近代观念总结清学史的最早的尝试者。其收入《訄书》重订本(约于1903年5月定稿,1904年6月在东京出版)的《清儒》一篇,堪称近代清学史研究的首出之作。

《清儒》①文简义丰,为方便与《学术》的比对,故不嫌烦琐,先列其要点如次。

(1)以"六经皆史""古史皆经"解说六经的起源及各经的性质。

(2)以为治经方法有二:一曰诵法,一曰讨论。"诵法者,以其义束身,而有隆杀;讨论者,以其事观世,有其隆之,无或杀也。"以此相衡,东汉经学胜于西汉,魏晋以下则或"乱"或"荡","继汉有作"者为清儒。

(3)清学以说经为长,"其术近工眇踔善"。清学始于顾炎武,其他如阎若璩、张尔岐、胡渭,亦"皆为硕儒";"然草创未精博,时糅杂宋明谰言"。

(4)清学之"成学箸系统",始于乾隆朝,有吴、皖二派。"吴始惠栋,其学好博而尊闻;皖南始戴震,综形名、任裁断。此其所异也"。

---

① 《清儒》,《章太炎全集》(三),上海人民出版社1984年版,第154—161页;以下引述若非注明,均见此篇。

惠栋承家学,弟子有江声、余萧客,"而王鸣盛、钱大昕亦被其风",此外则有汪中、刘台拱、李惇、贾田祖、江藩,"皆陈义尔雅、渊乎古训是则者也"。戴震受学于江永,同学者有金榜、程瑶田;戴氏弟子众多,最知名者为段玉裁、王念孙;近世传戴学者,有俞樾、孙诒让。"凡戴学数家,分析条理,皆缜密严瑮,上溯古义,而断以己之律令,与苏州诸学殊矣"。

(5)吴、皖之外,有浙东之学。万斯大、万斯同兄弟,"师事余姚黄宗羲,称说《礼经》,杂陈汉、宋,而斯同独尊史法"。万氏之后,有邵晋涵、全祖望、章学诚;近世传浙东学者,有黄式三、黄以周父子。

(6)"太湖之滨,苏、常、松江、太仓诸邑,其民佚丽。""意为文辞比兴,饮食会同,以博依相问难,故好浏览而无纪纲,其流风遍江之南北。"惠氏学兴,"乐文采者相与依违之";及皖学流行,"天下视文士渐轻。文士与经儒始交恶"。姚鼐承方苞、姚范以来之"桐城义法","数持论诋朴学残碎";方东树作《汉学商兑》,攻驳惠、戴,引程朱宋学自壮,是为桐城派。

(7)承太湖之滨流风,以文士而说经,"于是有常州今文之学"。(详后)

(8)晚近则有陈澧师弟,主张"鸠合汉、宋"。

(9)概括"清世经儒"特点及优长。即"大氐清世经儒,自'今文'而外,大体与汉儒绝异。不以经术明治乱,故短于风议;不以阴阳断人事,故长于求是。短长虽异,要之皆征其文明。何者?传记、通论,阔远难用,故不周于治乱;建议而不雠,夸诬何益?魑鬼、象纬、五行、占卦之术,以宗教蔽六艺,怪妄。孰与断之人道,夷六艺于古史,徒料简事类,不曰吐言为律,则上世社会汙隆之迹,犹大略可知。以此综贯,则可以明进化;以此裂分,则可以审因革"。

(10)罗列清儒经学著述;又以为《十三经》当裁减:"《孟子》故儒家,宜出";《论语》《孝经》"故不为经。宜隶《论语》儒家,出《孝经》使傅《礼记》通论"。

章氏《清儒》以经学为清学中心,以吴、皖为清学主流且扬皖抑吴等,对于后出的清学史著述及近代以来的清学史研究均具"示范"的影响;其以"古史皆经"论经学,列儒家为诸子、孔子为史家①,影响更溢出清学史之外。然就当时而言,太炎如此立论,则与所谓经今文学有直接的关联。

《清儒》作为清末清学史著述的首出之作,其中有关今文经学的论述,自然也就成为晚清今文学叙述的源头之一。《清儒》有关今文经学的评述虽嫌简略,然提纲挈领,脉络分明:

其一,今文之兴起,与太湖之滨"伏丽"之民风及相应之学派——惠栋吴派、桐城诸家有密切因缘,属文人说经一列,即所谓"文士既已熙荡自喜,又耻不习经典,于是有常州今文之学,务为瑰意眇辞,以便文士"。

其二,常州今文之学,始于庄存与,治《公羊》,"作《春秋正辞》,犹称说《周官》";庄氏之徒,刘逢禄"始专主董生、李育,为《公羊释例》",宋翔凤"最善附会,牵引饰说,或采翼奉诸家,而杂以谶纬神秘之辞";其后,魏源"作诗、书《古微》",龚自珍"亦治《公羊》",邵懿辰"为《尚书通义》《礼经通论》","三子皆好为姚易卓荦之辞,欲以前汉经术助其文采,不素习绳墨,故所论支离自陷,乃往往如谶语";此外,戴望"述《公羊》以赞《论语》,为有师法";王闿运"并注五经",有弟子廖平传其学,"说虽不根,然犹逾魏源辈绝无伦类者"。

---

① 参见《訄书》重订本之《订孔》,前揭《章太炎全集》(三)。

其三，如前所述，太炎在《清儒》中，曾对"清世经儒"的特色予以概括和肯定，而将今文一派排除在外，推衍其意，或可得见今文派之特点。即，今文家大体类如汉儒，欲以经术明治乱，故长于风议；牵引阴阳断人事，故短于求是，而不免夸诬、怪妄。

3.《学术》对《清儒》的回应

比对《学术》与《清儒》，可见明显的反对之处。

《学术》分清代学术为三期，即永历康熙间、乾嘉间和最近世。任公在对前两期的叙述中，有直接引用《清儒》者（如乾嘉吴、皖二派的传授次第等①），有间接引用而不注明者（如列举清儒群经注疏之代表作等），但如任公自云，其基本"断案"，则出于己意，且多与太炎相左。如前述，《清儒》认乾嘉经学为清学主干，以为"清世理学之言，竭而无余华；多忌，故歌诗文史梏；愚民，故经世先王之志衰。家有智慧，大凑于说经，亦以纾死，而其术近工眇踔善矣"。所以略清初而详乾嘉，又于吴、皖二派中抑惠而扬戴。《学术》则极力张扬清初五子（顾亭林、黄梨洲、王船山、颜习斋、刘继庄）之崇高地位，以为"求诸前古，则以比周秦诸子，其殆庶几"②，"近世学术史上，所以烂然其明者，惟恃五先生"③；对于乾嘉之学，《学术》虽许为清学正派，但总体评价则为"支离破碎，汩没性灵""无益于人国"④；同时，又批驳戴震的理欲说，以为"二百年来，学者记诵日博而廉耻日丧，戴氏

---

① 梁氏于文中"附识"云："以上叙传授派别，颇采章氏《訄书》而增补之，且自下断案。"
② 前揭《论中国学术思想变迁之大势》，第105页。
③ 同上书，第110页。
④ 同上书，第114、123页。

其与有罪矣"①;并非议太炎的吴、皖分派说,谓"东原固尝受学于惠氏,则吴、皖可云同源"②。

《学术》对《清儒》回应的重点在"最近世",即有关今文学的叙述。与《清儒》相比较,任公对晚清今文学的评述,其传授谱系多沿用章氏说,而相反对处仍在"断案"。

其一,关于今文学之兴起,《学术》强调其为乾嘉"尊古崇汉"推至极点(由东汉古文上追至西汉今文)的结果;以为继乾、嘉"东汉学"之后,清学有一个西汉今文之学实占据"学界第一位置"的发展阶段,以对应其关于清学"实取前此二千年之学术,倒影而缫演之"——即"古学复兴"的概括。

其二,关于龚、魏的评论,《学术》则全然与《清儒》相反,并有辩驳。以为龚自珍"于《春秋》盖有心得,能以恢诡渊眇之理想,证衍古谊。其于专制政体,疾之滋甚,……又颇明社会主义,能知治本。……语近世思想自由之导向,必数定庵。"以为魏源由公羊《春秋》而推及它经,著《诗古微》《书古微》,一家之言,不可诬也。并特为之辩论,云:

> 余杭章氏谓……魏氏不知师法略例,一切混合,殊无条理云云。是诚中魏氏之失。但今文经说中,虽互有歧异,然其歧异与今古文之歧异相比较,则异中仍从同也。……不得以此遽抹煞魏氏学。

又云魏氏好言经世之术,为《海国图志》,奖励国民对外之观念,间接影响于日本的明治维新。梁氏还特别强调龚、魏与晚清新思想的关

---

① 《论中国学术思想变迁之大势》,第122页。
② 同上书,第122页。

系,所谓"数新思想之萌蘖,其因缘故不得不远溯龚、魏"。但同时指出,龚、魏所以影响"新思想",又不在于主张"今文学"("二子固非能纯治今文者"),而在于以"怀疑"精神,冲破思想束缚,开启辩论("诡辩")之风以促成"学界革命"。

其三,关于"与龚、魏相先后而其学统有因缘者",《学术》则增加李申耆(兆洛),不取宋于庭(翔凤),以为"宋氏附会太过,支离太甚,不足以为巨子"(此用章氏说);但对于章氏列为与龚、魏一类,予以贬斥的邵位西(懿辰),特加表扬,以为"邵氏则卓然一经师也。盖申耆(受)始治今文《春秋》,默深始治今文《诗》、今文《书》,而位西则言今文《礼》,著《礼经通论》,以《逸礼》三十九篇为刘歆矫造。自是群经今文说皆出"。

其四,关于王闿运、廖平师弟,《学术》予之更高的评价。

> 王氏遍注群经,不断断于攻古文,而不得不推为今学大师。盖王氏以《公羊》说六经,《公羊》实今学中坚也。廖氏受师说而附益之,著书乃及百种,可谓不惮烦。……虽然,固集数十年来今学之大成者,好学深思之誉,不能没也。盖自今古之讼既兴,……逮廖氏而波澜壮阔极矣。①

以上《学术》有关晚清今文学的论述,仿佛《清儒》之翻案。然二者又有相同处。其最著者,在二者皆不以今文学为晚清学术之结束。

太炎述今文家之后,以论陈澧师弟为结束,云:

> 晚有番禺陈澧,当惠、戴学衰,今文家又守章句,不调洽于他书,始勾合汉、宋,为诸《通义》及《读书记》,以郑玄、朱熹遗说最

---

① 以上引述均见前揭《论中国学术思想变迁之大势》,第125—128页。

多,故弃其大体绝异者,独取小小龛盝,以为比类。此犹揣豪于千马,必有其分劖色理同者。澧既善附会,诸显贵务名者多张之。弟子稍尚记诵,以言谈勤说取人。仲长子曰:天下学士有三奸焉。实不知,详不言,一也;窃他人之说,以成己说,二也;受无名者,移知者,三也。①

太炎此段议论,辛辣尖刻,所谓"弟子",似有所指。陈氏亲授弟子如文廷式、梁鼎芬或在其列;此外,其可以使人联想者还有:由陈澧主持的学海堂,为晚清广东学术渊薮,康门早期弟子如梁启超、陈千秋等均出于此堂,亦可算陈氏的再传弟子②;任公言论动天下,或即"以言谈勤说取人";至于"窃他人之说,以成己说",则康有为窃廖平说以成"伪经考",在当时已是传闻颇广的公案(任公亦承认,见下文),且在章氏看来,任公亦难免此讥。③

作为对太炎的回应,任公一则称陈澧"谬沟合汉、宋,以博创获之誉,其细已甚",以示划清界限;再则指毛奇龄为清初学界"蟊贼",以为"后此袁枚、俞樾辈,皆直接汲毛氏之流,而间接受影响者,尚不可指数也",似又影射章氏师门及章氏本人。④ 至于清学之结束,任

---

① 前揭《章太炎全集》(三),第159页。
② 梁氏出身学海堂,首见于其《三十自述》(1902);晚年作《近代学风之地理的分布》,更自认为陈澧之"再传弟子"。云"启超幼学于学海堂,师南海陈梅坪先生瀚,东塾弟子也。稍长乃奉手于长素先生之门。盖于陈、朱两先生皆再传弟子云"(前揭《饮冰室合集》文集之四十一,第79页)。其中"朱"即朱次琦九江,乃康长素师。
③ 民初,太炎反对任公出任教育总长,其理由即"梁之学术,率由剽窃。用之,虽东瀛人士亦笑矣"。见马勇编:《章太炎书信集》,河北人民出版社2003年版,第578页。
④ 前揭《论中国学术思想变迁之大势》,第122、119页。梁氏攻毛氏"挟其雕虫炙輠之才,行以狂悖恣肆之态",又云"彼其辩才既便给,记载既杂博,乃遍仇前哲,以文其小人无忌惮之行,肆口嫚骂,汉以后人,无一得免"等等,比之俞樾皆不似;而太炎则有"焦大"和"章疯子"之称。又,《清儒》以俞樾为皖派之后劲,云"近世德清俞樾、瑞安孙诒让,皆承念孙学";"世多以段、王、俞、孙为经儒"。

公则以为继"西汉今文学占据学界第一位置"(廖平为集大成者)之后,晚清学界还有一个"先秦学占第一位置"的阶段。

章、梁皆不以"今文学"为清学的结束,此一"相同",实际关涉的是如何在晚清学界位置康梁(《学术》称"康谭")一派的问题。在太炎,直欲将康梁逐出清学之外,同时又以对魏源等的贬斥,隐比康梁为"夸诬""怪妄""绝无伦类者"①;在任公,则亟亟欲为师门争取"独立"之地位,故一面为今文学翻案,以正渊源,一面又分别"康谭"派与今文学的界限,以突出其在晚清思想革命(以"先秦学"为形式)中的开拓和先导作用。任公云:

> 吾师南海康先生,少从学于同县朱子襄先生(次琦)。朱先生讲陆、王学于举世不讲之日,而尤好言历史法制得失。其治经则综糅汉宋、今古,不言家法。康先生之治《公羊》治今文也,其渊源颇出自井研,不可诬也。然所治同,而所以治之者不同。畴昔治《公羊》者皆言例,南海则言义。惟牵于例,故还珠而买椟;惟究于义,故藏往而知来。以改制言《春秋》,以三世言《春秋》者,自南海也。
>
> 近十年来,我思想界之发达,虽由时势所造成,由欧美科学所簸动;然谓南海学说无丝毫之功,虽极恶南海者,犹不能违心而为斯言也。南海之功安在?则亦解二千年来人心之缚,使之

---

① 1903年,太炎于其著名的《驳康有为论革命书》中,即将康有为与魏源、宋翔凤归为一类,云"纬书尚繁,《中庸》一篇,固为赞圣之颂。往时魏源、宋翔凤辈,皆尝附之三统三世,谓可以前知未来,虽长素亦或竺信者也"(汤志钧编:《章太炎政论选集》,中华书局1977年版,第202页)。此后,太炎在《说林》中,列近世经师为五等,将康有为斥为等外。见《章太炎全集》(四),上海人民出版社1985年版,第119页。

敢于怀疑,而导之以人思想自由之涂径而已。自兹以还,浏阳谭壮飞(嗣同)著《仁学》,乃举其冥想所得、实验所得、听受所得者,尽发之而无余,而思想界遂起一大革命。①

如此,任公又细分清学为四期,即第一期(顺康间)为宋学,第二期(雍乾嘉间)为汉学之"纯正经学"(惠、戴),第三期(道咸同间)为汉学之"应用经学"(龚、魏),第四期(光绪间)为先秦学(康、谭)。②

梁氏论康有为,对其所谓孔教"三世""大同"说多有回护,并借题发挥,对当时"排孔论"予以批驳。③ 凡此,亦是对太炎之回应,不过其回应已超出《清儒》,而涉及《訄书》(重订本)的其他篇章。梁氏云"一二魁儒必与孔子为难",无疑即指《訄书》之《订孔》,而梁氏对章氏之所以"订孔"之真意——康有为妄说"三世""三统"(见《訄书》之《尊史》篇),"是康教非孔教",即"订孔"所以"订康"之意旨,有着准确的把握。

(二) 章、梁关系:学术与政治的纠结

太炎《清儒》对今文经学的贬斥,与任公之所以汲汲以《近世之学术》相回应,就大端言,不出其各自所据之"保皇"与"革命"的派系立场,及当时两派角逐之形势;就具体言,则与二人各自的思想演变及彼此关系的变化有关。

---

① 《论中国学术思想变迁之大势》,第128—129页。
② 同上书,第133—134页。
③ 同上书,第130—133页。对此大段议论,梁氏亦自认"偶有所触,言之曼衍,与标题之旨,几为马牛风"。

1. "论学殊、论政同"

梁、章初识于《时务报》馆,时梁为主笔,章为撰述。谭嗣同曾赞二人文章,"大致卓公如贾谊,章似司马相如"。然为时不久,章氏即因《时务报》馆中康门弟子"狂悖恣肆,造言不经",与之大起冲突,几至挥拳相向,遂辞职而去。据章氏自述,此次冲突,有所谓"学派"的分歧(即所谓《公羊》《左氏》之"师法门户"),更因不满康门弟子自圣门户、排斥异己。① 而梁氏在此冲突中自然偏袒同门,故章、梁初识即不欢而散。

戊戌政变,康、梁亡命海外,章氏亦避地台湾。同罹党狱,章氏主动示好于康、梁。1898年12月(光绪二十四年十一月),章氏致信康有为,持正义、示亲爱,并以"兼容并包"相规劝;康氏随即回信表示感谢,引为同志,并以"大雅之才,经术之懿"相推许,但对章氏规劝则有辩解,云"兼容并包,教诲切至,此事至易明,仆岂不知,而抱此区区,盖别有措置也"。章氏将康有为来书,登载于《台湾日日新报》并作识记,于中特谈及所谓"学派"分歧:

> 或曰:子与工部学问途径故有不同,往者评议经术,不异升、元,今何相暌之深也? 余曰:子不见夫水心、悔庵之事乎? 彼其

---

① 章氏《致谭献书》(1897年4月20日)述及此次冲突的经过。云:"麟自与梁、麦诸君相遇,论及学派,辄如冰炭。仲华亦假馆沪上,每有议论,常与康学抵牾——卓如门人梁作霖者,至斥以陋儒,诋以狗曲。""康党诸大贤,以长素为教皇,又目为南海圣人,谓不及十年,当有符命,其人目光炯炯如岩下电,此病狂语,不值一哂。而好之者乃如蛣蜣转丸,则不得不大声疾呼,直攻其妄。""三月十三日,康党麕至,攘臂大哄。梁作霖复欲往殴仲髦,昌言于众曰:昔在粤中,有某孝廉诋諆康氏,于广座中殴之,今复殴彼二人者,足以自信其学矣。"(前揭《章太炎政论选集》,第14—15页)案:麦,即麦孺博,仲华,即孙荣枝。

陈说经义，判若冰炭，及人以伪学朋党攻悔庵时，水心在朝，乃痛言小人诬罔，以斥其谬。何者？论学虽殊，而行宜政术自合也。余于工部，亦若是已矣。近世与工部争学派者，有朱给谏一新，然给谏尝以劾李莲英罢官，使其今日犹在朝列，则移官之役，有不与工部同谋也？余自顾学术尚未若给谏之墨宋，所与工部论辩者，特《左氏》《公羊》门户师法之间耳，至于黜周王鲁、改制革命，则亦未尝少异也。(余紬译周秦西汉诸书，知《左氏》大义，与此数语吻合) 况旋转乾坤，以成既济之业乎！

及革政难起，而前此自认正学之数公者，乃垂头阖翼，丧其所守，非直不能建明高义，并其夙所诵习若云阳尊阴卑，子当制母者，亦若瞠焉忘之。呜呼！张茂先有言：变声音以顺旨，思掷翩而为庸。今之自认正学而终于脂韦突梯者，吾见其若是矣。由是观之，学无所谓异同，徒有邪正枉直焉耳。持正若工部，余何暇与论师法之异同乎？①

章氏此"识记"对于了解戊戌前后所谓"学派"(学术)之争，颇具提示意义。粗略言之，至少前述章氏与康门之"学派"分歧，绝非政见(变法改制)的分歧，也非所谓"今古文"之争②，分歧乃在"《左氏》《公羊》门户师法之间"。而既然《左氏》《公羊》之于"黜周王鲁""改制革命"诸般根本大义全然"吻合"，则所谓"分歧"，当在《左氏》是否传《春秋》及是否刘歆伪造等所谓"门户师法"。此时的章氏，其所

---

① 《台湾日日新报》(1899 年 1 月 13 日) 署"答康有为书"，引自王仲荦主编：《历史论丛》第四辑，齐鲁书社 1983 年版，第 30—31 页
② 章氏自述"余初治《左氏》，偏重汉师，亦颇旁采《公羊》"(《自述学术次第》)；其戊戌间所作时论，多引今文家说。朱一新与康有为间的辩论，如章氏言，也更多关涉汉宋，而非今古。

争在《左氏》之地位，其方法则为以《公羊》义说《左氏》；其于康门、康学深致不满者，既在康氏本人之"伪经"说，更在康门弟子推崇"教主"、诡言"符命"的狂悖荒诞和自坚门户的排斥异己。而在此"分歧"的背后，实际上，还有"浙人"与"粤人"、"浙学"与"粤学"的地域之争。①

章氏在致信康有为的同时，与梁启超也有信函来往。②其《台北旅馆书怀寄南海先生》《泰风一首寄赠卓如》《答学究》《客帝》等诗文，亦先后刊载于《清议报》第八、十四、十五册。其中《答学究》为康氏辩护；《客帝》则以清朝为"客帝"、以"仲尼之世胄"为支那"共主"，文中多用《公羊》义。

1899年6月，章氏由台赴日。在日期间，曾寓《清议报》社及梁氏寓所，并经梁氏介绍，得见孙中山。至此，章、梁《时务报》之龃龉，全然化解。章氏致书汪康年，云："伯鸾旧怨，亦既冰释，渠于弟更谢血气用事之罪。松柏非遇霜雪，不能贞坚，斯人今日之深沉，迥异前日矣。竹林旧好，公宜一修。"③其时，章氏《訄书》正在结集中，后来出版时印于书封的梁启超题署书名，或即署于此时。

1899年8月，章氏离日返沪。在章氏回国后的著述中，有《〈翼教丛编〉书后》《今古文辨义》二首，均涉及康氏经说，值得一述。《〈翼教丛编〉书后》，驳斥《翼教丛编》对康有为的政治攻击，对康氏经说亦多恕辞：

> 是书驳康氏经说，未尝不中窾要，而必牵涉政变以为言，则

---

① 有关戊戌时期的"学术"之争，可参见拙作：《也谈〈新学伪经考〉的影响——兼及戊戌时期的"学术"之争》（《近代史研究》1999—3）。
② 见前揭《历史论丛》第四辑，第35页。
③ 《汪康年师友书札》，上海古籍出版社1986年版，第1956页。

自成其瘝宥而已。且中国学者之疑经,亦不始康氏也;非直不始康氏,亦不始东壁、申受、默深、于庭也。王充之《问孔》、刘知几之《惑经》、程氏之颠倒《大学》、元晦之不信《孝经》、王柏之删《毛诗》、蔡沈之削《书序》,是皆汉、唐所奉为正经者,而悍然拉杂刊除之。其在后世,亦不餍人心。夫二王、刘、蔡无论矣,程、朱则以理学为阃捭者,方俯首鞠躬之不暇,不罪程、朱,而独罪康氏,其偏枯不亦甚乎。

且说经之是非,与其行事,固不必同。昔欧阳永叔痛诋河洛,韩魏公见之,未尝与言《周易》。使魏公如湘中老儒之见,以说经行事同类而并讥之,则当早尸永叔于两观矣。虽然,诋其说经而并及其行事,此一孔之儒之迂论,犹可说也。乃必大书垂帘逐捕之诏以泄私愤,则吾所不解也。①

《今古文辨义》批评廖平经说,应是章氏较系统表明其经学意见的首出作品。该文综括廖氏经说(一曰秦焚书六经无缺,逸经皆刘歆伪撰;二曰六经皆孔子所撰,尧、舜、汤、武之治皆无其事;三曰《左氏》亦今学,其释经亦自造事迹,大旨与《公》《谷》相同;四曰诸子九流皆宗孔子),并一一与之辩论。章氏以为,"孔子贤于尧、舜,自在性分,非专在制作",六经皆经孔子删定、笔削,具为孔子之经,但不得谓其中无前圣之成书,更不能为独尊孔子,而否定尧、舜、周公之事;《左氏》以事托义,集当世古义美词以释经,常有文见于此,起义于彼者,绝非自造事实;《春秋》三传,其大旨自有相同者,其相异处亦不可否认,如同今学之十四博士,古学之贾、马、许、郑,彼此亦多异义,不可混同为一,同者自同、异者自异,"离则双美,合则两伤",诸

---

① 见前揭《章太炎政论选集》上册,第96—97页。

子九流与孔子之关系,亦同于此。

由《今古文辨义》可见,章氏之辨今古文并非据对立立场,以古文驳今文,而在争取古文得以与今文同行并立之地位;其对廖氏的批评,重点亦不在其诋斥古文之说,而在其主张六经皆孔子制作的弊端。而"六经皆孔子所作""尧、舜具为孔子所托",也是康有为"伪经""改制"说的重要论点之一,故太炎对廖平的批评,同样适用于康氏,云:

> 总之,廖氏之见,欲极崇孔子,而不能批却导窾以有此弊。寻其自造六经之说,在彼固以为宗仰素王,无出是语,而不知踵其说者,并可曰孔子事亦后人所造也。……彼古文既为刘歆所造,安知今文非亦刘歆所造以自矜其多能如邓析之为耶?而《移让博士书》,安知非亦寓言耶?然则虽谓兰台历史,无一语可以征信,尽如蔚宗传王乔者亦可矣。而刘歆之有无,亦尚不可知也。呜呼!廖氏不言,后之人必有言之者,其机盖已兆矣。若是,则欲以尊崇孔子而适为绝灭儒术之渐,可不惧欤?①

章氏以《今古文辨义》批评廖平并间接批评康有为,但仍反对"藉攻击廖士以攻击政党者",其政治立场并未改变。1900年春刻成的《訄书》,亦掺杂大量"今文"经说,则其今古并用的经学主张依然鲜明。

2. 从《正仇满论》到《驳康有为论革命书》

变化始于1900年7月间的"中国议会"。义和团起,清政府对列

---

① 《章太炎政论选集》上册,第114—115页。

国"宣战"。唐才常等以"保国保种"相号召,邀集沪上维新人士,召开"国会"(又名"中国议会"),以应对时局。章氏参加集会,但因不满"国会"宗旨首鼠两端,既主排满独立,又拥戴光绪复辟、号召"勤王",遂宣布退出"国会",并剪除辫发以示决绝。随后,章氏致函孙中山一系的《中国旬报》(实致函中山),宣示"反清"革命决心,并寄上《请严拒满蒙人入国会状》《解辫发》二文,刊载于该报,由此走上反清革命之路。

1901年8月,在东京出版的《国民报》刊发章氏《正仇满论》一文,是为章氏首篇公开批驳康、梁保皇言论的时论。该文锋芒直指此前载于《清议报》的梁启超《中国积弱溯源论》,谓"梁子迫于忠爱而芒理势之所趣",阐述"革命固不得不行"之势,与"逐满"并非诛夷之理。然于文句语气间,对梁氏尚寓规劝之意,想必对此时梁氏徘徊于保皇与革命间的矛盾心态(详后)有所了解。亦因此,《正仇满论》并未影响章、梁私交。

1902年2月,章氏再次避走日本,寓《新民丛报》社,与任公相处甚洽;其致书吴君遂等,谈及此时的梁任公:"《丛报》已出二册,任公宗旨较前大异,学识日进,头头是道。总之以适宜当时社会与否为准的,报中亦不以山膏詈语以招阻,大约此报通行,必能过于《清议》也。"又言及孙中山与梁启超矛盾,谓:"吾不敢谓支那大计在孙、梁二人掌中,而一线生机,惟此二子可望,今复交搆,能无喟然!"隐然有调和孙、梁之意。① 然章氏在日期间,一面为任公主持之广智书局"删润译稿,间作文字登《丛报》中"(即后收入《訄书》重订本之《订

---

① 见前揭《章太炎年谱长编》,第130—131页。又,章氏以为,任公本以革命为志,然受制于康门内部牵掣。

文》篇附"正名杂义");一面与孙中山等革命党人交往密切,自云与中山"自是始定交"(《訄书》重订本收有章氏与中山讨论土地、建都问题之《定版籍》《相宅》二篇),并参与发起轰动一时的"支那亡国二百四十二年纪念会",其反清的革命立场日益坚定。

1902年7月,章氏再度离日返沪。初有修《中国通史》之意,为此曾致书梁任公,详谈其计划,书中所拟"史目"(五表、十二志、十记、八考纪、二十七别录),后收入《訄书》重订本《哀清史》篇为附录。① 然此一修《通史》的计划终未实现,而起意于庚子年的重订《訄书》的工作却于此一时期完成。1903年5月,章氏致函宋恕,谈及此事:"昨岁欲为《中国通史》,日莫途远,未有头足。向著《訄书》,颇复增改,文既倍旧,至十万言。《客帝》《分镇》二篇,自匡其谬,稍已纯粹,无复保皇、变法之謷言矣。方欲赴之铅墨,问道柱下,大抵不出半岁也。"②如此函所言,重订后的《訄书》,以《客帝匡谬》《分镇匡谬》居首,其识语云:"余自戊、己违难,与尊清者游,而作《客帝》。饰苟且之心,弃本崇教,其违于形势远矣。""箸之以自劾录。"③与在政治上同保皇派划清界限相一致,经过重订的《訄书》,亦彻底摆落了今文经说的缠绕,这是太炎在学术(经术)上自坚经古文门户的开始。其中《清儒》一篇,对今文家痛下针砭,则应是章氏向《公羊》今文亦即康门学术发起攻击的第一声号角。

《訄书》重订并未如章氏的预计半年即出,而是迟至一年后,即1904年5月,才在日本东京出版,改由邹容题署。恰在是月,在上

---

① 章氏此函,载《新民丛报》第13号(1902年8月4日);参见前揭《章太炎书信集》,第41—43页。
② 前揭《章太炎书信集》,第17页。
③ 前揭《章太炎全集》(三),第119—120页。

海,已入西狱近一年的章太炎与邹容,得到分别监禁三年、二年的正式判决,这无疑为此时出版的《訄书》重订本,平添了浓郁的政治色彩。人们由《訄书》重订本自然会联想到章氏因以系狱的那篇雄文——《驳康有为论革命书》。

上年,1903年6月,与重订《訄书》完成几乎同时,太炎发表了于晚清有绝大影响的政论《驳康有为论革命书》,直接引发了震惊中外的"《苏报》案"。《驳康有为论革命书》文雄才辨,凌厉无前,"首正大义,截断众流",实为代表革命阵营在政治上向康梁一派公开宣战的宣言书,其影响又因"《苏报》案"而得到最充分的放大。① 至重订本《訄书》出版,章氏已俨然成为革命精神之偶像。

与邹容的《革命军》一样,《訄书》(重订本)及《驳康有为论革命书》成为最好的革命理论教科书。如果说《驳康有为论革命书》是章氏政治上的宣战书,《訄书》(重订本)则不啻为学术上的"独立"宣言,至此,太炎结束了与康、梁"论学殊""论政同"的关系②,其政治、学术打成一片。由此来看《清儒》有关今文经学的评述,则可对其立场及命意有更准确的把握。

---

① 民初稽勋,章氏不满"勋二位",致书当局,云:"二等勋位,弟必不受。中山但有鼓吹而受大勋,吾虽庸懦,鼓吹之功,必贤于中山远矣。当庚、辛扰攘以来,言革命者有二途:软弱者与君主立宪相混,激烈者流入自由平等之谬谈,弟《驳康有为书》一出,始归纯粹。因是入狱,出后至东京,欢迎者六千人。"而当局的"请勋文"亦称述章氏《驳康有为书》之贡献,许为十余年来革命言论中坚之首。参见前揭《章太炎年谱长编》,第421、434—435页。

② 章氏曾云其与康有为"论学虽殊,而行宜政术自合也"(见前揭《答康有为书》);太炎一生,论学、论政互为影响,且有论政大于论学的倾向。以其戊戌时期为例,既然"政术"同于康梁,则"论学"之殊就有限,如其自云"所与工部(指康有为)论辩者,特《左氏》《公羊》门户师法之间耳,至于黜周王鲁、改制革命,则亦未尝少异也(余纽译周秦西汉诸书,知《左氏》大义,与此数语吻合)"(同上)。"王鲁""改制"乃康氏缘附《公羊》的核心所在,此大义既同,则"殊"者自为细末。

《驳康有为论革命书》也是章、梁的绝交书。一则《驳康有为论革命书》中注明有对《正仇满论》的整段引述，批康亦顺带批梁①；再则，或是更重要的，是梁氏于1902年下半年始至1903年末，再次经历了由革命向"保皇"的思想蜕变(详后文)，并最终站稳了其康门立场。由此来看任公《近世之学术》对章氏《清儒》的回应，则其鲜明的对立，自然有着超越了"学术"讨论的意谓，正如同《清儒》一样，包含着政派和政见的对抗。

(三) "宗教改革"：任公对康门学术的最初解说

任公《近世之学术》用以概括"清学"的一个主要概念，是"古学复兴"（即"文艺复兴"的日译）。其对于晚清"今文学"和"康、谭"学派思想意义的肯定，也是在对"古学复兴"的演绎中实现的：即"今文"派以"西汉学"启"怀疑"之风，"康、谭"派则乘风而上，掀动以"先秦学"为形式的学界革命。在"古学复兴"的框架中，"康、谭"派无疑居于最上的位置；任公以此为康学与康门定位，并用于回应来自革命阵营的攻击，亦非全无效用。属于革命阵营的《国粹学报》，就一度接受了梁氏的"古学复兴"概念。

然而，"古学复兴"却非梁氏对康学的最初概括。自戊戌政变后流亡海外，出于存身、求援以至扩张势力和影响的现实需要，阐释、解说康学就成为康门舆论宣传的重要内容之一，而作为康门言论巨子的梁启超，于此自然义不容辞。梁氏最初用以比附康学的，同样是一

---

① 《正仇满论》初意为借批梁而批康，《驳康有为论革命书》引述此文，则虽批康亦兼及梁。或可作为回应的是，梁氏《论中国学术思想变迁之大势》前六章引述章氏说，称"吾友余杭章炳麟"云云，至《近世之学术》，则直称"余杭章氏"。

个西来概念,即"宗教改革"。简言之,梁氏戊戌后对康学(康、谭学派)的解说,有一个由"宗教改革"到"古学复兴"的变化过程。这一过程既反映梁氏自身思想认识的变化,又始终受到康、梁师徒恩怨纠葛的影响。

1.《支那宗教改革》

《支那宗教改革》堪称梁启超系统阐释康门学术的首出之作。该文为1899年5月13日梁氏应邀在日本哲学会所作演讲的文字稿,发表于当年6、7月间出版的《清议报》第19、20册。该文首先概括康有为"哲学"大端有二:"一曰关于支那者,二曰关于世界者是也。关于支那者以宗教革命为第一著手,关于世界者以宗教合统为第一著手。"并申明此文"先论支那宗教革命必要之事"。梁氏论支那宗教改革,显然取资于泰西,以求合于天下之公理,故云:

> 泰西所以有今日之文明者,由于宗教改革而古学复兴也。盖宗教者,铸造国民脑质之药料也。我支那当周秦之间,思想勃兴,才智云涌,不让西方之希腊,而自汉以后,二千余年,每下愈况,至于今日,而衰萎愈甚,远出西国之下者,由于误六经之精意,失孔教之本旨。贱儒务曲学以阿世,君相托教旨以愚民,遂使二千年来孔子之真面目湮而不见,此实东方之厄运也。故今欲振兴东方,不可不发明孔子之真教旨。

梁氏提出,欲发明孔子真教旨,需"先明孔学之组织与其传授转变之源流"。孔门之教分"特别""普通"二种。"普通"之教,对象为中人以下,内容为《诗》《书》《礼》《乐》;"特别"之教,对象为中人以上之高才,内容为《易》《春秋》。"普通"之教谓之"小康",传"小康"

学者为荀子;"特别"之教谓"大同",传"大同"者为孟子(传《春秋》)、庄子(传《易》)。"秦汉以后,政治、学术皆出于荀子,故二千年皆行小康之学,而大同之统殆绝之所由也。"荀子之学"尊君权""排异说""谨礼仪""重考据",其所传所教之《诗》《书》《礼》《乐》,皆孔子纂述之书,因袭旧教,非孔子之意;孔子之意,在《易》《春秋》,而"经世之大法,立教之微言"则惟在《春秋》(《易》为"出世间法")。《春秋》之精要在传"口说"之《公羊传》,因此,康有为即由《春秋》"公羊"而发明孔子"大同"真教旨,其所发明者,即孔教乃"进化主义非保守主义;平等主义非专制主义;兼善主义非独善主义;强立主义非文弱主义;博包主义(亦谓之相容无碍主义)非单狭主义;重魂主义非爱身主义"。①

随着基督教在近代中国的传播,所谓马丁·路德"宗教改革"渐引起求新变法人士的注意②,以之为欧西、日本强盛之根源,并因而有中国变法需"复原孔教"之议论③。甲午前后的康有为,更以"发明

---

① 以上引述,均见《饮冰室合集》文集之三,第55—61页。
② 如,宋恕称之为"路惕创正基督教"(见胡珠生编:《宋恕集》,中华书局1993年版,第75—76页),孙宝瑄称之为"路德创耶稣复原教"(见《忘山庐日记》,上海古籍出版社1983年版,第174页),等等。
③ 如,宋恕致夏曾佑函(1895年5月),云:"海东之所以臻此文明者,由有山鹿义矩、物茂卿诸子倡排洛闽之伪教以复洙泗之真教也。海西之所以臻此文明者,由有味格里弗、录得、束盈黎、菲立麦蓝敦诸子倡排教皇之伪教以复基督之真教也。东西之事,复教之明效也。神州复教之业,天其或者责吾曹欤!"夏曾佑复书,亦言儒教"往而必反","而大道之行,三代之英,将在此百年间矣"。宋、夏二书,见前揭《宋恕集》,第526—531页。前揭《忘山庐日记》中亦多"复原孔教"的议论,如光绪二十三年六月二十五日记:"陈梦陶过谈,论教。愚谓孔子之教,乱于法家。基督之教,乱于教皇。皆变理为势,东西遥相对也。第耶稣有创复原教之路德,足敌天主教,惜其不能尽立之也。孔子后无有创复原教以敌法家者,民所以重困也。"(第119页);同年七月十一日记:"愚谓黄梨洲先生《原君》《原臣》《原法》三篇,孔子之复原教也。孔子、基督,虽为法家、教皇所乱,而教门之有益人心,未尝因是而减。"(第124页)

孔子真意""传孔教于海外"为志业,所谓"传教""保教"之声洋溢于康门内外。① 谭嗣同著《仁学》,则称"故耶教之亡,教皇亡之也;其复之也,路德之力也。孔教之亡,君统及言君统之伪学亡之也;复之者尚无其人也,吾甚祝孔教之有路德也"②。谭氏此处"孔教之路德"是否即指康有为,并未明言;就康门来说,以公开言论称康学为中国之"宗教改革",而康氏本人则不啻为中国之马丁·路德者,梁氏《支那宗教改革》一文,应是首次。

《支那宗教改革》以"宗教改革"比附康学,确实道出了至少是戊戌时期康门对康氏学说的自信和自认,但其对孔教原教旨的具体解说("六大主义")却未必完全符合康氏本人的原意。如:不及刘歆"伪经",而以荀学为首恶;以"特别""普通"以区别"大同""小康",既不言"六经皆孔子制作"(六经中仅《易》《春秋》为孔子真意所在),又否认孔教与诸子"争教",反称"当时九流诸子,其大师多属孔门弟子",以证孔教"博包主义",鼓励思想自由,等等。凡此均与《伪经考》《改制考》相出入。

此外,还应注意的是,梁氏此时对"宗教改革"与"古学复兴"的认识。在梁氏以为,"泰西所以有今日之文明者,由于宗教改革而古学复兴",故"支那宗教改革"发明孔教"博包(相容无碍)主义","知诸子之学即孔子之学,尊诸子即所以尊孔教,使天下人人破门户之意见,除保守之藩篱,庶几周秦古学复兴而人智发达矣"。③ 似此由"宗教改革"引起"古学复兴"的说法,可知梁氏对欧洲"文艺复兴"和

---

① 关于康有为及康门"复原孔教"的叙述,可参见蔡乐苏、张勇、王宪明著:《戊戌变法史述论稿》第二章第四节(清华大学出版社2001年版,第168—222页)。
② 周振甫选注:《谭嗣同文选注》,中华书局1981年版,第148页。
③ 《饮冰室合集》文集之三,第61页。

"宗教改革"历史的了解,尚处耳食、蒙混的状态;而以为中国之"古学复兴"即周秦诸子之学复兴①,则又为日后放弃"支那宗教改革"说,预伏了线索。

2.《南海康先生传》

继《支那宗教改革》一文后,梁氏更为全面系统论述康有为学说的著述是《南海康先生传》。该传记作于1901年12月,刊载于当月出版的颇具纪念意义的《清议报》第100册。此传对于康氏学说的阐释,集中于"孔教复原",其基本定位仍在"宗教改革"。

《南海康先生传》共九章,首末两章为概述评论人物之标准及对康氏之总评价;余七章分述康氏家世、学行及思想,时间迄当下止。其中有关康氏学说的叙述集中于第六、七两章,即"宗教家之康南海"与"康南海之哲学"。

关于"宗教家之康南海",梁氏直称其为"孔教之马丁路德","以复原孔教为第一著手"。其总结康氏所发明的"孔子之道"仍为"六义",亦即《支那宗教改革》所谓"六大主义",所不同者在以"孔教者,世界主义非国家主义"替换了"博包(相容无碍)主义非单狭主义",其他五主义则仅有先后顺序和个别字词的改易。其后,梁氏亦不似《支那宗教改革》对"六义"做逐一解说,而是较详细地述说了所谓康氏"孔教复原"的各个阶段。依梁氏划分,在"孔教复原"之前,先有"排斥俗学"时期,其中分三阶段:"第一,排斥宋学,以其仅言孔子修己之学,不明孔子救世之学也。第二,排斥歆学(刘歆之学),以

---

① 与《支那宗教改革》同期(《清议报》第19册)发表的《中国人种之将来》一文,亦谈及今日中国有如欧洲所谓黑暗时代,继之而起者,将如同希腊古学复兴的周秦古学(诸子之学)复兴。见《饮冰室合集》文集之三,第52页。

其作伪,诬孔子误后世也。第三,排斥荀学(荀卿之学),以其仅传孔子小康之统,不传孔子大同之统也。"而所谓"孔教复原",重在发明《春秋》《易》之精神,其次第亦分三段:发明《春秋》改制之义,"著《孔子改制考》,以大畅斯旨,此为孔教复原第一段";以《春秋》三世义说《礼运》,据乱、升平亦谓之小康,太平亦谓之大同,"乃著《春秋三世义》《大同学说》等书,以发明孔子之真意,此为孔教复原第二段";大《易》以元统天,为天人相与之学,"孔子系《易》,以明魂学","乃拟著《大易微言》一书,然今犹未成,不过讲学时常授其口说而已,此为孔教复原第三段。"关于"康南海之哲学",梁氏归纳为"博爱派哲学""主乐派哲学""进化派哲学"和"社会主义派哲学",而犹重最后者,有详细解说。其实,梁氏对"社会主义派哲学"的长篇介绍,亦即《大同书》之梗概。由此,则《南海康先生传》虽分别康氏学说为"宗教"与"哲学"(《支那宗教改革》以康氏哲学即复原孔教),其实际内容仍可用"孔教复原"相总括,故梁氏亦云:"先生所以效力于国民者,以宗教事业为最伟,其所以得谤于天下者,亦以宗教事业为最多。"然其于"抉开此思想自由之樊篱"的意义,又正同于欧洲之"宗教改革":"泰西历史家,论近世政治学术之进步,孰不以宗教改革之大业为一切之原动力乎?后有识者,必能论定此公案也。"①

《南海康先生传》对于康氏学说的阐释,基本定位仍在"宗教改革",比之于《支那宗教改革》一文,似乎不过是更加详密而已。然揆诸梁氏此时心意,则已有明显不同。试先述表现于文本本身者。

首先,梁氏将康有为列属于"先时人物",以区别于所谓"应时人

---

① 以上引述《南海康先生传》,均见《饮冰室合集》文集之六,第57—89页。

物"。尽管梁氏解说"先时人物"为"社会之原动力""造时势之英雄",但又叹其"先时而生""出世太早";比之于革命党人称康氏为"过时人物"①,虽似正相反对,但其"不合时宜"之意,又正相同。

故而,其次,梁氏于叙述康有为学说时,尽力表示"客观",似有意同康氏划清界限。如,梁氏在叙述康氏"孔教复原"诸说后,云:

> 以上先生发明孔教之大略也。吾自从学以来,悉受斯义,及今既阅十余年,骛心未学,久缺研究,而浏览泰西学说以后,所受者颇繁杂,自有所别择,于先生前者考案各义,盖不能无异同。

又如,梁氏于详述康氏"社会主义派哲学"("大同"学说)后,又云:

> 先生现未有成书,而吾自十年前,受其口说,近者又专驰心于国家主义,久不复记忆,故遗忘十而八九,此固不足以尽先生之理想。

再如,梁氏于此传中专辟一章,介绍"康南海之中国政策",然又声明:

> 先生之政策,与余所见,有同者,有异者,故不置论其是非得失,惟胪列之以供当世之评骘采择云尔。

其三,梁氏于该传中,对康氏的批评乃至讥评,时有所见。如,对康氏万木草堂教育的批评:

---

① 1903年"革命"时期之《苏报》,曾刊有《康有为》一文,云:"康有为者,开中国维新之幕,其功不可没;而近年之顷,则康有为于中国之前途绝无影响,可断言也。何也?新水非故水,前沤续后沤。戊戌之保皇,不能行于庚子之勤王;庚子之勤王,不能行于今后之革命。——今日之新社会,已少康有为立足之地"(张枏、王忍之编:《辛亥革命前十年间时论选集》第1卷下册,第681页)。其实,《南海康先生传》已先言及此,谓"吾知自今以往新学小生,必愈益笑先生为守旧矣"。

> 但其最缺点者有一事,则国家主义是也。先生教育之所重,曰个人的精神,曰世界的理想,斯二者非不妥,然以施诸今日之中国,未能操练国民,以战胜于竞争界也。美犹为憾,吾不敢讳。

又如,对康氏"自信"的褒贬参半,贬多于褒:

> 先生最富于自信力之人也,其所执主义,无论何人,不能摇动之,于学术亦然,于治事亦然,不肯迁就主义以徇事物,而每镕取事物以佐其主义,常有六经皆我注脚,群山皆其仆从之概。故短先生者,谓其武断,谓其执拗,谓其专制,或非无因也。然人有短长,而短即在于长之中,长即在于短之内,先生所以不畏疑难,刚健果决,以旋撼世界者,皆此自信力为之也,盖受用于佛学者深矣。①

而上述种种,或正是梁氏此传甫出,即引起康门弟子不满的原因。②

3. 康、梁关系之裂痕

梁启超于《南海康先生传》中表现出的与乃师的"距离",正是此时康、梁关系的写照。康、梁之间的"意见"始于戊戌期间③,然师弟

---

① 以上引述,均见前揭《南海康先生传》。
② 继《南海康先生传》后,康门弟子陆乃翔、陆敦骙等又作《南海先生传》(上编)。据该传"跋",知其始作于1903年,而其所以作,则因梁氏传行世,"同学颇以为简略,于是各尊所闻,各述所知,通力合作,勒为此编。"检核此传,除篇幅确较梁传有所增多外,其最显著者在于对传主的褒扬几近阿谀神圣,而对梁传诸异见似皆有回应。鉴于其"跋"作于该传出版的1929年,故所谓嫌梁传"简略"之说,应为饰词。陆氏等:《南海先生传》,收入夏晓虹编:《追忆康有为》(中国广播电视出版社1997年版),可参看。
③ 梁氏《清代学术概论》曾言及戊戌时期的所谓"梁、谭、夏一派",关于此派与康有为对"今文学"解说的不同,详见另文。

关系出现裂痕,却在流亡海外之后。1898年变法失败后,梁氏逃亡日本,并于当年末创办《清议报》。居日之初,梁氏言论的中心,在争取日本朝野人士的同情和援助,并自辨自解以回应国内及海外对康、梁变法"过激"不当的质疑。① 此类言论,当以《戊戌政变记》居首,而前述《支那宗教改革》一文,亦在此列。然随着对形势判断及策略的变化②,梁氏的言论也随之转变。就梁氏本人而言,其言论的变化,又与居日后广泛涉猎日籍及日译西人著述而引起的思想变化有直接关联。如梁氏自述:"又自居东以来,广搜日本书而读之,若行山阴道上,应接不暇。脑质为之改易,思想言论与前者若出两人。"③ 代表梁氏思想言论改变的著述或应首推《饮冰室自由书》。④ 通过这一以"三大自由"(思想、言论、出版)为主旨的系列短论,尤其是其中如"放弃自由之罪""国权与民权""破坏主义""善变之豪杰""答客难"等,可以窥及梁氏思想的变化。

　　正是这思想的变化,引发梁启超与康有为的龃龉。约在《自由书》发表的同时,梁氏因康有为反对同孙中山派合作,有纠集部分康门弟子劝康"息影林泉,自逸晚景"之举⑤;康氏复书,痛责其"不

---

① 《清议报叙例》列该报宗旨为:"一,维持支那之清议,激发国民之正气;二,增长支那人之学识;三,交通支那、日本两国之声气,联其情意;四,发明东亚学术以保存亚粹。"此宗旨虽为门面语,然后二条亦可见当时言论的关注所在。
② 大体而言,康、梁起初急于借日本之力助光绪复辟,幻想破灭,则转向于海外华人中积蓄势力,以待时机。
③ 丁文江、赵丰田编:《梁启超年谱长编》,上海人民出版社1983年版,第188页。
④ 《饮冰室自由书》,首刊于《清议报》25册(1899年8月26日),连载至33册(1899年12月23日),后在《清议报》《新民丛报》"饮冰室自由书"栏,有断续刊载。此处仅指1899年当年所作。
⑤ 见冯自由:《革命逸史》二集"康门十三太保与革命党"所录"上南海先生书"。

敬",梁氏"并不受规,有悻悻之词色"①。后虽迫于师门压力于当年底离日赴檀香山,中断了与孙中山派的合作,并自省其"疑忌肆谬""狗彘不如,惭汗无极",然仍于部署庚子"勤王"之紧急匆忙中,不忘与康有为辩"自由"之义。梁氏云:

> 来示于自由之义,深恶而痛绝之,而弟子始终不欲弃此义。
> 窃以为天地之公理与中国之时势,皆非发明此义不为功也。

尽管梁氏申明其所辩"非有他心",更非对长者"不敬",然其于断断所辩中包含有争一己自由于师门之意,亦难掩饰。梁氏又反驳乃师"以法国革命而谤自由",以为法国革命乃19世纪之母,而"路德政教其祖母也",可见其"革命"之心亦未消泯(即参照欧西历史,"宗教改革"后,仍须有一"革命"阶段)。②

经历了庚子"勤王"的辛劳和失败,1901年6月,梁启超返回日本。其时,保皇党内意气消沉,经费支绌,矛盾丛生。梁氏因大事当前("勤王")而蛰伏的"自由""革命"诸念,欣欣然再起。纵观梁氏此年著述,虽有在先的《中国积弱溯源论》反对"仇满",《立宪法议》以"君主立宪"为最良政体;也有在后的《十种德性相反相成义》对"自由""破坏"的肯定,《过渡时代论》对"冒险"的提倡,《国家思想变迁异同论》对"民族主义"的张扬;更有最后的《自由书·说悔》以

---

① 见梁启超致叶湘南等书(1900年5月19日,前揭《梁启超年谱长编》,第227页);又见梁启超:《致南海夫子大人书》(1900年4月23日,《梁启超年谱长编》,第230—231页),中有"因追省去年十月十一月间上先生各书,种种愆戾,无地自容,因内观自省,觉妄念秒逝,充极方寸,究其极,总自不诚不敬生来。先生去年所教,真字字药石,而弟子乃一向无所领会,甚矣堕落之远也",由此,可推知康氏责书或在1899年10月间,而梁氏等"劝退"书则或即在9、10月间。
② 以上关于梁氏辩论"自由"的引述,见《致南海夫子大人书》(1900年4月29日,前揭《梁启超年谱长编》,第234—238页)。

"悔改"为进步原动力,《卢梭学案》表彰"主权在民"之民主制和"众小邦相联为一"之联邦制,等等,从中似可见梁氏思想矛盾、变化的线索。至当年最后一期《清议报》,适逢出齐第100册,梁氏著文纪念,自祝其报将脱离"一党之报"范围进而为"一国之报",并有《举国皆我敌》一篇,以明其"阐哲理""倡民权"而不惜挑战四万万人之心志。而刊载于同一期《清议报》的梁氏著述,还有公开与乃师"孔子托尧舜以为民主"说立异的《尧舜为中国中央君权滥觞考》,以及前文所述之《南海康先生传》。要而言之,《南海康先生传》实具有梁氏欲自别于师门学说而"自由"、自立的"纪念"意义。

(四) 告别"孔教":任公思想的"自由"追求

1. 宗教与学术

进入1902年,初出的《新民丛报》,以提倡"国民公德"、培养"国家思想"为宗旨,面貌一新。仿佛新获"自由"的梁启超,文思奔涌,佳作迭出。其标示"康、梁思想分途"的集中论述,当然是刊于《新民丛报》第2号的《保教非所以尊孔论》(以下简称《保教》)。

《保教》篇前有"著者识":"此篇与著者数年前之论正相反对,所谓我操我矛以伐我者也。今是昨非,不敢自默。"其全文梗概如次:

(1)概述近十年来"保教"说之弊,即"一曰不知孔子真相,二曰不知宗教之界说,三曰不知今后宗教势力之迁移,四曰不知列国政治与宗教之关系"。

(2)其论述子目有八,即"第一,论教非人力所能保;第二,论孔教之性质与群教不同;第三,论今后宗教势力衰颓之征;第四,论法律上信教自由之理;第五,论保教之说束缚国民思想;第六,论保教之说有妨外交;第七,论孔教无可亡之理;第八,论当采群教之所长以广大孔教"。

(3)其论述要点有四,即第一,孔子之教非宗教:"西人所谓宗教者,专指迷信宗仰而言,其权力范围乃在躯壳界之外,以灵魂为根据,以礼拜为仪式,以脱离尘世为目的,以涅槃天国为究竟,以来世祸福为法门。""孔子则不然,其所教者专在世界国家之事,伦理道德之原,无迷信,无礼拜,不禁怀疑,不仇外道,孔教所以特异于群教者在是。质而言之,孔子者,哲学家、经世家、教育家而非宗教家也。"第二,世界各宗教落伍于时代,已呈衰颓之势。第三,"保教"最大弊端在于妨碍思想自由。第四,孔子之教在今日应有所损益。

(4)结论。任公自认"昔也为保教党之骁将,今也为保教党之大敌"。而所以如此,端在"吾爱孔子,吾犹爱真理,吾爱先辈,吾犹爱国家,吾爱故人,吾犹爱自由。"由是则"为二千年来翻案,吾所不惜,与四万万人挑战,吾所不惧"①。

《保教》篇否认孔子之教为"宗教",则所谓以"复原孔教"为"支那宗教改革"、以康有为作"中国的马丁路德"等等,也就皆无着落。与之相应,有关欧洲历史的表述也就不得不有所调整:"古学复兴"代替"宗教改革"得到更多的重视,"学术"亦超越"宗教"占据首要的位置。

于是,任公于《新民丛报》第1号,首论"学术之势力左右世界",云:

凡稍治史学者,度无不知近世文明先导之两原因,即十字军

---

① 以上引述均见:《保教非所以尊孔论》,李华兴、吴佳勋编:《梁启超选集》,上海人民出版社1984年版,第304—313页。

之东征与希腊古学复兴是也。夫十字军之东征也,前后凡七役,亘二百年,卒无成功。乃其所获者,不在此而在彼。以此役之故,而欧洲人得与他种民族相接近,传习其学术,增长其智识。盖数学、天文学、理化学、动物学、医学、地理学等,皆至是而始成立焉。而拉丁文学、宗教裁判等,亦因之而起。此其远因也。中世末叶,罗马教皇之权日盛,哲学区域为安士林(Anselm,罗马教之神甫也)派所垄断。及十字军罢役以后,西欧与希腊、亚剌伯诸邦来往日便,乃大从事于希腊语言文字之学,不用翻译而能读亚里士多德诸贤之书,思想大开。一时学者不复为宗教迷信所束缚,卒有路德新教之起,全欧精神为之一变。此其近因也。①

同期发表的《近世文明初祖二大家之学说》,亦强调"学术"对于今日的重要在"宗教"之上:

> 泰西史家,分数千年之历史为上世中世近世三期。所谓近世者,大率自十五世纪之下半以至今日也。近世史与上世中世特异者不一端,而学术之革新,其最著也。有新学术,然后有新道德、新政治、新技艺、新器物。有是数者,然后有新国、新世界。若是乎新学术之不可已如是其急也。
>
> 友人侯官严几道常言"马丁路得、倍根、笛卡儿诸贤,实近世之圣人也……",吾深佩其言,盖为数百年来宗教界开一新国土者,实惟马丁路得,为数百年来学术界开一新国土者,实惟倍根与笛卡儿。顾宗教今已属末法之期,而学术则如旭日升天,方

---

① 《论学术之势力左右世界》,《饮冰室合集》文集之六,第112页。

兴未艾,然则倍氏笛氏之功之在世界者,正未始有极也。我国屹立泰东,闭关一统,故前此于世界推移之大势,莫或知之,莫或究之。今则天涯若比邻矣。我国民置身于全地球激湍盘涡最剧最烈之场,物竞天择,优胜劣败,苟不自新,何以获存,新之有道,必自学始。①

由此可见,《保教》篇应是梁启超放弃以"宗教改革"比附康门学说(亦即近代中国思想学术变革)的一个标志,而代替"宗教改革"的则是此前不被重视的(或与"宗教改革"混用的)概念——"古学复兴"。

2. 大同学说与国家思想

任公否认"保教"之"教",实是经康氏"复原"后的"孔教"。康氏"复原孔教"的核心是对"大同"义的发明(至少戊戌前后以梁启超为代表的康门弟子是这样认识和接受的),而此时任公所以反对"保教"的原因之一,即在所谓"大同"说不合于"国家思想"。《新民丛报》以提倡国民公德、培养国家思想为宗旨,任公《新民说》即是集中阐发这一宗旨的代表作。《新民说》"论国家思想",特意批评不知有国家的"大同"学说、"世界主义":

> 宗教家之论,动言天国,言大同,言一切众生,所谓博爱主义、世界主义,抑岂不至德而深仁也哉。虽然,此等主义,其脱离理想界而入于现实界也,果可期乎?此其事或待之万数千年后,吾不敢知,若今日将安取之?夫竞争者,文明之母也。竞争一日停,则文明之进步立止。由一人之竞争而为一家,由一家而为一

---

① 《近世文明初祖二大家之学说》,《饮冰室合集》文集之十三,第1页。

乡族,由一乡族而为一国。一国者,团体之最大圈,而竞争之最高潮也。若曰并国界而破之,无论其事之不可成,即成矣,而竞争绝,毋乃文明亦与之俱绝乎?况人之性非能终无竞争者也。然则大同以后,不转瞬而必复以他事起竞争于天国中,而彼时则已返为部民之竞争,而非复国民之竞争,是率天下人而复归于野蛮。今世学者,非不知此主义之为美也,然以其为心界之美,而非历史上之美,故定案以国家为最上之团体,而不以世界为最上之团体,盖有由也。然则言博爱者,杀其一身之私以爱一家可也,杀其一家之私以爱一乡族可也,杀其一身一家一乡族之私以爱一国可也。国也者,私爱之本位,博爱之极点,不及焉者野蛮也,过焉者亦野蛮也。何也? 其为部民而非国民一也。

任公以"国家"为人类社会之最高团体,将"破国界"的大同说视为空想、等于"野蛮",与此前《南海康先生传》中对乃师"大同学说"的介绍(所谓"第一须破国界")正相反对,可谓背叛师门。不惟如此,其批判锋芒,还直指所谓孔教大义——公羊春秋之"大一统",而实际上将中国历来"国家思想"之缺乏,归罪于孔子学说:

> 战国以前,地理之势未合,群雄角立,而国家主义亦最盛。顾其弊也,争地争城,杀人盈野,涂炭之祸,未知所极。有道之士,怒然忧之,矫枉过正,以救末流。孔子作春秋,务破国界,归于一王,以文致太平。孟子谓"天下恶乎定? 定于一"。其余先秦诸子,如墨翟、宋牼、老聃、关尹之流,虽其哲理各自不同,至言及政术,则莫不以统一诸国为第一要义。盖救当时之弊,不得不如是也。人心之厌分争已甚,遂有嬴政、刘邦诸枭雄,接踵而起。前此书生之坐论,忽变为帝者之实行,中央集权之势,遂以大定。

帝者犹虑其未固业,乃更燔百家之言,锢方术之士,而务刺取前哲绪论之有利于己者,特表章之,以陶冶一世,于是国家主义遂绝。其绝也,未始不由孔墨诸哲消息于其间也。①

3. 思想的自由

任公之所以反对"保教",还在于他相信孔教束缚思想自由。《新民说》追溯"中国群治不进之原因",同样归咎于"孔教":

> 凡一国之进步,必以学术思想为之母,而风俗政治皆其子孙也。中国惟战国时代九流杂兴,道术最广,自有史以来黄族之名誉,未有盛于彼时者也。秦汉而还,孔教统一。夫孔教之良,固也。虽然,必强一国人之思想使出于一途,其害于进化也莫大。自汉武表章六艺,罢黜百家,凡非在六艺之科者绝勿进,尔后束缚驰骤,日获一日,虎皮羊质,霸者假之以为护符;社鼠城狐,贱儒缘之以谋口腹,变本加厉,而全国之思想界销沉极矣。叙欧洲中世史者,莫不以中世史为黑暗时代。……今试读吾中国秦汉以后之历史,其视欧洲中世史何如?吾不敢怨孔教,而不得不深恶痛绝夫缘饰孔教、利用孔教、诬罔孔教者之自贼而贼国民也。②

而任公之所以放弃"宗教改革"的比拟,亦在认识到马丁·路德所谓"以信获救",实为思想自由之大敌。③ 其表彰笛卡儿,意即在此:

---

① 《新民说》"第六节论国家思想",《饮冰室合集》专集之四,第17—18、21页。
② 《新民说》"第十一节论进步",《饮冰室合集》专集之四,第59—60页。
③ 任公于:《〈新民丛报〉问答》中,云:"虽然,吾尝读日本文学博士《论耶稣》一文,谓新教之专制酷猛,亦几等于回教。"见夏晓虹辑:《〈饮冰室合集〉集外文》上册,北京大学出版社2005年版,第94页。

笛卡儿以前,宗教之焰极张。凡宗教皆以起信为基者也。路得之创新教,大破旧教之积功德之说,以为惟以信获救,于是斯义益深入人心。古学复兴以来,学者视希腊先贤言论如金科玉律莫敢出其范围,此皆束缚思想自由之原因也。笛卡儿起,谓凡学当以怀疑为首,以一扫前者之旧论,然后别出其所见,谓于疑中求信,其信乃真。此实为数千年学界当头棒喝,而放一大光明以待来哲者也。①

梁启超的"反叛",招致康有为痛责。任公因而有《与夫子大人书》(1902年5月)作答。其中有关"大同""保教"诸辩论,可为上述《保教》篇解说之佐证,摘要如下:

(1)关于"大同":

大同一义,前所著论题为"国家思想",以此义作主客,托起本论宗旨,固非得已,非敢以相攻也。弟子既狂悖,何至以攻先生自快。

但见夫近日西人著述,言国家主义者未有不借大同为衬笔、撇笔,盖欲主张其本论,使之圆到,不能不论及也。大同之说,在中国固由先生精思独辟,而在泰西,实已久为陈言。(或先生所演更有精到完满者,则不敢知;若弟子所闻所受,似西人已有之。)

先生大同条理,弟子以为宜早日写定之,盖若更迟,则人将以为勦袭西学,殊不值也。

(2)关于"保教":

至先生谓各国皆以保教而教强国强,以弟子观之,则正相

----
① 《近世文明初祖二大家之学说》,《饮冰室合集》文集之十三,第5—6页。

反。保教而教强,固有之矣,然教强非国之利也。

今欧洲之言保教者,皆下愚之人耳,或凭借教令为衣食者耳。实则耶教今日亦何尝能强,其澌灭可立而待矣。哲学家攻之,格致学家攻之,身无完肤,屡变其说,以趋时势,仅延残喘,穷遁狼狈之状,可笑已甚,我何必更尤而效之?且弟子实见夫欧洲所以有今日者,皆由脱教主羁轭得来,盖非是则思想不自由,而民智终不得开也。培根、笛卡儿、赫胥黎、达尔文、斯宾塞等轰轰大名,皆以攻耶稣教著也。而其大有造于欧洲,实亦不可诬也。

弟子以为欲救今日中国,莫急于以新学说变其思想,(欧洲之兴全在此。)然初时不可不有所破坏。孔学之不适于新世界者多矣,而更提倡保之,是北行南辕也。

此外,任公《与夫子大人书》还辨及"革命""排满"之义:

今日民族主义最发达之时代,非有此精神,决不能立国。弟子誓焦舌秃笔以倡之,决不能去之者也。而所以唤起民族精神者,势不得不攻满洲。日本以讨幕为最适宜之主义,中国以讨满为最适宜之主义,弟子所见,谓无以易此也。

先生惧破坏,弟子亦未始不惧,然以为破坏终不可得免,愈迟则愈惨,毋宁早耳。且我不言,他人亦言之,岂得禁乎?不惟他人而已,同门中人猖狂言此有过弟子十倍者。①

此时任公之"革命"言论,莫过《新民说》之"论进步"一节,其中"破坏亦破坏,不破坏亦破坏"的议论,恰如当年《变法通议》之"破坏"版。②

---

① 以上《与夫子大人书》均见前揭《梁启超年谱长编》,第277—278、285—286页。
② 《变法通议》之名言"变亦变,不变亦变"一段,曾传诵一时。

(五) "古学复兴":重回师门及对康学的再阐释

1. 任公的"回归"

然而,梁启超的勇决激厉,为时甚短。先是,康有为为制止康门弟子竞言革命,特发表《复美洲华侨论中国只可行君主立宪不可行革命书》和《与同学诸子梁启超等论印度亡国由于各省自立书》,并将二书合印,以《南海先生最近政见书》为题,广为传布,以正视听。继而又于1902年10月间,长函痛责梁启超,并以"大病危在旦夕"相要挟,逼梁就范。当此师门重压,任公迅速退却,一面连发两电与康,"其一云'悔改',其二云'众痛改,望保摄'"①,以慰师心;一面于《新民丛报》中转换言论方向,或自解于师门,以示"悔过至诚",或昭示于公众,以证师弟言论一律。

1902年10月以后的梁氏著述,面貌一变,大致在此"自解""改过"的范围之内。试举数例:

《警告我同业诸君》(1902年10月2日)以为,报刊议论不妨出于"极端","虽稍偏稍激焉而不为病",因此"若如欲导民以变法也,则不可不骇之以民权;欲导民以民权也,则不可不骇之以革命。当革命论起,则并民权亦不暇顾,而变法无论矣";而"大抵所骇者过两级,然后所得者适得其宜"。② 此等"骇"论,可谓梁氏对此前其"革命"言论的自解之辞。

此后,《新中国未来记》(1902年11月至翌年1月)以"无血的破

---

① 见梁启超致徐勤书(1903年4月15日)及康有为致梁启超书(1903年1月22日),前揭《梁启超年谱长编》,第320、299页。
② 前揭《梁启超选集》,第336—337页。

坏"为理想,以为除非万不得已,"总不轻易向那破坏一条路走罢了"。①

又有《释革》(1902年12月14日)解析"革命"(Revolution)之义,其重点在"易姓者固不足为 Revolution,而 Revolution 又不必易姓",试图在"反清"与"革命"之间划出界线,以说明"革命"之不必"骇"②;至《敬告我国国民》(1903年2月11日),则根本否定了"破坏"(革命)在今日的必要,转而主张"预备"了。③

《进化论革命者颉德之学说》(1902年10月16日),以对颉德"未来主义"学说的介绍,重新肯定宗教对人群进化的积极意义,并有意牵连出斯宾塞"国界必当尽破,世界必为大同"之说④,则可谓对此前批评"保教""大同"的弥缝。

同类论述还有:《论宗教家与哲学家长短得失》(1902年10月31日),以为宗教思想宜于治事,而"若康南海若谭浏阳皆有得于佛学之人也",其所以能唤起全社会之风潮,"仍恃其宗教思想之为之

---

① 《饮冰室合集》专集之八十九,第38—39页。《新中国未来记》乃政治小说,梁氏于篇首即云"兹编之作,专欲发表区区政见,以就正于爱国达识之君子"。
② 前揭《梁启超选集》,第371—372页。梁启超以"明治维新"为证,云"闻者犹疑吾言乎?请更征诸日本。日本以皇统绵绵万世一系自夸耀,稍读东史者之所能知也;其天皇今安富尊荣神圣不可侵犯,又曾游东土者之所共闻也。曾亦知其所以有今日者,实食一度 Revolution 之赐乎?""如必以中国之汤武,泰西之克林威尔、华盛顿者,而始谓之革命,则日本何以称焉?"
③ 前揭《梁启超选集》,第388—389页。梁氏云:"今之中国,其能为无主义之破坏者,所至皆是矣;其能为有主义之破坏者,吾未见其人也。政府固腐败,而民党之腐败亦与相埒焉;政府固脆弱,而民党之脆弱或犹倍蓰焉。""夫以前途之幸福言之,而民权之不克享受也如彼;以前途之患害言之,而破坏之不能挽救也如此。则我国民之生今日,舍预备何以哉,舍预备何以哉!"
④ 前揭《梁启超选集》,第340—341、347页。梁氏借介绍颉德学说,以肯定宗教,云"颉德以为人类之进步,必以节性为第一义。节性者何? 有宗教以为天然性之制裁是也。苟欲群也,欲进化也,必不可不受此制裁。宗教者,天然性之反对者也,补助者也,常有宗教以与人类天然之恶质相抗,然后能促人群之结合,以使之进步。故宗教家言,未有不牺牲个人现在之利益,以谋社会全体未来之利益者。宗教之可贵,在是而已。"

也";①《论佛教与群治之关系》(1902年12月30日)②,以为宗教在今日亦不可少,孔教既非宗教,则佛教可为选择。

梁启超的退却、转向,既因师门的压力,也有朋友规劝的作用。③但据任公自述,其所以转向,则主要是自我觉悟的结果。1903年2月,梁启超启程游历美洲,至12月重返日本。历经近一年的反复、摇摆④,梁氏终于自悟,坚定了其反对革命的立场:

> 吾向年鼓吹破坏主义,而师友多谓为好名,今者反对破坏主义,而论者或又谓为好名,顾吾行吾心之所安而已。

---

① 《饮冰室合集》文集之九,第45页。
② 《饮冰室合集》文集之十,第45—52页。
③ 黄遵宪与梁启超的关系在师友之间,且自信其于梁有大影响(黄致梁书有"公往往过信吾言"语)。1902年下半年,黄氏曾有数函致梁,分别就梁氏批孔、民权、革命诸说发表意见,主张"奉王权以开民智,分官权以保民生",谓"惟仲尼日月无得而毁",劝梁慎言"革命""破坏"。黄氏云:"公所唱自由,或故为矫枉过直之言,然使彼等唱自由者拾其余唾,如罗兰夫人所谓天下许多罪恶假汝自由以行,大不可也。公所唱民权,或故示以加倍可骇之说,然使彼等唱民权者得所借口,如近世虚无党以无君无政府为归宿,大不可也。一言兴邦,一言丧邦,茫茫禹域,惟公是赖,求公加之意而已。"黄氏诸函,见前揭《梁启超年谱长编》,第289—292、301—307页。
④ 游美期间,梁氏公开发表的著述甚少,在与师友通信中,则时时流露"革命"思绪。如致徐勤书(1903年4月15日)云:"长者此函责我各事,我皆敬受矣。惟言革事,则至今未改也。去年十月间,长者来一长函痛骂,云因我辈言革之故,大病危在旦夕。弟见信惶恐之极,故连发两电往,其一云'悔改',其二云'众痛改,望保摄'。实则问诸本心,能大改乎?弟实未弃其主义也,不过迫于救长者之病耳。"于上年末言论"转向"之勉强,有真切说明。同书还言及"言革"的现实需要:"即此次到美演说时,固未言革,然与惠伯、章轩谈及,犹不能不主此义也。舍是则我辈日日在外劝捐,有何名目耶?兄想亦谓然,但不可以告长者,再触其怒,致伤生耳。"致蒋观云书(1903年8月19日)谈苏报案所谓吴稚晖"告密"事,遂云:"沪上被逮六君,想可无碍。然弟近数月来,惩新党梦乱腐败之状,乃益不敢复倡革义矣。"致康有为书(1903年11月18日)则言内外交谪的刺激:"而我辈亦实未能做成一二实事,足以间执其口者,在诟言之来,亦安得不直受之。故弟子往往清夜自思,恨不得速求一死所,轰轰烈烈做一鬼雄,以雪此耻,但今未得其地耳。弟子革论所以时时出没于胸中者,皆此之由。先生责其流质,斯固然也,又乌知乎外界之刺激,往往有迫之于铤而走险之路者耶?"以上数函,见前揭《梁启超年谱长编》,第320—321、327—328、332页。

> 辛壬之间，师友所以督责之者甚至，而吾终不能改；及一旦霍然自见其非，虽欲自无言焉，亦不可得。吾亦不知其何以如是也。故自认为真理者，则舍己以从，自认为谬误者，则不远而复，如恶恶臭，如好好色，此吾生之所长也。①

1904年2月，保皇会于香港召开大会，协商内部事务，康、梁及各地保皇分会的代表都出席了会议，这无疑是保皇会内部加强团结、统一步骤的会议。而在此前后，革命党人对保皇会及梁氏本人的批判、攻击也日益激烈，梁氏为此有"辨妄广告""辨诬再白""辨妄再白"等予以反驳。② 又著长文《中国历史上革命之研究》（1904年6月），谓今日极端革命论者之"革命"正与中国历史上之"狭义"革命相同：

> 吾见夫所欲用之以起革命之多数下等社会，其血管内皆含黄巾闯献之遗传性也；吾见夫以第一等革命家自命之少数豪杰，皆以道德信义为虫为毒，而其内部日日有杨韦相搏之势也；吾见夫高标民族主义以为旗帜者，且自附于白种景教而借其势力，欲以摧残异己之党派，且屡见不一见也。

因此，这样的革命，不惟不可以救中国，而反陷中国于不救。梁氏还套用邹容《革命军》的句式，以表示反对所谓"狭义革命"的决心："刀加吾颈，枪指吾胸，吾敢曰期期以为不可，期期以为不可也。"③《中国历史上

---

① 《答和事人》（约1904年3月），《饮冰室合集》文集之十一，第46—47页。梁氏返日后，明确反对革命的言论，还可参看《论俄罗斯虚无党》《答飞生》等，二文均刊于《新民丛报》40—41号（1904年2月），收入《饮冰室合集》文集之十五、之十一。
② 三者皆为回应革命党在香港的《中国日报》而作，见前揭《〈饮冰室合集〉集外文》，第157—159页。又，梁氏《答和事人》亦谈及此事："香港某报，每三日照例必有相攻之文一篇，认列强为第三敌，认满洲政府为第二敌，认民间异己之党派为第一敌。"
③ 《饮冰室合集》文集之十五，第31—41页。

革命之研究》或可视为梁启超公开向革命阵营发出的宣战书。而《近世之学术》对章氏《清儒》篇的回应,正是在这样的背景下做出的。

2.《近世之学术》的"扬弃"

梁氏的"转向",全方位地影响了他在《新民丛报》的言论,其续作《新民说》,亦由倡"公德"转而讲"私德":"是故欲铸国民,必以培养个人之私德为第一义。欲从事于铸国民者,必以自培养其个人之私德为第一义。"而所以培养"私德"之道,则一曰正本、二曰慎独、三曰谨小,一本于王阳明"拔本塞源论"。①

任公如此"倒退",引起黄遵宪的担忧和批评:

> 公自悔功利之说、破坏之说之足以误国也,乃壹意守旧,欲以讲学为救中国不二法门。公见今日之新进小生,造孽流毒,现身说法,自陈己过,以匡救其失,维持其弊可也,谓保国粹即能固国本,此非其时,仆未敢附和也。如近日《私德篇》之胪陈阳明学说,遂能感人,亦不过二三上等士夫耳。言屡易端,难于见信,人苟不信,曷贵多言。②

其实,梁氏的思想"转向"亦可称为"扬弃",从"激进""革命"退却的同时,部分思想成果依然被保留下来,所谓以"古学复兴"代替"宗教改革"即是其一。以下试比较《论中国学术思想变迁之大势》前六章与《近世之学术》在基本观念上的异同,以为此"扬弃"之例证。

如前述,《论中国学术思想变迁之大势》前六章分载于1902年3月至12月的《新民丛报》,其主体部分(前四章)的刊发正当梁启超

---

① 《论私德》(约1903年12月至1904年6月),《饮冰室合集》专集之四,第118—143页。
② 《与饮冰主人书》(1904年8月4日),见前揭《梁启超年谱长编》,第340—341页。

"激进"之时①,其基本观念与同一时期发表的《新民说》《保教非所以尊孔论》等,相互呼应,保持一致。

其一,以"发明"固有学术、促进中西学术融合(即"古学复兴")为主旨,故尤重先秦学术(中国学术思想之"全盛时代")与希腊学术(欧洲"古学复兴"之源头)的比较。②

其二,特别强调中国之最大"特异"在"无宗教",因而学术思想独具"优胜";以为今日则应"但求吾学术之进步,思想之统一,不必更以宗教之末法自缚也"。③ 其不以孔子学说为宗教、不以"宗教改革"例中国之意,彰明昭著。

其三,所谓思想自由,乃学术思想发达的根本所在。中国学术思想之所以在春秋战国时期臻于全盛,且于战国末年达至"盛中之

---

① 《大势》前四章刊载于《新民丛报》的期数及时间:第一章"总论"、第二章"胚胎时代"刊于第 3 号(1902 年 3 月 10 日);第三章"全盛时代"第一节、第二节(部分)刊于第 4 号(1902 年 3 月 24 日);第三章第二节(续)刊于第 5 号(1902 年 4 月 8 日);第三章第三节(阙)、第四节刊于第 7 号(1902 年 5 月 8 日);第四章"儒学统一时代"第一节刊于第 9 号(1902 年 6 月 6 日);第四章第二节第三节刊于第 12 号(1902 年 7 月 19 日);第四章第四节刊于第 16 号(1902 年 9 月 16 日)。其中第四章第二、三节,已开始出现与此前叙述相矛盾处,但基本观念仍保持不变。《大势》第五章"老学时代"刊于第 18 号(1902 年 10 月 16 日),其"否定"的基调,大致与"总论"的叙述一致;第六章"佛学时代"前三节刊于第 21 号(1902 年 11 月 30 日),第四节(未完)刊于第 22 号(1902 年 12 月 14 日),与《论宗教家与哲学家之长短得失》(第 19 号)、《论佛教与群治之关系》(第 23 号)等文相先后,表明梁氏有关"宗教"观念的新变化,亦即其"转向"的开始。但就《大势》前六章总体而言,其基本观念仍能保持一贯,而前四章又为主体部分。
② 《大势》第三章"全盛时代"记述先秦诸子学术,其第四节题为"先秦学派与希腊印度学派比较",然"与印度学派比较"阙,实仅用力于"与希腊学派比较"。而刊发此节之前,特先于第 6 号发表《泰西学术思想变迁之大势》之"上编上古时代",介绍希腊哲学,并声明其为即将发表的《论中国学术思想变迁之大势》第三章第三节"我国学术与希腊学生比较"之预备"参考"(见《泰西学术思想变迁之大势》"著者识",《新民丛报》第 6 号),可见梁氏对此"比较"的重视。
③ 见前揭《论中国学术思想变迁之大势》,第一章"总论"。

盛",思想言论自由都是重要原因。① 而先秦学派与希腊学派相比较,其所短之处,如"无抗论别择之风""门户主奴之见太深""崇古保守观念太重""师法家数之界太严"等,又在在与思想自由、言论自由之不充分有极大的关联。② 思想学术自由的重要表现之一,即学派的并立和抗辩,所谓"学者各出其所见,互相辩诘,互相折衷,竞争淘汰,优胜劣败"。先秦学术之全盛,即在于有所谓两派、三宗、六家的纷争及各自的分裂、彼此的混合③,而秦汉以后,中国学术所以凝滞不进,正由于专制政治定儒学为一尊的缘故。"秦、汉之交,为中国专制政体发达完备时代","故凡专制之世,必禁言论、思想之自由",帝王"从其所好而提倡之、而左右之,有所奖励于此,则有所窒抑于彼,其出入者谓之邪说异端,谓之非圣无法。风行草偃,民遂移风。泰西中古时代之景教,及吾中国数千年来之孔学,皆自此来也"。④

其四,儒教所以得以统一、一尊,又在于孔学本身具有适合帝王专制的内容。"周末大家,足与孔并者,无逾老、墨。然墨氏主平等,大不利于专制;老氏主放任,亦不利于干涉;与霸者所持之术,固已异矣。惟孔学则严等差,贵秩序,而措而施之者,归结于君权;虽有大同之义、太平之制,而密勿微言,闻者盖寡;其所以干七十二君,授三千弟子者,大率上天下泽之大义,扶阳抑阴之庸言,于帝王驭民,最为合适,故霸者窃取而利用之以宰制天下。""盖儒学者,实与帝王相依附

---

① 梁氏归纳战国末年思想学术"全盛中之全盛"的表现有四,即"内分""外布""出入""旁罗",皆与所谓自由相关。见前揭《论中国学术思想变迁之大势》,第三章第一节、第二节。
② 见前揭《论中国学术思想变迁之大势》,第三章第四节。
③ 同上书,第三章第二节。
④ 同上书,第四章,第51—52页。

而不可离者也。"①梁氏此时对孔子学说之批判,当以见诸《论中国学术思想变迁之大势》者为最;前引黄遵宪请梁氏慎言"毁孔",即据《论中国学术思想变迁之大势》所言。

其五,既然主张学派并立、纷争,反对排斥异己,于历史上之学派相争,自能平心论之。如对于所谓今古文问题,就多持调停之言:其述"胚胎时代"始于黄帝,承认《易》《书》《诗》及《周官》为三代文献,显然否认所谓"托古""六经皆孔子制作"及"伪经"等近代今文家言;不惟如此,对《周官》《左传》等古文经典,还有回护、赞美之辞:"近儒多攻《周官》为伪书,《周官》虽或有后人之窜附,然岂能一笔抹煞耶?攻之者盖有二弊:一由过崇教主,视孔子以前之文明若无物焉;二由不通人群进化之公例,见其中有许多制度不脱蛮野习俗者,便以为古圣人者岂当有此?皆有所眦而生迷固也。"②"太史公屡称'左丘失明,厥有《国语》',而《春秋左氏传》一书,烂然为古代思想之光影焉。"③

其六,对于孔子学说,既然视其为两派、三宗、六家之一,则自然不予其超越诸子之位置;虽然也提及孔学有大同一派,但实际上,却以批评孔学与专制政治相依附的内容为重点,而置所谓大同、太平学说于不议不论之列。④

---

① 见前揭《论中国学术思想变迁之大势》,第四章,第52—54页。
② 同上书,第二章,第10页。
③ 同上书,第三章,第36页。
④ 《大势》第三章第二节"论诸家之派别",分孔学为六派(小康、大同、天人相与、心性、考证、记纂),已不同于此前之二派(小康、大同)说;虽回避"论诸家学说之根据及其长短得失"(阙),但于介绍三宗(孔学、老学、墨学)时,又指出其互有短长。《大势》重提孔学分大同、小康二派,并介绍大同说,始于第四章第三节论秦汉儒学之派别,而此章第二节亦有刘歆"伪经"等字样;此二节一同刊于《新民丛报》第12号,时在1902年7月,亦即梁氏因"激进"诸说受到师门痛责而言论有所收敛之际,故就《大势》而论,自第四章第二节以后,其观点已有变化。

上述贯穿于《论中国学术思想变迁之大势》前六章的基本观点，在两年后的《近世之学术》中仍有或正或反、或多或少的反映。

首先，"古学复兴"的比拟，被进一步明确化，用于概括有清一代的学术；与之相关的"先秦学术"仍然是中国学术的最高标准，一则用于赞美清初五先生①，一则用以代表清代"古学复兴"的最高阶段。

其次，思想自由仍是衡评学术进步的重要尺度，其对于龚、魏的肯定，对于康、谭学派的意义的阐发，皆以此为准。

再次，对于孔子学说，则由批判转向维护；然其对"掊击孔子"的批评，所列举"掊击"者的言论，恰是《论中国学术思想变迁之大势》前六章所乐道者，可谓典型的"不惜以今日之我，难昔日之我"（尽管其具体所指在章太炎及其《訄书》），而其所以维护孔子者，又在对所谓大同、太平学说的重新肯定（其实则为对师门学说的维护）。

最后，对于清代今文学，尤其是龚、魏，给予了肯定的评价；然而又注意划清康、谭与"西汉今文学"派的界限，故评述康氏学术，只言"改制""三世"，不及"伪经"。

（六） 小结

综上所述，作于1904年的《近世之学术》，并非两年前发表的《论中国学术思想变迁之大势》的简单续作，而是对章太炎《清儒》篇的直接回应。这一"回应"的背景是保皇派与革命党两大阵营交恶的加剧，"回应"的焦点集中于有关晚清今文学的评价，而"回应"的

---

① 五先生即顾炎武、黄宗羲、王夫之、颜元、刘献廷，梁氏谓"要之五先生者，皆时势所造之英雄，卓然成一家言。求诸前古，则以比周秦诸子，其殆庶几"（前揭《大势》，第105页）。

实质则在康、梁一派于晚清思想界的地位。

1903年的"《苏报》案",造就了章太炎作为革命阵营代言人的形象,而应时问世的《訄书》(重订本),自然也就因其"革命"意味而备受瞩目,不可等闲视之。《訄书》所以"重订",在章氏而言,自是于政治上与"尊清者"划清界限后,检讨"学术"的"自劾"之作;然重订后的《訄书》,毕竟依然保持其文辞典雅、意蕴曲折、索解不易的旧有风格,如此,则属于新增且语义显豁的《清儒》及《订孔》数篇,也就更加引人注意。《清儒》一篇,虽以概论清代"学术"示人,其为乾嘉学术翻案、正名,贬斥道、咸以来今文家言等等,无不具有极强的现实针对性,锋芒所向,直指康、梁一派。就章氏本意,未必以今文家视康、梁,其自身之坚持"古文"的形象,也是在与康、梁政见、私交关系的交错转换中,逐渐自塑而成的;此时的以贬斥今文而贬斥康、梁,既借用了时人以公羊家视康、梁的认识(康、梁并不以此自认),又实际袭用了他曾反对过的诸如《翼教丛编》一类,借批评经说而"攻击政党"①的技法。而这样的似曲折实共喻、言在此而意在彼的笔法,对于精于此道的梁启超,自然是"心知意会",不会误解。

在经历了"自由""激进"的挣扎后重回师门的梁启超看来,面对来自对立阵营的挑战,不容回避。《近世之学术》之于《清儒》,有简而加详者(如清初),有借用材料而断案己出者(如乾嘉),更有截然相反者(如今文学)和阐幽扬微者(如康、谭派),其针对性的一一回应,清晰可辨。"回应"的重点,则在对康、谭学术的解说、评判。

任公以西来概念对康学的缘附性解释,有一个自"宗教改革"到"古学复兴"的变化过程。这一过程,实际也是自戊戌以来,中国维

---

① 参见前揭章太炎《〈翼教丛编〉书后》《今古文辨义》等文。

新人士借西学、西史,不断思考中国复兴的文化根据的认识过程。从戊戌前后的议论"复原孔教"(如前述宋恕等人的言论),到庚子以后的竞言"古学复兴"(如《国粹学报》的言论①),梁氏言说康学的变化,除个人思想的变化外,亦正是时代思潮的反映。而且,从"宗教改革"到"古学复兴",其中也有思想逻辑的一贯性。甲午之后,夏曾佑在与宋恕讨论"复原孔教"时,曾云:

> 然而天道循环,往而必返。观有儒教以来,素王之道淆于兰陵,兰陵之道淆于新师,新师之道淆于伪学,剥极于有明,其变已穷。于是有顾、阎、戴、惠诸君讲东京之学,而于是又有庄、刘、龚、戴诸君讲西京之学,昔之往而益远者,今且返而益近,而大道之行,三代之英,将在此百年间矣。②

夏氏此处有关"孔教复原"(中国的"宗教改革")的顺序叙述,实与《近世之学术》关于清代"古学复兴"进程的概括,有着逻辑上的一致。

要而言之,无论"宗教改革"还是"古学复兴",其实质都是要为中国文化寻找源头上的(实际是合乎时代需求的)重新解释。由此而论,则无论是孔教的原教旨,还是足以代表中国"古学"的全盛阶段,都不可能是西汉的"今文学";而本以时代先进高自位置的康学与康门,要么是"中国的马丁·路德",要么是代表"古学复兴"最后

---

① 参见邓实:《国学今论》(《国粹学报》第四期)、《古学复兴论》(《国粹学报》第九期)等。邓实《国学今论》云:"本朝学术曰汉学、曰宋学、曰今文学,其范围仍不外儒学与六经而已,未有能出乎孔子六艺之外,而更立一学派也。有之,自今日周秦学派始。"邓氏此说,似受到梁启超《近世之学术》的影响,但也表明对所谓"古学复兴"即复兴"周秦学派"的认同。
② 《答宋燕生书》(1895年5月中旬),前揭《宋恕集》,第530—531页。

阶段的"先秦学派",岂甘心仅与西汉今文学为伍?《近世之学术》不以今文学名康学,真实反映了康门自戊戌以来的自我认知。

如同章太炎的《清儒》,梁任公的《近世之学术》亦已被视为近世清学史研究的开山之作,身衣"学术之华衮",进入清学史的经典之列。然而具体考察《近世之学术》的立说过程,其历史语境和最初作意,显现的却是在具体的政治角力中,"学术"的作用及与政见、政派的纠结。就此而言,学术史也是政治史。后人若仅以学术史研究视任公之《学术》及类似的"学术史"叙述,则未免使生动、复杂的历史叙述失之于简单,所谓"风疾马良,去道愈远"。

四 "偶然"的背后:梁任公著述《清代学术概论》之心意

作于1920年的《清代学术概论》,距离《近世之学术》之作已有十六年之久。时过境迁,就任公而言,此时的思想、心意亦与昔日大不相同,这正是《概论》之主旨,尤其是有关晚清"今文学"的叙述,有异于《近世之学术》的主要原因。然而,如果说《概论》与《学术》的差异尚可以二者相隔久远为由而易于理解,那么,《概论》与三年后的《中国近三百年学术史》的差异,则更需要颇费心思的揣摩。如同《近世之学术》的问世,除却任公本人的思想立场外,与章太炎有着密不可分的关联一样,《概论》之作,以及从《概论》到《近三百年学术史》的变化,似皆与胡适有着或显或隐的联系。因此,本篇及下一篇探讨《概论》与《近三百年学术史》的作意,及二者有关晚清今文学叙述差异的原因,在注重梁氏本人思想的与时推移对《概论》与《近三百年学术史》的影响的同时,亦对于梁氏与胡适的关系予以特别的关注。

(一) 胡适与《清代学术概论》的成书

无论是发表于《改造》杂志的《前清一代中国思想界之蜕变》,还

是修订后由商务印书馆印行的《清代学术概论》,任公都于篇首交代其所以著述的由来。一则曰

> 旧历中秋前十日,在京师省胡适之病。适之曰:晚清"今文学"运动于思想界影响至大;吾子实躬与其役者,宜有以纪之。适蒋百里著《欧洲文艺复兴史》新成,来索序,吾受而读之,于西史上划一段落为翔实的研究,洵杰构也;非惟所纪史实翔洽而有条理,其眼光之锐入,词笔之犀利,能瀹发读者之灵性,而暗示以向上之途径。吾泛泛为一序,无以益其善美,计不如取吾史中类似之时代相印证焉,庶可以校彼我之短长而思所以自淬厉也。(《改造》第三卷第三号)

冉则曰

> 吾著此篇之动机有二。其一,胡适语我:晚清"今文学"运动,于思想界影响至大,吾子实躬与其役者,宜有以纪之。其二,蒋方震著《欧洲文艺复兴时代史》新成,索余序,吾觉泛泛为一序,无以益其善美,计不如取吾史中类似之时代相印证焉,庶可以校彼我之短长而自淬厉也。(《清代学术概论》自序)

由梁氏自述,其响应胡适要求,乃是《概论》之所以著作的第一动因。因此,《概论》甫成,梁氏即致书胡适,急求批评:

> 公前责以宜为"今文学"运动之记述,归即嘱稿,通论清代学术,正宜(拟)钞一副本,专乞公评骘。得百里书,知公已见矣。关于此问题资料,公所知当比我尤多,见解亦必多独到处,急欲得公一长函为之批评(亦以此要求百里),既以裨益我,且使读者增一层兴味,若公病体未平复,则不敢请,倘可以从事笔

墨,望弗吝教。①

而胡适亦欣然贡献意见。对此,梁氏于《概论》第二自序中,特予致谢:

> 此书成后,友人中先读其原稿者数辈,而蒋方震、林志钧、胡适三君,各有所是正,乃采其说增加三节,改正数十处。三君之说,不复俱引。非敢掠美,为行文避枝蔓而已。丁敬礼所谓"后世谁相知定吾文者耶";谨记此以志谢三君。

至于胡适的具体意见,则见于其日记:

> 车中读梁任公先生的《清代学术概论》。此书的原稿,我先见过,当时曾把我的意见写给任公,后来任公略有所补正。《改造》登出之稿之后半已与原稿不同。此次付印,另加惠栋一章,戴氏后学一章,章炳麟一章,皆原稿所无。此外,如毛西河一节,略有褒辞;袁枚一节全删;姚际恒与崔述的加入,皆是我的意见。②

查《改造》所登《蜕变》,无"惠栋""戴氏后学"二章;有"章炳麟"一章,当即所谓"《改造》登出之稿之后半已与原稿不同"者;将《改造》稿与商务版《概论》比较,所谓毛西河、袁枚、姚际恒及崔述诸节,其改动亦悉如胡氏所述。由此可知,《概论》可谓充分吸收了胡适的意见。

由上述《概论》之作的"动机"——应胡适要求记叙晚清"今文学"运动,又适逢蒋著《欧洲文艺复兴史》索序,可见《概论》的问世应

---

① 丁文江、赵丰田编:《梁启超年谱长编》,上海人民出版社1983年版,第922页。
② 曹伯言整理:《胡适日记全编》3,安徽教育出版社2001年版,第240页。

属"偶然"。但看似的"偶然",实是有"必然"容含其间。

所谓"必然",首先应说到先前的"准备"。这"准备",既包括梁氏于《概论》自序中所述"十八年前"(实应为十六年前)之《近世之学术》及其以"古学复兴"对清学的概括等,也包括1918年梁氏退出政界、居家赋闲期间,曾为其子女讲授"学术源流",其中有"前清一代学术"的内容。① 然而这些"准备"毕竟不是《概论》之"必然"的关键所在,要理解任公所以放弃原定南下迎接罗素的计划②,倾力完成《概论》的心意,则至少须对以下两个问题做出回答:其一,任公对作为后辈的胡适的要求为什么如此重视?其二,《概论》的重点内容(以考证学和今文学为清学两大潮流及梁氏自我评价等)及核心概念("以复古为解放"等)与任公此时的心思、志业有什么样的关联?

(二) 梁、胡关系的过去与当下

关于梁启超与胡适的关系,可先从胡适说起。少年时的胡适,就是《新民丛报》的热心读者,梁氏的"新民"诸说,尤其是《论中国学术思想变迁之大势》等,曾予胡适极大的影响。其《四十自述》有这样的回忆:

> 我个人受了梁先生无穷的恩惠。现在追想起来,有两点最分明。第一是他的《新民说》,第二是他的《中国学术思想变迁之大势》。

---

① 丁文江、赵丰田编:《梁启超年谱长编》,第865页。
② 同上书,第920页。

《新民说》的最大贡献在于指出中国民族缺乏西洋民族的许多美德。他在这十几篇文字里,抱着满腔的血诚,怀着无限的信心,用他那支"笔锋常带感情"的健笔,指挥那无数的历史例证,组织成那些能使人鼓舞,使人掉泪,使人感激奋发的文章。其中如《论毅力》等篇,我在二十五年后重读,还感觉到他的魔力。何况在我十几岁时最容易受感动的时期呢?

《新民说》诸篇给我开辟了一个新世界,使我彻底相信中国之外还有很高等的民族,很高等的文化;《中国学术思想变迁之大势》也给我开辟了一个新世界,使我知道《四书》《五经》之外中国还有学术思想。这是第一次用历史眼光来整理中国旧学术思想,第一次给我们一个"学术史"的见解。所以我最爱读这篇文章。不幸梁先生做了几章之后,忽然停止了,使我大失望。甲辰以后,我在《新民丛报》上见他续作此篇,我高兴极了。但我读了这篇长文,终感觉不少的失望。第一,他论"全盛时代",说了几万字的绪论,却把"本论"(论诸家学说之根据及其长短得失)全搁下了,只注了一个"缺"字。他后来只补作了"子墨子学说"一篇,其余各家始终没有补。第二,"佛学时代"一章的本论一节也全没有做。第三,他把第六个时代(宋、元、明)整个搁起不提。这一部学术思想史中间缺了最要紧的部分,使我眼巴巴的望了几年。我在那失望的时期,自己忽发野心,心想:"我将来若能替梁任公先生补作这几章缺了的中国学术思想史,岂不是很光荣的事业?"这一点野心就是我后来做《中国哲学史》的种子。①

---

① 曹伯言选编:《胡适自传》,黄山书社1986年版,第47、49—50页。

胡适在留学期间,仍关注任公的言行,见于其《留学日记》者,有

阅《时报》,知梁任公归国,京津人士都欢迎之,读之深叹公道之尚在人心也。梁任公为吾国革命第一大功臣,其功在革新吾国之思想界。十五年来,吾国人士所以稍知民族思想主义及世界大势者,皆梁氏之赐,此百喙所不能诬也。去年武汉革命,所以能一举而全国响应者,民族思想政治思想入人已深,故势如破竹耳。使无梁氏之笔,虽有百十孙中山、黄克强,岂能成功如此之速耶!近人诗"文字收功日,全球革命潮",此二语惟梁氏可以当之无愧。(1912年11月10日)

梁任公近著《政治之基础与言论家之指针》一文,载《大中华》第二号,其言甚与吾意相合,录其最警策者如下……任公又有一文论孔子教义,其言显刺康南海、陈炳(焕)章之流,任公见识进化矣。(1915年5月23日)

我国今日的现状,顽固官僚派和极端激烈派两派同时失败,所靠者全在稳健派的人物。这班人的守旧思想都为那两派的极端主义所扫除,遂由守旧变为稳健的进取。况且极端两派人的名誉(新如黄兴,旧如袁世凯)皆已失社会之信用,独有这派稳健的人物如梁启超、张謇之流名誉尚好,人心所归。有此中坚,将来势力扩充,大可有为。(1916年7月17日)①

1917年,胡适首倡"文学改良",并归国掌教于北京大学,成为《新青年》的头面人物之一。胡适的声名鹊起,想必也引起了任公的注意。1918年11月,徐新六为介绍胡适与任公相见,致函梁氏,即

---

① 曹伯言整理:《胡适日记全编》1,第180页;《胡适日记全编》2,第156—157、431页。

称"胡适之先生现任北京大学掌教,主撰《新青年》杂志,其文章学问久为钧座所知,兹有津门之行,颇拟造谈,敢晋一言,以当绍介。"随后,胡适也有一函致任公,述说求见之由:"任公先生有道:秋初晤徐振飞先生,知拙著《墨家哲学》颇蒙先生嘉许,徐先生并言先生有墨学材料甚多,愿出以见示。适近作《墨辨新诂》,尚未脱稿,极思一见先生所集材料,惟彼时适先生有吐血之恙,故未敢通书左右,近闻贵恙已愈,又时于《国民公报》中奉读大著,知先生近来已复理文字旧业,适后日(十一月二十二日)将来天津南开学校演说,拟留津一日,甚思假此机会趋谒先生,一以慰生平渴思之怀,一以便面承先生关于墨学之教诲,倘蒙赐观所集墨学材料,尤所感谢。适亦知先生近为欧战和议问题操心,或未必有暇接见生客,故乞振飞先生为之绍介,拟于二十三日(星期六)上午十一时趋访先生,作二十分钟之谈话,不知先生能许之否?"①由二函可知,相见之意或起于任公,正式约见则出自胡适,二人俱有相互结识的心愿。然而,此次二人似未能见面。

据胡适日记,二人"初见"于林长民的一次家宴上,时间为1920年3月21日。② 这时的胡、梁二人,其心思意度皆有新的变化。在胡适而言,此前一年,《新青年》倡导的"新文化""新思潮"挟"五四运动"之力,迅速风行全国;其本人的《中国哲学史大纲》(卷上)亦适时出版,并于两个月内再版,足见受欢迎的程度;而其在《新青年》和《每周评论》上宣讲"实验主义"、辩论"问题与主义"、解说"新思潮"的系列文章,更具引领一时舆论的影响,俨然成为"新文化运动"旗

---

① 丁文江、赵丰田编:《梁启超年谱长编》,第872—873页。
② 曹伯言整理:《胡适日记全编》3,第127页。

手般的人物。所谓胡适的"暴得大名",1919年应是一个关键的年份。就任公来说,经历了对"迷梦的政治活动"的忏悔和欧游一年所见所闻的刺激,其思想意识也发生了所谓"革命"般的变化,雄心勃发,有志于在文化、教育领域重开一份新事业。因此,胡、梁二人此时的"初见",就颇有新、老两代思想领袖聚首的象征意义。一个是星光闪耀,新领风骚;一个是老骥伏枥,重振旧业。二人既相互借重,又隐存一种竞争。比较而言,此时的胡适略显矜持,对任公及其声名不佳的研究系保持着几分距离和警惕;而任公则更多些笼络、俯就的热情,于坦诚中亦有几分争胜之意。要把握胡、梁间的这种微妙关系,还需了解退出政坛和欧游后梁氏的思想变化及开拓新事业的诸般努力。

　　1917年讨平"张勋复辟"后,任公及其研究系一度声势颇张,占据北洋政府的显要位置。然而由于"改造国会"的举止乖张及财政方面的毫无建树,使得研究系很快声名下落,在与安福系的权力角逐中迅速败下阵来。当年年末,任公不得不辞去财政总长一职,再次退出政坛。① 政治上的失意,且短期内难以再有作为的现实②,促使任公及其同志转而欲图以讲学固结团体,韬光养晦,等待时机。于是有建立"松社"讲学和创办杂志"专言学问"之议,任公本人也一度专心于《中国通史》的写作,以致积劳呕血,不得不中止著述。其为儿女辈讲授"学术源流"之"前清一代学术",即在此一期间。③ 下野赋闲

---

① 梁启超此一时期的政治生涯,可参见张朋园《梁启超与民国政治》(吉林出版集团有限公司2007年版)第三、四章。
② 任公致籍亮侪书(1918年5月5日),云"最欲郑重相告语者,此时宜遵养时晦,勿与闻人家国事,一二年中国非我辈之国,他人之国也。"见丁文江、赵丰田编:《梁启超年谱长编》,第862页。
③ 任公辞去财政总长后的生活情况,见丁文江、赵丰田编:《梁启超年谱长编》"一九一八年"条。

之初,任公即有出游欧、美的计议,至当年(1918)末,欧战结束,中国政府派出代表团赴欧洲出席巴黎和会,任公遂得以私人资格由北洋政府资助,率领一个"考察团",以"顾问"名义赴欧洲协助对外交涉。据任公自记,赴欧前一晚,曾与同志友好作彻夜长谈,"着实将从前迷梦的政治活动忏悔一番,相约以后决然舍弃,要从思想界尽些微力,这一席话要算我们朋辈中换了一个新生命了"①。欧游一年的见闻及期间与同行同志的反复讨论,使任公思想有了大的变化。1919年6月,任公自英国致书其弟梁仲策,曾记述这一变化:"吾自觉吾之意境,日在酝酿发酵中,吾之灵府必将起一绝大之革命,惟革命产儿为何物,今尚在不可知之数耳。"②

任公这里所说的思想"革命",从归国后的言论和举措看,其最重要者或在其对中西文化的重新认识(详后),及在此基础上"决意在言论界有所积极主张",致力于"培养新人才,宣传新文化,开拓新政治"的工作。任公等人计划的"新文化"运动,包括创办杂志、印刷所,办大学,派留德学生等③。而归国当年(1920)实际进行的工作有:组织共学社,编译"共学社丛书"④;成立讲学社,邀请欧美著名学者来华讲学,当年邀请者为罗素,拟邀请者有柏格森等⑤;承办中国

---

① 《欧游心影录节录》之"欧行途中",见梁启超:《饮冰室合集》专集之二十三,中华书局1989年版,第39页。
② 丁文江、赵丰田编:《梁启超年谱长编》,第881页。
③ 见张君劢致黄群书(1920年1月12日),丁文江、赵丰田编:《梁启超年谱长编》,第896—898页。
④ "共学社丛书"计分时代、教育、经济、通俗、文学、科学、哲学、哲人传记、史学、俄罗斯文学等10类,总计百余种。参见张朋园:《梁启超与民国政治》,第五章。
⑤ 讲学社邀请的学者,除罗素外,还有杜威(已先一年由北大等邀请来华,第二年费用由讲学社承担)、杜里舒、泰戈尔。

公学,拟将其改制为大学;整顿《解放与改造》杂志,更名为《改造》①,并刊发新"发刊词",等。《改造》"发刊词"②中之"宣言"部分,曾经过任公及其同志辈的反复斟酌和推敲③,可以代表任公一派人此时的基本主张。

"宣言"称"本刊所鼓吹,在使文化运动向实际的方面进行",其十六条"主张"则已涵盖政治、经济、文化等方方面面。其中如主张"群性与个性互相助长";"思想革命"先于制度变革;既反对思想统一,主张无限制输入外来学说,又反对浅薄笼统的文化输入,注重对外来学说的忠实深刻研究;以及"确信中国文明实全人类极可宝贵之一部分遗产",应整顿发扬以贡献于世界④,等等,与《新青年》一派所宣传的"新思潮",既有同亦有异(其最大的差异,即在对于中国传统文化的认识方面,详后)。这样,任公一派大张旗鼓的"新文化运动",也就隐隐有向以《新青年》为旗帜的"新文化运动"挑战或与之

---

① 1918年夏,任公有创办杂志之议,其结果即1919年9月创刊的《解放与改造》。其时,任公等远在欧洲,杂志由张东荪主持。任公等回国后,即谋划对此杂志的整顿,并借此宣布本派的新主张;1920年9月,《解放与改造》更名为《改造》,期号沿前,为第三卷第一号。

② 现收入《饮冰室合集》文集之三十五的《解放与改造发刊词》,应为梁启超为《改造》所拟的"发刊词"初稿,该稿后经同人修改并经任公认可(参见丁文江、赵丰田编:《梁启超年谱长编》,第916页),发表于《改造》第三卷第一号。将初稿与发表稿对照,其差异主要在"宣言"部分,除却具体条目的增添和顺序调整外,其最重要的不同在于,初稿言"本刊所鼓吹,在文化运动与政治运动相辅并行",发表稿改为"本刊所鼓吹,在使文化运动向实际的方面进行"。二稿的不同,反映了任公此时对"政治运动"的不能忘情和同人的不同意见。关于此时同人对梁氏"仍于政治方面有泛运动之兴趣"的批评,可参见傅治致张东荪书,丁文江、赵丰田编:《梁启超年谱长编》第920—922页。

③ 丁文江、赵丰田编:《梁启超年谱长编》,第898、910—911、916页。

④ 以上"发刊词",见李华兴、吴佳勋编:《梁启超选集》,上海人民出版社1984年版,第745—747页。

分庭抗礼的意味。① 就任公本人来说,此时虽亦致力于"新文化"运动,声称与现实政治"绝缘"②,但"仍于政治方面有泛运动之兴趣"。1920年夏,任公曾有发起"国民动议制宪"运动的倡议。此倡议虽未有结果,且引起部分同人的疑惑和批评,③但任公由此"倡议"而提出的"协同动作"的主张,则值得注意。更名后的《改造》,在第一号(即第三卷第一号)刊发了任公的《政治运动之意义及价值》一文,该文针对当时所谓国民运动偏重于文化方面而厌恶政治运动的心理,重新定义"政治运动",强调政治运动的国民性——即所谓"多数人的协同动作"。任公以为"欲共和基础巩固,欲国民事业发展,总以养成国民协同动作之习惯为第一义。欲养此习惯,自然当多为其途,然大规模的协同动作,实以政治运动为最";今日中国虽不宜轻言政治运动,却不妨进行用以辅助文化运动和为将来有效的政治运动做预备的"过渡时代的政治运动"。④ 任公的"协同动作",虽就政治运动而言,又不限于政治运动,如其所说可"多为其途"⑤,也适用于所谓"文化运动",并体现于他和胡适的交往中。

---

① 任公等为《改造》第一期拟定的"中坚"论题为"新文化我观",后任公以为"略嫌空泛",建议改为"废兵运动"以投合国民心理,并结合其他党派;蒋方震则坚持原议,以为"新文化问题虽空泛,然震以为确有几种好处,现在批评精神根于自觉,吾辈对于文化运动本身可批评,是一种自觉的反省,正是标明吾辈旗帜,是向深刻一方面走的(文字上用诱导语气亦不致招人议论)。"(丁文江、赵丰田编:《梁启超年谱长编》,第917、911—912页)最终《改造》第一期仍用原议题。
② 《梁任公抵沪后之谈话》(《申报》1920年3月7日),见丁文江、赵丰田编:《梁启超年谱长编》,第899页。
③ 任公倡议"国民动议制宪"及同人的反应,见丁文江、赵丰田编:《梁启超年谱长编》,第913—916、920—923页。
④ 见梁启超:《饮冰室合集》文集之三十六,第19页。
⑤ 任公的同志中就有人将"协同动作"理解为团结同道、组织团体,见傅治致张东荪书,《梁启超年谱长编》,第920—922页。

再说任公与胡适的关系。据1920年的胡适日记,迄当年9月,①所记与任公的交往,除前引"初见梁任公"外,还有如下数则:3月22日,记"欧美同学会叔衡请吃饭。有任公谈学生事。任公谋保释被捕学生,未成"。5月6日,记"见梁任公。他谈做中国史事,颇有见地"。8月27日,记"梁伯强家饭,有梁任公,蓝志先,蒋百里,蔡,蒋,陶等。任公谈主张宪法三大纲:(1)认各省各地有权自定自治宪章,(2)采用'创制'、'免官'等制,(3)财政问题。他很想我们加入发表,我婉辞谢之"。8月30日,记"梁任公兄弟约,公园,议 Russell(罗素)事。饭后与梦麟、伯强在公园吃茶,谈甚久"。② 此数则日记中,尤应注意者为8月27日一则,其中蔡、蒋、陶,应是蔡元培、蒋梦麟、陶孟和,加上胡适,即为"我们",亦即北大和《新青年》的代表,而蒋百里(方震)、蓝志先(公武)、梁伯强(善济),则是任公的同志;双方所商议之事,即任公"国民制宪"的倡议,而"他很想我们加入发表",也就是任公所谓"协同动作"。其实在此之前,任公欲发起"国民制宪同志会",就有联络胡适等人的努力,③可见胡适等人应是此一时间任公着意联络,以求"协同动作"的主要对象。任公此时欲借重胡适,还见之于这样一个细节:任公致函其女令娴,要她劝说华侨富商林振宗为中国公学捐款,并特意说明"胡适之即在本公学出身者,同学录中有名"④。

由以上梁、胡关系的材料,可见在此一时间的梁、胡交往中,任公

---

① 现存胡适1920年日记,止于9月17日。
② 见曹伯言整理:《胡适日记全编》3,第128、165、201、204页。
③ 7月24日,任公致函梁善济、籍忠寅、黄群、蓝公武等,商议发起"国民制宪同志会";7月31日,黄群复书,云"适之已南下,今日伯强与陶孟和见面,当亦可以知彼等之意也。"见丁文江、赵丰田编:《梁启超年谱长编》,第913—914页。
④ 丁文江、赵丰田编:《梁启超年谱长编》,第912页。

实居主动、积极的方面;其所以如此,除了对胡适本人学识的欣赏(如墨学)外,欲借重胡适及《新青年》派暴起的声名和影响,通过所谓"协同动作",以有助于本派同人正致力开展的新事业——文化运动及目前作为辅助的政治运动,应是重要原因之一。明乎此,则任公之所以如此重视胡适有关记述晚清今文学的提议,以及一再强调胡适的这一提议,并于《概论》完稿后即致信胡适要求其作"一长函为之批评"以"使读者增一层兴味"等积极表现,也就可以得到部分的理解。

(三) 适逢其时的"今文学"运动纪叙

自然,任公之所以重视胡适的提议,又绝非仅仅是为了示好于胡适。更重要的原因,或在于胡适的这一提议,恰合任公此时的心意和需要。在胡适来说,所以提议任公记述晚清今文学,主要由于其本人对今文学了解的兴趣,然其中抑或有置梁氏于"先时人物"的意识。在任公而言,由于政治上的失意而转入思想文化领域,此时回顾本派及本人自晚清以来在中国思想学术界的地位及贡献,对于重新树立本派、本人在思想界的引领位置,无疑是有助益的。因此,任公应胡适请求而记述晚清"今文学"运动的历史(亦即康、梁一派的历史),又是出于其力图在现实的思想文化界有所作为的一种需要。

其实,胡适对晚清今文学的兴趣,除却作为知识层面的了解外,亦有其提倡"新思潮"的需要。胡适少年时代曾多受任公的影响,但其留学期间的关注和训练,就所谓"国学"方面而言,则偏重于先秦诸子以及所谓汉学家的治学方法。① 后来蔡元培为其《中国哲学史大纲》作序，称"适之先生于世传'汉学'的绩溪胡氏，禀有'汉学'的遗传性"，虽记胡氏家世有误，但又的确把握住了胡适治学的一个重要源头。胡适本人对其《中国哲学史大纲》也曾这样说："我做这部书，对于过去的学者我最感谢的是：王怀祖、王伯申、俞荫甫、孙仲容四个人。对于近人，我最感谢章太炎先生。"②虽然胡适颇受"汉学家"的影响，并撰有《清代汉学家的科学方法》一文，表彰清代"朴学"的"科学精神"；但在所谓今文学与古文学的问题上，却不作左右袒。其《中国哲学史大纲》在"史料的审定"上，又多受晚清今文家"疑经""辨伪"诸说的影响，以为康有为的"托古改制"说"极有道理"，有助于认识古人"作伪"的动机；③对于《春秋》三传，胡适更表示："论《春秋》的真意，应该研究《公羊传》和《谷梁传》，晚出的《左传》最没有用。我不主张'今文'，也不主张'古文'，单就《春秋》而言，似乎应该如此主张。"④胡适如此"谨慎"使用先秦"史料"，后来却受到任公的批评，以为"胡先生的偏处，在疑古太过。疑古原不失为治学的一种方法，但太过也很生出毛病。诸君细读这书，可以看出他有一种自定的规律，凡是他所怀疑的书都不征引。所以不惟排斥《左传》《周礼》，连《尚书》也一字不提。殊不知讲古代史，若连《尚书》《左传》都一笔勾消，简直是把祖宗遗产荡去一大半，我以为总不是

---

① 胡适 1915 年后的《留学日记》，多见有关阅读先秦诸子及讨论校勘、训诂和"汉学"方法的札记。
② 《〈中国哲学史大纲〉（卷上）再版自序》。见欧阳哲生编：《胡适文集》6，北京大学出版社 1998 年版，第 157 页。
③ 欧阳哲生：《胡适文集》6，第 174 页。
④ 同上书，第 226 页。

学者应采的态度。"①信从"今文家"辨伪结论的胡适,却遭到被目为"今文派"的梁启超的批评,也是一件有趣的事。而任公所谓"疑古太过",恰又说中五四以来胡适逐渐偏向"今文学"的原因。胡适进入北大后,既凭借其对太炎著述的熟悉,与当时颇具势力的北大"章门"学人周旋,又因其《中国哲学史》授课"截断众流"的讲法(自《诗经》讲起),得到顾颉刚、傅斯年等优秀学生的信从和追随。据顾颉刚回忆,胡适的讲授,与他此前由于读康有为《改制考》而发生的"上古史靠不住的观念"正相契合,从而更坚定了对古史的怀疑。② 而与此同时,胡适亦应受到顾颉刚以及由笃信"古文"而改信"今文"的钱玄同的影响。1919年11月,胡适于《新思潮的意义》一文中,明确提出了用"重新估定一切价值"的态度"整理国故"的主张;随后在《建设》杂志上与胡汉民、廖仲恺进行的"井田制"辩论,则被顾颉刚作为新的古史研究的示范。③ 在"井田制"的辩论中,胡适以为所谓"井田制"是孟子为"托古改制"凭空虚造出来的,而后来的《王制》《公羊》《谷梁》等有关"井田"的论述,都是受了孟子的影响;由此,胡适更指出:"汉代是一个造假书的时代,是一个托古改制的时代",《周礼》等伪书,就是刘歆为了进行一番"大改革"制造出来的"改革的根据"。④ 1920年末,胡适要顾颉刚点校姚际恒的《古今伪书考》,并打算为顾氏编辑的《辨伪三种》作一长序,以申说其"宁可疑而过,不可

---

① 《评胡适之〈中国哲学史大纲〉》,梁启超:《饮冰室合集》文集之三十八,第53页。
② 顾颉刚:《〈古史辨〉第一册自序》,见《顾颉刚古史论文集》第一册,中华书局1988年版,第35页。
③ 《顾颉刚古史论文集》第一册,第39页。
④ 胡适:《井田辨》,欧阳哲生编:《胡适文集》2,第306、322—323页。

信而过"之旨,足见其对辨伪书的兴趣和坚定的"疑古"态度。① 而顾颉刚亦正是由此开始了其从"辨伪书"到"辨伪史"的推翻上古史的工作。② 要而言之,胡适此时对晚清今文学的兴趣,又与其倡导"新思潮"的"整理国故"有着直接的关联。

胡适看重晚清"今文学"运动,称赞其"于思想界影响至大",并请任公以亲历者资格记述这一运动,以飨后继者。这样的推崇和请求,当然使正欲图在思想学术界重树旗帜的梁任公动心;因而即使被误认为"今文学"中人,亦不妨将错就错,其心意或正如胡适被谬赞为乾嘉学派传人而不予纠正一样,皆因此类"误认"实有其可以利用的价值。既然将错就错,更不妨张大其辞,以"今文学"为清学两大潮流之一的论断即由此而出。任公的这一论断,或亦受到胡适的激励。胡著《中国哲学史大纲》"导言"部分,有论清代学术一节,云:"综观清代学术变迁的大势,可称为古学昌明的时代。自从有了那些汉学家考据、校勘、训诂的工夫,那些经书子书,方才勉强可以读得。这个时代,有点像欧洲的'再生时代'(再生时代,西名 Renaissance,旧译文艺复兴时代)。欧洲到了'再生时代'昌明古希腊的文学哲学,故能推翻中古'经院哲学'(旧译烦琐哲学,极不通。原文为 Scholasticism,今译原义)的势力,产出近世的欧洲文化。我们中国到了这个古学昌明的时代,不但有古书可读,又恰当西洋学术思想输入的时代,有西洋的新旧学说可供我们的参考研究。我们今日的学术

---

① 见耿云志、欧阳哲生编:《胡适书信集》(上),北京大学出版社 1996 年版,第 253、256 页。次年夏,胡适在南京演说《研究国故的方法》,其方法之一即"疑古的态度",亦即"宁可疑而错,不可信而错",并直言"在东周以前的历史,是没有一字可信的。以后呢? 大部分也是不可靠的"。见欧阳哲生编:《胡适文集》12,第 92—93 页。

② 参见《顾颉刚古史论文集》第一册,第 40—42 页。

思想,有这两个大源头:一方面是汉学家传给我们的古书;一方面是西洋的新旧学说。这两大潮流汇合以后,中国若不能产生一种中国的新哲学,那就真是辜负了这个好机会了。"①任公对胡适的《中国哲学史大纲》颇为注意,前引其《概论》初成致胡适书,就有"对于公之《哲学史纲》,欲批评者甚多"之语;因此胡适《大纲》中这段有关清代学术的论述,应为任公所知。就胡适这段论述而言,实隐约可见任公十六年前所著《近世之学术》的影子(胡适亦自认任公《论中国学术变迁之大势》对他有着巨大的影响②),其以"再生时代"比拟清代学术,正是任公"古学复兴"的旧说,而《概论》仍以"文艺复兴"说清学,亦不妨由旧说得胡适肯定而益自信的一层缘由(关于任公一派此时对"文艺复兴"的认识及其与《概论》的关系,详后文);然而胡适言今日学术思想的两大源头,一曰汉学家的古书,一曰西洋新旧学说,全然不见任公一派在晚清的作用和影响,则当然不能被任公所接受。因此,借记述"今文学"运动以彰显本派的影响,甚而不惜将其夸张为与汉学考据并列的清学两大潮流之一,也就事出有由。

《概论》以康、梁一派为晚清"今文学"运动的中心和集大成者,具体行文则取康、梁并立的方式,或毋宁说更突出对梁氏本人的叙述;以至于《概论》有关晚清"今文学"运动的叙述,部分地成了梁氏本人的思想学术自传。《概论》的如此结构,亦可作为任公所以对胡适建议其以"亲历者"身份记述"今文学"运动积极响应、兴致盎然的一个注脚。

《概论》有关晚清"今文学"运动的叙述,不仅以康、梁并列为代

---

① 欧阳哲生编:《胡适文集》6,第168页。
② 见前引胡适《四十自述》。

表,更特意强调康、梁的区别。任公自居为今文学派"猛烈的宣传运动者",然细察其自述的"宣传"内容,在戊戌期间为反对专制、倡导民权的"排荀运动",在戊戌后则"日倡革命排满共和之论";而对于乃师的《伪经考》,自始即嫌其武断,"自三十以后,已绝口不谈'伪经',亦不甚谈'改制'"。任公"自述"又直言康、梁学派的分裂,并将分裂的原因归结为梁氏反对"其师康有为大倡设孔教会、定国教、祀天配孔诸义",而主张思想的独立自由。这样的叙述,固然是说历史,也是在说现实,实有将二者叠加的意味。由此再看任公的自我定位——"新思想界之陈涉",以及所谓国人对之的责望——"以其人本身之魄力,及其三十年历史上所积之资格,实应为我新思想界力图缔造一开国规模",其不甘为晚清思想界第二人(所谓"陈涉"即反秦第一人)和仍欲作新思想界缔造者的雄心跃然可见。任公《概论》可谓善用对晚清"今文学"运动的记述,而一抒胸臆。

(四) "思想解放"与"文艺复兴"

任公《概论》将二百余年清学史的基本精神概括为"以复古为解放",突出强调其"著著奏解放之效"的思想解放意义,并将其比之为"文艺复兴"。这样的概括和比拟,确如任公所说,其轮廓已见于早年的《近世之学术》①,且《概论》有关"复古"四期的叙述将康、梁一派置于"思想解放"最高位置的用意,也同于《近世之学术》。② 所不

---

① 梁启超:《清代学术概论》"自序",见朱维铮校注:《梁启超论清学史二种》,复旦大学出版社1985年版。
② 《近世之学术》以康、谭派为复古第四期("先秦学")的代表,《概论》中康、梁既是第三期(复西汉之古)的代表,又是第四期(复先秦之古)的代表。

同的是,无论是"思想解放"还是"文艺复兴",其具体的内容和现实的指向,都有了变化。

"思想解放",是任公有志重返思想舆论界后,十分重视的一个话题。《解放与改造》的宗旨之一,就是倡导思想的解放;而欧游的见闻,更充实了所谓"思想解放"的内容。在《欧游心影录》中,任公提出要实行"彻底"的"思想解放",即:第一,就学问论,"中国旧思想的束缚固然不受,西洋新思想的束缚也是不受";"拿孔孟程朱的话当金科玉律说他神圣不可侵犯,固是不该,拿马克思易卜生的话当做金科玉律说他神圣不可侵犯,难道又是该的吗?"第二,就德性论,则要"常常用内省工夫,体认出一个'真我'。凡一切束缚这'真我'的事物,一层一层的排除打扫。"①任公所谓"彻底"的思想解放,与胡适以"重新估定一切价值"来界定"新思潮"的意义,貌似相同其实相异。胡适的"重新估定一切价值",其要"估定"者实际是就中国传统文化而言,即"习俗相传下来的制度风俗""古代遗传下来的圣贤教训""社会上公认的行为与信仰",而西洋的"新思想、新学术、新文学、新信仰"则不在"估定"之列;②任公的"彻底"思想解放,虽就"无论中外古今何种学说"而言,但于学问之外,还特别拈出所谓"德性"的"内省"一层,实际上包含了他欧游所得的新认识,即中国人要承担起用自己祖传的精神文化来补助濒临破产的西洋物质文化的"大责任"。③ 梁、胡在"思想解放"上的差异(亦即对中西文化认识的差异),始终影响着二人相识后的交往;而二人间若隐若现的竞争,除去派系利益和个人意气外,实际还源于彼此在思想

---

① 梁启超:《饮冰室合集》专集之二十三,第27—28页。
② 见胡适:《新思潮的意义》,欧阳哲生编:《胡适文集》2,第552—553页。
③ 参见《饮冰室合集》专集之二十三,第35—38页。

上的真实分歧。

任公对"思想解放"的新认识,表现于以"思想解放"为主题的《概论》者,即一方面强调晚清"今文学"运动的"怀疑之精神,解放之勇气";另一方面,又张大其辞地表彰"考证学"的科学方法,以为考证学的饶有科学精神加之今文学的怀疑解放勇气,正是清学的价值所在。从清学中看到所谓"科学精神",首见于《近世之学术》;然而《近世之学术》对于考证学的基本评价是完全负面的,且如胡适所指出的,任公在《近世之学术》稍前的《新民说》"论私德"一篇中,对于考证学(清代"汉学")曾做过全盘否定的批判;①但胡适因此说任公《概论》所以表彰考证学,全是受了"近来因为我们把汉学抬出来"的影响,亦不尽然。固然在"五四"时期,胡适的《清代汉学家的科学方法》,是肯定清代"朴学"具有"科学"的精神的首出之作,任公《概论》后出,或许受到胡适的影响;然而,且不说胡适亦可能受到《近世之学术》的启发,任公此时表彰考证学,实亦符合他欲"发挥"固有文化以贡献于世界的新志愿。所以,任公在《概论》的最后,提示其著作的宗旨,第一条即是"我国文化史确有研究价值,即一代而已见其概。故我辈虽当一面尽量吸收外来之新文化,一面仍万不可妄自菲薄,蔑弃其遗产。"《概论》对考证学"科学方法"的发挥,正是这一宗旨的体现。胡适说"其实任公对于清代学术的见解,本没有定见"。若仅就任公随自身思想的变化而不断调整其对清学史的叙述(包括考证学和今文学)来说,则是事实。

如前述,《概论》以"文艺复兴"比拟清代学术,并非新见;然而任

---

① 见胡适1922年2月15日日记,曹伯言整理:《胡适日记全编》3,第558—559页。

公此时所说的"文艺复兴",既是一个时兴的话题①,又是任公一派人致力于新文化运动的借鉴和目标。《概论》之作的又一动机,即是为蒋方震的《欧洲文艺复兴史》作序;而蒋氏的《欧洲文艺复兴史》,据任公说,则是蒋氏欧游所寻找到的可以指示中国出路的"曙光"②,显然不是泛泛之作。蒋著"导言",更明确地说明了研究欧洲"文艺复兴"的历史对于"今日中国"的"特殊必要",即"其一,以近世之文化言,则各种事业皆以文艺复兴为其发祥地。文艺美术为思想之结晶体者无论矣,即近世之政治学术,苟一一穷其源而溯之,实无不发轫于此十四五六三世纪之间。自个性之灵光焰万丈,用之于外延,而国家之形式成焉;用之于内包,而革命之事业生焉。为问此个性之发达于何始? 曰始于文艺复兴。自理知之刃脱颖而出,其方向趋于自然者,则科学之基础立焉;其方向之趋于人生者,则哲学之门径辟焉。为问此理知之发展于何始? 曰始于文艺复兴。数年以还,天下津津道西洋文化矣,不追穷之所自,随其流掇拾一二,且欲从而实施于社会国家,复何当于事乎? 此则自研究上有特殊之必要,一也。其二,以中国今日之地位言,则社会蝉蜕之情状实与当时欧洲有无数共同之点。综其著者,一则新理性藉复古之潮流,而方向日见其开展。(汉学以尊古相标榜,其末流则尊诸子于经传,而近世首发攻击旧学之矢者,实导源于今文派。且但丁 Dante 以伊文作诗,路德 Luther 以德文译经,是即欧洲之国语文学也。而二人之古学皆极粹)一则社

---

① 胡适的《中国哲学史大纲》以为清代学术类如欧洲的"再生时代"已见前文引述;傅斯年发表于《新潮》第一卷第四号(1919年4月1日)的《清代学问的门径书几种》,亦将"清代学问"称为"中国的文艺复兴时代",而《新潮》刊名的英文即 Renaissance。关于五四时期有关"文艺复兴"的各种比拟,参见罗志田:《裂变中的传承:20世纪前期的中国文化与学术》,中华书局2003年版,第53—90页。
② 《欧洲文艺复兴史序》,梁启超:《饮冰室合集》文集之三十五,第43—44页。

会依个性而发展,而组织日见其弛缓(如近时家庭社会问题皆是),其间冲突傎扰之现象,与夫发扬蹈厉之精神,实与当时有声气相求、歌哭与共之致。察往以知来,砚人以律己,则可知文化运动之来源有所自,而现状纷纭之不可免,且不足悲也。此则自反省方面言有特殊之必要,二也。"①蒋氏这里所说的两项"特殊必要"——借欧西之经验以反观自身,从而确认当下中国新文化运动的位置并规划其未来,正是任公一派此一时期言说"文艺复兴"的现实意义所在;而以清学为中国的"文艺复兴",强调由汉学而今文学的一脉渊源,以求继长增高,为中国的新文化奠定"开国的规模",则是任公一派此时的志向所在②。这一志向,既见之于前述任公一派的各种文化教育活动,又表现为《清代学术概论》和《欧洲文艺复兴史》的撰著,二者同为任公一派致力于"新文化运动"的首出贡献。

(五) 小结:"偶然"与必然

如前所述,倘无胡适记述晚清"今文学"运动的请求,而又适逢蒋百里为其《欧洲文艺复兴史》索序,也就不会有《概论》的著述,这是《概论》之作出于"偶然"的一方面。就另一方面说,不仅胡适的请求、蒋百里的著述皆非泛泛而言、泛泛而论,任公之所以重视胡适的请求以及用概述清学的方式来回应胡适及蒋氏的请求,更是源头有自、用心深刻,则《概论》所以作又并非全出"偶然",而有其"必然"

---

① 《欧洲文艺复兴史》,商务印书馆1921年版,第2—3页。
② 数年后,张君劢致书梁任公还提及此事,云:"近年思想颇向故学方面,拟舍弃外国学问,专读旧书,此点正在酝酿中,或者追随先生后,从事于所谓'开国规模'(清代学术中语)未可知也。"见丁文江、赵丰田编:《梁启超年谱长编》,第1129页。

的缘故了。

胡适对于晚清"今文学"运动的兴趣,固然有其相关知识缺乏的一面①,但在"疑古"方面引今文学为同道,以为其"新思潮"的"整理国故"张目,应是更直接的动因;而蒋方震的《欧洲文艺复兴史》,其原本即是任公一派正致力从事的"新文化运动"的一部分。在任公而言,其所以有些过分积极地回应胡适的请求,如同蒋著,正是有着由退出政坛的忏悔和游历欧洲的思想洗礼所促成的志业转向——转向于以"培养新人才、宣传新文化、开拓新政治"为宗旨的新文化运动——这一直接的现实背景的。任公的积极回应,既有借重、笼络胡适,以求"协同动作"一面,亦有利用对晚清今文学历史的叙述,树立本派和其本人在晚清以来思想界的主导地位和领袖形象的一面;其所以选择概论"清学史"的形式,除了利用诸如《近世之学术》等积累的方便外,力图从清学史的全局中突显晚清"今文学"运动的地位以及用"文艺复兴"来构建从考证学、今文学到当下新文化运动间的一脉相承的联系,也是任公的用心所在。易言之,正是在"新思潮""新文化"共同旗帜下的不同诉求成就了《概论》这一"清学史"的"经典"之作及其有关晚清"今文学"运动的叙述。

最后,再说胡适与梁启超的关系。此一时期梁、胡貌似亲密的交往,尤其是任公在交往中的积极姿态,引起了外界的一些猜疑。其时,《新青年》同人正为《新青年》的主旨及在沪或在京编辑等问题发生争执;陈独秀因胡适等人与己意见不同,而怀疑胡适(还有陶孟

---

① 1925年4、5月间,胡适曾请钱玄同为其开具一份"晚清今文学的书单子"(见杜春和等编:《胡适论学往来书信选》下册,河北人民出版社1998年版,第1124、1128页。然此钱、胡往来二函所系月、日似有误),由此可见胡适此前对所谓"晚清今文学"的了解程度。

和)受到任公及"研究系"的影响,或"研究系"正在"勾引"胡适。面对同人们的怀疑,胡适致书陈独秀,极力辩解:

> 独秀:你给孟和的信与给北京同人(答我)的信,我都见了。你真是一个卤莽的人!我实在有点怪你。你在北京的日子也很久了,何以竟深信外间那种绝对无稽的谣言!何以竟写出那封给孟和的决绝信!(你信上有"言尽于此"的话!)你难道不知我们在北京也时时刻刻在敌人包围之中?你难道不知他们办共学社是在《世界丛书》之后,他们改造《改造》是有意的?他们拉出他们的领袖来"讲学"——讲中国哲学史——是专对我们的?(他在清华的讲义无处不是寻我的瑕疵的。他用我的书之处,从不说一声;他有可以驳我的地方,决不放过,但此事我倒很欢迎。因为他这样做去,于我无害而且总有点进益的。)你难道不知他们现在已收回从前主张白话诗文的主张?(任公有一篇大驳白话诗的文章,尚未发表,曾把稿子给我看,我逐条驳了,送还他,告诉他,"这些问题我们这三年中都讨论过了,我很不愿他来旧事重提,势必又引起我们许多无谓的笔墨官司!"他才不发表了。)你难道不知延聘罗素、倭铿等人的历史?(我曾宣言,若倭铿来,他每有一次演说,我们当有一次驳论。)但是我究竟不深怪你,因为你是一个心直口快的好朋友。不过我要你知道,北京也有"徐树铮陆军总长,陈独秀教育总长"的话,但我们决不会写信来劝你"一失足成千古恨……"!这事,我以后不再辨了!①

---

① 中国社会科学院近代史研究所中华民国史组编:《胡适来往书信选》上册,中华书局1979年版,第119—120页。有编者注:"此信约写于1920年底(或1921年初)",参阅1921年1月22日胡适《致李大钊等〈新青年〉编委》(耿云志、欧阳哲生编:《胡适书信集》上,第264—266页),胡适此信写于1921年1月的可能性更大。

胡适此信中的"他们""他们的领袖",即指所谓"研究系"和梁任公;而"他们"与"我们"的清楚界分,更表明了当时两种新文化运动的自觉的"竞争"。胡适此信,无疑为《概论》及其有关晚清"今文学"运动的叙述,提供了解读的背景,也是当时胡、梁关系的一个很好注脚。而胡、梁之间的这层"竞争"关系,既影响了《概论》的叙述,也为后来《近三百年学术史》的"变化",预伏了一重因缘。

五　两种"兴味"与"晚年定论"：《中国近三百年学术史》的著述由来与意旨

《中国近三百年学术史》(以下简称《近三百年学术史》)，向被视为《清代学术概论》(以下简称《概论》)之外，梁任公所著"清学史"的又一力作。关于二者的关系，通行的看法以为，《概论》"带有综论的性质，富有'理论'色彩"，《近三百年学术史》则"侧重于史料的梳理"，二者互为补充，"相映生辉"；①亦即更多关注了二者"同"的一面。而对于其各自的"独特"面目②及其缘由，则注意不够。以下拟仅就《近三百年学术史》的著述背景和意旨做些铺排和分析，并由此考察其相较于《概论》的诸般变化，以见任公有关"清学史"的"晚年定论"。

---

① 参见耿云志、崔志海：《梁启超》，广东人民出版社1994年版，第389—390页。以"论"与"史"分别标示《概论》与《近三百年学术史》的特色，已是最普遍的观点。朱维铮校注：《梁启超论清学史二种》(复旦大学出版社1985年版)之"校注引言"即称二者为"论史互补的姊妹篇"。
② 任公曾自云《近三百年学术史》在"材料和组织"上与《概论》"很有些不同"(前揭《梁启超论清学史二种》，第91页)，或也正因任公将二者的不同限于"材料和组织"，引致后来者忽略了二者在"意趣"和论点方面的差异。

(一) 《近三百年学术史》的刊行经过及其结构特点

不同于与之齐名的《概论》及早年的《近世之学术》,《近三百年学术史》在任公生前似未以完帙的形式出现过。此一现象,与了解该作的结构与意旨有一定关联,有先行叙述的必要。

《近三百年学术史》系任公于 1923 年秋季学期在清华学校讲授同名课程的讲义。该讲义自 1923 年底迄 1925 年中,曾被分成三部分陆续刊发于各报刊,其具体情况如下。

1923 年 12 月 1 日出版的《晨报五周年纪念增刊》发表任公《清代政治之影响于学术者》长文,文前有"著者记",云:

> 本文为今秋在清华学校所讲中国近三百年学术史之第二章。晨报纪念号征文,因校课罕暇,辄录副塞责。但近顷在师范大学国文学会续讲此题,颇有所增订,未及校改。或将来该会有笔记,可资参考也。

此《清代政治之影响于学术者》一文,应是《近三百年学术史》最早刊行的部分。由"著者记"知任公此前曾在师范大学作同题演讲,该演讲确有记录稿,即刊发于 1924 年 1 月出版的北京师范大学《国文学会丛刊》第一卷第二号的《清代政治与学术的交互影响——梁启超在国文学会讲演》。据此记录稿,任公演讲共四次,其内容与《晨报》文相比较,虽稍加详(如对清初黄宗羲、顾炎武、王夫之等人的介绍),但基本框架和论断并无大异。比之于《近三百年学术史》的现在通行本,《晨报》之文(任公所谓"第二章")即现在通行本的二、三、四节——"清代学术变迁与政治的影响"上、中、下,文字全部相同,未见改动;所不同者,现通行本第四节后有附表"明清之际耶稣会教士在中国者及其著述",《晨报》所刊文则无。

1924年5月至1925年6月,东南大学《史地学报》(第三卷第1—8期)于"专著"栏连载梁任公《中国近三百年学术史》。此连载共十二讲,即现通行本一至十二节。二者比较,各讲(节)标题完全一致,正文文字仅有个别改易;惟现通行本六、八节后分别附有"初期经学家表""初期史学家及地理学家表",为《史地学报》连载所无。

《史地学报》之所以仅刊至第十二讲,乃因任公此时已将《近三百年学术史》的另一部分——《清代学者整理旧学之总成绩》——交《东方杂志》发表了。① 1924年6月至9月出版的《东方杂志》第二十一卷第12、13、15—18号连载《清代学者整理旧学之总成绩》,篇首有任公识语:"此稿为吾近著《中国近三百年学术史》之一部分,在清华学校授课随授随编者。全书约四十余万言,此居其四之一。凡分十八章。"然竟《东方杂志》所刊仅八章,即经学、小学及音韵学、校注先秦诸子及其他古籍、辨伪书、辑佚书、史学、方志学、传记谱牒学。

---

① 现存任公致张元济函(1924年4月23日),可见当日商议刊载此文情形。任公函云"顷著有《清代学者整理旧学之总成绩》一篇,本清华讲义中一部分,现在欲在《东方杂志》先行登出(因全书总须一年后方能出版)。但原文太长,大约全篇在十万字以外,不审与东方编辑体例相符否? 此文所分门类(一、经学,二、小学及音韵学,三、校注古字,四、辨伪书,五、辑佚书,六、史学,七、方志,八、谱牒,九、目录学,十、地理,十一、天算,十二、音乐,十三、金石,十四、佛学,十五、编类书,十六、刻丛书,十七、笔记,十八、文集,十九、官书,二十、译会),每类首述清以前状况,中间举其成绩,末自述此后加工整理意见。搜集资料所费工夫真不少。我个人对于各门学术的意见,大概都发表在里头,或可以引起青年治学兴味,颇思在杂志上发表,征求海内识者之批驳及补正,再渐为成书。若杂志可登,欲要求每期登二万言以上,不审我兄及东方编辑诸君意见如何? 今先寄上经学、小学、音韵学之一部分,若谓可登,请即复书,当别为小序一篇,冠于首也。"(丁文江、赵丰田编:《梁启超年谱长编》,上海人民出版社1983年版,第1016页)

较之现通行本,此八章即通行本十三至十五节,文字亦基本相同;通行本所多出的一节即"历算学及其他科学、乐曲学",也在任公"识语"所拟十八章之内。

关于《近三百年学术史》成书的情况,杨树达《积微翁回忆录》于1925年1月条下有记:"梁任公师前贻余以清代学术三百年史讲稿,命余为勘误。因以读时签记可商之处录呈于师。"由杨氏此记,《近三百年学术史》此时或已有全书初稿。任公逝世后,林宰平编辑《饮冰室合集》,其中《近三百年学术史》一书,亦由杨树达校订。《积微翁回忆录》1930年10月17日条下记:"林宰平(志均)来,以任公师近世三百年学术史稿,嘱余检校。"同年11月12日记:"余连日检校任公师三百年学术史稿,适毕,缴还宰平。"①收入《饮冰室合集》专集之七十五的《中国近三百年学术史》,即是现各种通行本的底本。

李国俊编《梁启超著述系年》,于1924年条下记录《中国近三百年学术史》"有1924年民志书局单行本"②;朱维铮校注《梁启超论清学史二种》"校注引言"称曾见《近三百年学术史》1929年上海民智书局版③。李、朱二先生所见当不虚,然此两种版本(或还有其他版本),似均未得到任公本人及其家属的承认,疑为商家盗版。钱穆的回忆,或可为佐证。钱氏云:"余赴北大,在历史系任教,是为余在大学讲授历史课程之开始。所任课,一为中国上古史,一为秦汉史,皆必修课由学校指定。另一门选修课可由余自定。余决开近三百年学术史。此一课程,梁任公曾在清华研究所已开过,其讲义余曾在杂志上读之。任公卒后,某书肆印此书,梁家以此书乃任公未定稿,版权

---

① 以上杨树达《积微翁回忆录》引述,见北京大学出版社2007年版,第17、36—37页。
② 李国俊编:《梁启超著述系年》,复旦大学出版社1986年版,第226页。
③ 前揭朱维铮校注《梁启超论清学史二种》,第2页。

所属,不准书肆发行。余求其书不得。或人告我,可赴东安市场,在某一街道中,有一书估坐一柜上,柜前一小桌,可径授与八毛钱,彼即在其所坐柜内取出一纸包授汝,可勿问,亦勿展视,即任公此书也。余果如言得之。"①钱氏任教北大始于 1931 年秋,则 1932 年中华书局版《饮冰室合集》所收《中国近三百年学术史》应为该著的首次正式出版的完整本。

所谓"完整",其实只是已刊发部分的集合。关于《近三百年学术史》,历来就有"未完成之作"的说法,而其结构形式的奇特、行文中的某些提示以及任公生前并未完帙出版等等,都有助于佐证这一说法。就现通行本而言,其结构为先述清学背景(即"一、反动与先驱"),次述清学变迁大势(即二、三、四"清代学术变迁与政治的影响"上、中、下),再次则以八节篇幅(即五至十二节)分述清初学术,最后却结束于"清代学者整理旧学之总成绩"(即十三至十六节)。这样的结构,前两部分合乎一般著作体例,自不待言;第三部分亦顺理成章,且符合任公本人在第二部分结束时的说法,即"以后便要将各时期重要人物和他的学术成绩分别说明";问题在第四部分,任公述清学大势分初、中、末三期,②然而在叙述清初以后,却合并三期(以中期为主)综述"清代学者整理旧学之总成绩",于清中期和末期的重要人物、学术成绩则阙无,其行文中所谓"下文再讲"(戴东原、焦里堂、章实斋的哲学)、"别为专篇"(戴震、章学诚)等③,也皆无下

---

① 钱穆:《八十忆双亲 师友杂忆》,北京三联书店 2005 年版,第 155 页。
② 即"清代学术变迁与政治的影响"(上、中、下)所分述的三个时期,亦即顺康、雍乾嘉、道咸以后。任公文中亦云:"有清一代学术,初期为程朱陆王之争,次期为汉宋之争,末期为新旧之争。"(前揭《梁启超论清学史二种》,第 215 页)
③ 见前揭《梁启超论清学史二种》,第 117、316、439 页。

文。无怪予人"未完成"的印象。

虽然,有关《近三百年学术史》"未完成"的疑问,毕竟一时难以解答,且不在本篇讨论之列。在笔者看来,任公生前分别刊发的三部分,至少可以代表任公在"清学变迁大势""清初学术"及"清学的成就"这三个问题上的见解;我们或许已无法知道任公何以"未完成"的心意,却不妨试图揣摩已刊发的三部分(在任公看来是可以各自独立成篇的三部分)所涵蕴的任公此一时期的思想关注,及由此表现出的任公关于清学史叙述的种种曲折。

(二) 政治兴味与学问兴味的交替与相融

任公退出政坛,转而致力于文化、教育事业,固非权宜之计;然而其"培养新人才,宣传新文化"的努力,毫无疑问,又是有着"开拓新政治"的长久计虑的。不惟如此,直至其离世,任公在著述、育人的同时,始终未尝忘情于现实政治,且不时涌发介入现实政治的"兴味"和冲动。欧游归来之初,任公即主张"文化运动与政治运动相辅并行"①,并积极发起所谓"国民制宪运动";为此,任公曾受到来自同人的批评,而"国民制宪运动"亦不了了之。进入1921年,任公先是积极参与湖南省自治宪法的制定,及当年湘、鄂战事爆发,任公及同人又参与、斡旋其间,虽最终也黯然退出,②但任公的政治兴味却未因此减弱。10月10日,在天津学界庆祝国庆集会上,任公发表《辛亥革命之意义与十年双十节之乐观》演讲,其中谈到政治"觉悟"问题:

---

① 见任公为《改造》所拟"发刊词"草稿,即收入《饮冰室合集》文集之三十五的《〈解放与改造〉发刊词》。
② 参见前揭《梁启超年谱长编》,第931—936页。

> 近来许多好人打著不谈政治的招牌，却是很不应该；社会上对于谈政治的人，不问好歹，一概的厌恶冷淡，也是很不应该。国家是谁的呀？政治是谁的呀？正人君子不许谈，有学问的人不许谈，难道该让给亡清的贪官污吏来谈？难道该让给强盗头目来谈？难道该让给流氓痞棍来谈？我奉劝全国中优秀分子，要从新有一种觉悟："国家是我的，政治是和我的生活有关系的，谈，我是要谈定了；管，我是要管定了。"多数好人都谈政治，都管政治，那坏人自然没有占脚的地方。①

任公此语，不啻夫子自道，同时亦是数月后，胡适等人"好人政府"主张的先声。

1922年5月，胡适等人"忍不住"要来谈政治的《努力周报》出版，作为发刊辞的胡适的《努力歌》，其中一节"'这种事要有人做。'朋友，你又错了。你应该说，'我不做，等谁去做？'天下无不可为的事，直到你和我——自命好人的——也都说'不可为'，那才是真不可为了"②，正合上述任公演说之义；《努力》第二期发表《我们的政治主张》的宣言，其中所谓"政治改革的唯一下手工夫"，即称

> 我们深信中国所以败坏到这步田地，虽然有种种原因，但"好人自命清高"确是一个重要的原因。"好人笼着手，坏人背着走。"因此，我们深信，今日政治改革的第一步在于好人须要有奋斗的精神。凡是社会上的优秀分子，应该为自卫计，为社会国家计，出来和恶势力奋斗。③

---

① 《饮冰室合集》文集之三十七，中华书局1989年版，第11页。
② 《努力周报》第1期，岳麓书社影印本1999年版。
③ 欧阳哲生编：《胡适文集》3，北京大学出版社1998年版，第329页。

胡适起草的这份"好人"宣言，署名者十六人，任公一派人则被排除在外，因此引起任公的强烈不满。《胡适日记》1922年5月14日记：

> 罗均任来谈了四点钟。他说，今早林宗孟打电话请他和亮畴吃饭，说有要事相商。他到时任公、百里都在。宗孟、任公看报先知道我们发表宣言事，他们大不高兴，说我们有意排斥他们研究系的人。任公说，"我一个人也可以发表宣言！"宗孟说，"适之我们不怪他，他是个处女，不愿意同我们做过妓女的人往来。但蔡先生素来是兼收并蓄的，何以也排斥我们？"均任极力排解，说明这全是一班大学的人，并无排斥他们之意。其实他们是当日解散旧国会的原动力，他们必不便赞成恢复旧国会的一条。今日他们果然不赞成此条。罗、王问他们有什么妙法解决宪法与国会的问题，任公说，须用 Referendum（公民复决）。此话他可以做在湖南宪法里去，但如何欺得过罗、王两个法律学者？①

任公说胡适等人"有意"排斥研究系人，其实不错。此前4月间，研究系即由林长民（宗孟）出面，联络胡适、蔡元培等欲发起一个"研究政治社会状况的团体"，②遭到蔡、胡的拒绝。而所以拒绝的原因，见于1922年4月27日胡适《日记》：

> 三时半，去看林宗孟。蔡先生昨夜打电话来，说宗孟、亮畴、君任（罗文干）去看他，谈过前次商议的事；蔡先生主张不组织团体，但赞成发表意见，并由一班人出来主持裁兵等事。他们要

---

① 曹伯言整理：《胡适日记全编》3，安徽教育出版社2001年版，第666—667页。
② 见胡适1922年4月22日日记，前揭《胡适日记全编》3，第643—635页。

> 我起草作宣言,我不愿作;宗孟今天要来看我,我不能在家,故乘便去看他。我说明不作宣言之故,劝他自己起草。此事终宜慎重。研究系近年作的事,着着失败,故要拉我们加入。结果有两条可能:或者我们被拖下水而于事无济,或是我们能使国事起一个变化。若做到第二条,非我们用全副精力去干不可。宗孟终日除了写对联条屏之外,别无一事;而我们已忙的连剪发洗浴都没工夫;在此情形之中,谁占上风,已不言可喻了。①

看来,不愿与声名不好的"研究系"合作,更担心合作中被研究系人占了"上风",是任公一派被"排斥"的主要原因。由此,则前年任公的"国民制宪运动"之所以被胡适等人"婉拒",原因亦应如是。②

由对《努力》派人"排斥"的不满,于是有任公与熊希龄等人联名发表的有关时局的"名流宣言"。其时,正值第一次直奉战争结束,政局酝酿着新的变动;任公政治兴味颇浓,试图有所作为。如其所言,"但使国宪能成,新选举能现,吾侪正非无活动余地"。然而,任公的冲动,又受到同人的批评。6月4日,陈叔通致书籍亮侪:"报载任公加入所谓名流会议,深不谓然,仍以讲学为是,勿又一时冲动,大谈政治,公能转达否?弟于私谊不能嘿嘿。任公肯自认在政治上为已失败之人,刻自忏悔,他日当有见谅于天下人之一日,否则不知所云,窃为任公不取也。"面对责难,任公不得不承认"热心太过,甘受同人责备",并转而主张"今暂取沉静态度可耳"。③

约在此半年之前,任公曾有过这样的自述:"我生平是靠兴味做

---

① 前揭《胡适日记全编》3,第645页。
② 任公发起"国民制宪运动"及邀胡适等参加的相关情况,可参见前篇:《偶然的背后:试说梁任公著述〈清代学术概论〉之心意》。
③ 任公此一时期的活动及转向,参见前揭《梁启超年谱长编》,第957—959页。

生活源泉。我的学问兴味、政治兴味都甚浓,两样比较,学问兴味更为浓些。我常常梦想能够在稍为清明点子的政治之下,容我专作学者生涯;但又常常感觉,我若不管政治,便是我逃避责任。我觉'我'应该做的事,是恢复我二十几岁时的勇气,做个学者生涯的政论家。"①学问与政治两种兴味的此消彼长,确可谓任公五四后生活的一种常态;而"学者生涯的政论家",未必就是任公的抱负,但又最终成为任公晚年颇有些无奈的归宿。在结束了因直奉战事而起的又一段政治兴味后,任公南下讲学。7月在济南,任公做了题为《教育与政治》的演讲。任公认为"教育是教人学做人——学做现代人"。在学校教育中,人格的教育是第一位的,知识的教育是第二位的;而人格教育不仅要注意个性的训练,更要注重"群性"的训练。因此,通过团体生活的教育——即政治教育,以养成青年的政治意识、政治习惯和"判断政治能力",是当下教育界应当特别注意的大问题。②

"政治教育",或将政治融于教育、学术之中,是任公晚年教育、学术生涯的特别色彩所在,亦是其调和两种"兴味"的主要方式。当年秋季学期,任公讲学于东南大学,所授课程为"中国政治思想史"。该课程的讲义,后辑为《先秦政治思想史》,于1923年1月出版。《先秦政治思想史》归结中国(先秦)政治思想的三大特色为"世界主义""平民主义或民本主义""社会主义",其分述儒、道、墨、法诸家政治思想,以及通论、比较各家关于"统一运动""寝兵运动""教育问题""生计问题""乡治问题""民权问题"等的主张,皆本之于"如何而能应用吾先哲最优美之人生观使实现于今日"这一根本观念,而

---

① 《外交欤内政欤》,前揭《饮冰室合集》文集之三十七,第59页。
② 前揭《饮冰室合集》文集之三十八,第68—83页。

不免将先秦政治思想与西方观念、现实中国政治问题作混合的牵扯和附会。任公如此这般将自己对现实政治的思想见解,融于对《先秦政治思想史》的讲授和著述,堪称其"政治教育"的典范。

任公于此次讲学期间患病,在坚持完成讲授后,于1923年初返回北京,闭门养病。正是在养病期间,任公开始了有关"清儒学案"纂辑的计划和准备工作①。随后,直系曹锟欲谋取总统,任公劝阻无效,反引起曹氏忌恨。10月,曹锟由"猪仔国会"选为总统,政局更形黑暗,而此时难见政治前途一线光明的梁任公,正在清华学校讲授《近三百年学术史》。讲授之间,任公仍不免谈政治;但在学生看来,任公已是一个政治上的"落伍者",于是有人明确表示:"我们十二分欢迎梁任公先生讲学问,同时我们也十二分畏惧梁任公先生讲政治。"②

由上述任公的两种"兴味"及其相互的影响和结合,我们对于《近三百年学术史》之首述"清代政治与学术的交互影响"③、用力表彰"为政治而做学问"的清初学术并以今文学及康梁一派直接清初

---

① 1923年4月3日任公致书张元济,有"顷欲辑《清儒学案》,先成数家以问世"之语。见前揭《梁启超年谱长编》,第992页。
② 王造时:《梁任公讲学的态度与听讲的态度》,《清华周刊》第292期(1923年11月2日)。其中还谈到许多学生因任公在课堂上发表"政治的偏见"而"兴味"顿减,以致不来听讲。
③ 前引王造时文批评任公"谈政治"所举之例,即任公于《近三百年学术史》第四讲("清代学术变迁与政治的影响"下)讲授时对孙中山的评论:"说他似乎以主义为手段,以争权为目的,虽然他为中国社会主义的开山祖,但他不是为学问研究学问,他是为投机而提倡此说。他是一个没有什么学问的人,他是一个投机的政治家。"但在学生们眼中,"孙逸仙先生是国民党的总理,梁任公先生是研究系的领袖",且梁先生曾说过他与孙先生始终不合作,"可见梁先生有偏见,含沙射影"。王造时此文署"民国十二年十月二七日",据此,则此时任公应已讲毕《近三百学术史》的第四讲。

"经世致用"之学,等等,多少会有些"同情的了解"。

(三) 追随与"争胜":如何评价"三百年"的学术?

任公的两种"兴味"及其交互影响,只可做了解《近三百年学术史》的背景看。直接引发任公讲授《近三百年学术史》兴致的似还是胡适,其关注点又集中在如何评价"三百年学术"的问题上。

在所谓"研究系"和"北大派"之间是有着较自觉的"我们"和"他们"的界限的①;作为两派旗帜人物的任公与胡适之间也存在一层"竞争"(胡适称之为"争胜")的关系。尤其是任公一派人,带着政治上的失意而进入已成声势的"新文化运动"中,由于势单力孤,故谋求与"北大派"人"协同动作"的态度更为积极主动②;又由于是"后来者"而欲取得主导权,故"争胜"的心态也更为急切和明显。

任公友好之一的周善培,曾注意到任公晚年的这样一种行事方式:"任公常以不知一事为耻,因此,如胡适之流偶然有一篇研究一种极无价值的东西的文章,任公也要把这种不值得研究的东西研究一番,有时还发表一篇文章来竞赛一下。我常常劝他道:'论你的年辈,你的资格,应当站在提倡和创造的地位,要人跟你跑才对,你却总是跟人跑。不自足是美德,但像这种求足的方式,天下学术无穷,你已年近六十,哪一天才能达到你足的愿望呢?'任公当时也一再点头,而始终控制不住一个'名'字,因此就造就成一个无所不通的杂

---

① 胡适有关"我们"和"他们"的具体解说,见其《致陈独秀》函(中国社会科学院近代史研究所中华民国史组编:《胡适来往书信选》上册,中华书局1979年版,第119—120页)。

② 参见前篇:《偶然的背后:试说梁任公著述〈清代学术概论〉之心意》。

家。这也是一件可惜的事。"①周善培看出任公有意与胡适"竞赛",这是事实;但将任公的"跟着跑"归之于"求足"、好名,却又不尽然。有见于胡适当日的赫赫声名及对青年人的影响力,已被舆论划入落伍者之列的任公,要想实现其为本党培养新一代青年政治、学术人才的既定教育方针,要想影响青年,也就不能不在同样的题目上与胡适展开"竞赛"(即"跟着跑")。此时的任公,应有这样的感慨:予岂好辩哉,予不得已也。

任公与胡适的"竞赛",在《近三百年学术史》之前,以《墨经校释》《评胡适之〈中国哲学史大纲〉》以及所谓"最低国学书目"等最称典型事例。

《墨经校释》是任公1921年完成的著述,该书的缘起固然早在《新民丛报》时期任公对墨子学说的介绍,但直接的著述动因,则与胡适的墨经研究有关。②《墨经校释》成书后,任公要求胡适为之作序;然该书出版时,却将胡序作为"后序"置于书末,而将任公回应胡序中批评意见的"复胡适之书"置于"正文"之前。任公的这一做法,被胡适斥为"未免太可笑了",③多年之后仍难释怀;④而在任公来说,胡适于序中直接批评他的"方法错误",当然也不能接受。如胡适所说,此事双方都有点"介意"。

更让胡适"介意"的是,任公在北京大学公开演讲《评胡适之〈中

---

① 周善培:《谈梁任公》,见夏晓虹编:《追忆梁启超》,中国广播电视出版社1997年版,第162页。
② 任公对胡适的注意和赞许即始于胡适的《墨家哲学》(见胡适致任公书,前揭《梁启超年谱长编》,第872页);又见《墨经校释》自序,《饮冰室合集》专集之三十八,第2页。
③ 见胡适1922年4月30日日记,前揭《胡适日记全编》3,第655页。
④ 任公逝世后,胡适追忆他和任公的交往,仍提及此事。见《胡适日记全编》5,第353页。

国哲学史大纲〉》。1922年3月4、5日,任公应北大哲学社之邀,在北大三院礼堂演讲,讲题是"评胡适的《哲学史大纲》",专门批评胡著的"欠缺或不对的地方"。任公以为,胡著以"知识论"为中国古代哲学的唯一观察点,因而有偏宕狭隘的毛病;其有关"各时代真切的背景和各种思想的来龙去脉"的叙述分析,存在"好些疏漏和错误之处";且因其提倡"实验主义"而不免怀有成见,有"强古人以就我的毛病"。任公演讲具体批评了胡适《大纲》的各种缺点,包括(1)"把思想的来源抹杀得太过了",错在"疑古太过";(2)叙述时代背景过于笼统、简单,几可适用于各个时代,而难以说明周秦诸子勃兴的具体原因;(3)以老子作为诸子的第一人有"六可疑",《老子》应为战国末年的著作;(4)"这部书讲墨子、荀子最好,讲孔子、庄子最不好。总说一句,凡关于知识论方面,到处发见石破天惊的伟论;凡关于宇宙观人生观方面,什有九很浅薄或谬误"。孔子及儒家的基本精神,是从生生相续的人类生活中"体验"自己的生命与宇宙的融合为一;《大纲》以知识论说孔子,"只是弃菁华而取糟粕"。(5)庄子的理想境界和孔子差不多,二者不同在于实现理想的方式;"胡先生拿唯物观的眼光看庄子,只怕全不是那回事了"。① 任公这样打上门来的"批评",被胡适视为"这是他不通人情世故的表示,本可以不去睬他",但最终胡适还是忍不住到会,在任公演讲之后,"说了几句话",以回应任公的"批评"。这在听众看来,"竟是一出合串好戏了"。②

  任公对胡适《哲学史大纲》的公开批评,也是在表示他对于当时颇兴盛的"整理国故"的意见。1923年1月,任公在东南大学演讲

---

① 以上对任公演讲的概括和引述,见《饮冰室合集》文集之三十八,第50—68页。
② 见前揭《胡适日记全编》3,第570—572页。

《治国学的两条大路》，区别"国学"为"文献的学问"与"德性的学问"两部分，提出"文献的学问，应该用客观的科学方法去研究"（即"整理国故"）；"德性的学问，应该用内省的和躬行的方法去研究"。并认为"德性"之学是"国学"最重要的部分，只有以德性之学为基础，才能做好那"整理国故"（文献之学）的工作。而德性之学主要是孔子和儒家的人生哲学，以及中国化的佛学。① 任公关于"国学"的这些主张，其基本精神，显然与其对胡适《哲学史大纲》的"批评"是相通的。

梁、胡二人有关"国学"认识上的差异，又由所谓"最低限度的国学书目"一事表现出来。

1923年2月，胡适应《清华周刊》记者的请求，开出了《一个最低限度的国学书目》，以供"普通青年人想得一点系统的国学知识的人"阅读之用。胡适的这一书目，由"工具之部""思想史之部""文学史之部"三部分组成，后二部则依照所谓"历史的线索"作为书目的顺序，共开出书目近190种，其中"文学史之部"又"注重总集"（如《全上古三代秦汉三国六朝文》《全汉三国晋南北朝诗》《唐文粹》《全唐诗》《宋文鉴》《元曲选一百种》等），故此书目实际所涉及的书籍又远远超出其标示的种数之上。胡适的这一《书目》刊载②后，《清华周刊》的记者又致信胡适，表示对此《书目》的意见，认为其"范围太窄"（仅涉及思想史和文学史）且"程度太深"（就即将出国留学的清华学生而言），要求胡适另外再拟"一个实在最低的国学书目"，可供各专业的学生阅读，而读后"对于中国文化，能粗知大略"。于是，

---

① 前揭《饮冰室合集》文集之三十九，第110—119页。
② 胡适：《一个最低限度的国学书目》，首载于《东方杂志》第20卷第4号（1923年2月25日），又载于《努力周报》增刊《读书杂志》第7期（1923年3月4日）。

胡适又在原书目中圈出38种,加上一部《九种纪事本末》,作为"实在的最低限度的书目",认为这39种"真是不可少的了"。①

起初,《清华周刊》记者在向胡适提出开列书目的要求时,也对任公有同样的要求。任公当时正养病,故迟迟未予答复。及见胡适《书目》,任公遂作《国学入门书要目及其读法》,又附《最低限度之必读书目》《治国学杂话》《评胡适之的〈一个最低限度的国学书目〉》三种,一并发表。任公的《国学入门书要目及其读法》分为"修养应用及思想史关系书类""政治史及其他文献学书类""韵文书类""小学书及文法书类""随意涉览书类"五类,共130余种,每种附有简短介绍,涉及对该书的评价和阅读方法等;其《最低限度之必读书目》,共25种,以为"若并此未读,真不能认为中国学人矣";其《治国学杂话》,提示读国学书的一些方法,诸如"抄录或笔记"、精读与泛览、以及对"最有价值的文学作品"和"有益身心的格言"要"熟读成诵"等;其《评胡适之的〈一个最低限度的国学书目〉》,则明确表示不赞成胡适的书目,指出其失误在于,第一"不顾客观的事实,专凭自己主观为立脚点";第二"把应读书和应备书混为一谈"。而胡适书目的最大缺点在于把史部书一概摒绝:"《尚书》《史记》《汉书》《资治通鉴》为国学最低限度不必要之书,《正谊堂全书》《缀白裘》《儿女英雄传》反是必要之书,真不能不算石破天惊的怪论!(思想之部,连《易经》也没有,什么原故,我也要求胡君答复。)"②

比较胡、梁的两种"书目",可见二人对所谓"国学"的认识差异。

---

① 以上关于胡适《书目》《清华周刊》记者来信及胡适的答复,均见前揭《胡适文集》3,第87—100页。
② 以上《国学入门书要目及其读法》及附录三种,见《饮冰室合集》专集之七十一,第1—32页。

在胡适看来,"国学在今日还没有门径可说",尚处于需要系统整理的阶段;今日治国学的下手方法,"就是用历史的线索做我们的天然系统,用这个天然继续演进的顺序做我们治国学的历程",而他的《书目》就是依照这一观念拟定的。这一观念也就是任公所说的以整理文献(即"整理国故")的方式来治国学的路数,由此拟出的书目,也就正合胡适本人正在从事的"整理国故"的工作(思想史、文学史)及旨趣(因对禅宗的注意而多列佛经,因提倡白话文学而以白话小说为正宗,因重视"异端"而排斥"正史",等)所在。任公《书目》的出发点,是为使青年学生具备作为中国人所应有的"国学常识",因而不同于胡适立足于"整理国故"对青年的引导。然而其所拟《书目》依然表现了他对国学的认识:既然以"德性"之学(人生哲学)作为国学的最重要部分,故其《书目》就以"修养应用及思想史关系书类"居首,并强调读书于身心践履修养的作用;既然认国学的"文献之学"部分中"最浩博最繁难最有趣的,便是历史"①,所以主张青年读书"除先秦几部经书几部子书之外,最要紧的便是读正史、《通鉴》《宋元纪事本末》和《九通》中之一部分,以及关系史学之笔记、文集等,算是国学常识,凡属中国读书人都要读的。"②还可以顺便一提的是,胡适的《书目》中,列有《崔东壁遗书》(崔述)、《新学伪经考》(康有为),即使在那38种"实在的最低限度的书目"中,二者依然在列;任公的《书目》则二者皆无。胡、梁二人各自的著作《中国哲学史大纲》《清代学术史概论》,均列入二人的《书目》,但胡适的38种书目中,依然保留了这两种著作,而任公的《最低限度之必读书目》,则尽

---

① 见前揭《治国学的两条大路》。
② 见前揭《评胡适之的〈一个最低限度的国学书目〉》。

属古籍,没有近人著述。由类似这样的细节,似亦可见二人此时的不同心曲。

最能表现胡适此时关于"国学"(即"整理国故")见解的文献,自然应是在"最低限度国学书目"稍前的《〈国学季刊〉发刊宣言》。正是这一《宣言》,引出了任公的《近三百年学术史》。

《国学季刊》创刊于1923年1月,是北京大学研究所国学门发行的最重要的期刊,①胡适是该刊的主任编辑。《国学季刊》第1卷第1号刊载的《发刊宣言》,由胡适执笔,被认为是现代学术史上的重要文献,胡适晚年回忆仍称之为"这便是我们新国学的研究大纲"②。《发刊宣言》首先总结"自从明末到于今"三百年古学研究的成绩和缺点。以为三百年古学研究的成绩有三,即"整理古书""发现古书"和"发现古物";而缺点也有"三层",即"研究的范围太狭窄了""太注重功利而忽略了理解"以及"缺乏参考比较的材料"。借鉴三百年的这些成绩和缺点,《发刊宣言》提出了"现在和将来"国学研究的三个"方向":"用历史的眼光来扩大国学研究的范围";"用系统的整理来部勒国学研究的资料";"用比较的研究来帮助国学的材料的整理与解释"。③

关于《〈国学季刊〉发刊宣言》对当时"整理国故"或国学研究的重大影响,学术界已有较好的研究,④兹不赘述。对于任公《近三百

---

① 有关北大国学门及《国学季刊》的研究,见陈以爱:《中国现代学术研究机构的兴起:以北大国学门为中心的探讨》(江西教育出版社2002年版)。
② 胡适口述、唐德刚译注:《胡适口述自传》,华东师范大学出版社1993年版,第208页。
③ 《〈国学季刊〉发刊宣言》,前揭《胡适文集》3,第5—17页。
④ 参见前揭《中国现代学术研究机构的兴起:以北大国学门为中心的探讨》第三章第一节。

年学术史》的讲授和撰述而言,《发刊宣言》的影响似表现于这样几个方面:

其一,关于"近三百年"的概念。任公此前叙述"清学史"极少使用"三百年"或"近三百年"的时间概念,《论中国学术思想变迁之大势》及其《近世之学术》有"二百五十年""二百六十年"及"二百余年"等说法①,《清代学术概论》亦仅用"二百余年"的笼统说法;《近三百年学术史》则开篇即解释"三百年"的概念:"这部讲义,是要说明清朝一代学术变迁之大势及其在文化上所贡献的分量和价值。为什么题目不叫做清代学术呢? 因为晚明的二十多年,已经开清学的先河,民国的十来年,也可以算清学的结束和蜕化。把最近三百年认作学术史上一个时代的单位,似还适当,所以定名为《近三百年学术史》。"②由此界说,则"近三百年"乃"最近三百年",而非将近三百年,正与《发刊宣言》所谓"自从明末到于今,这三百年"的含义相同。《近三百年学术史》之"三百年"的概念,极可能受到《发刊宣言》的影响。

其二,关于"清代学者整理旧学之总成绩"。《发刊宣言》在阐述国学研究新方向之一的"系统的整理"时,提出了三种"系统的整理"方式,即"索引式的整理""结账式的整理"和"专史式的整理"。其中对"结账式的整理"的解释,即"一种学术到了一个时期,也有总结账的必要。学术上结账的用处有两层:一是把这一种学术里已经不成问题的部分整理出来,交给社会;二是把那不能解决的部分特别提出来,引起学者的注意,使学者知道何处有隙可乘,有功可立,有困难

---

① 《新民丛报》刊载"近世之学术"的作者"识语"中,有"三百年来"一说,应是指一约数,属偶一用之。
② 前揭《梁启超论清学史二种》,第91页。

可以征服。"①任公《近三百年学术史》之"清代学者整理旧学之总成绩",在《东方杂志》发表时,篇首有任公"小序":"本篇之目的,在将近三百年学问算一算总账。""内容组织,自当如标题所云,以清代学者所整理之成绩为主。但吾为读者便利起见,每章或一章中更分子目者,必先略述此学过去之历史,其在明末清初形势如何,使读者得了然于清儒对于此学所努力者在某几点,其努力所得结果有何等价值。每章之末,又附以己见,说明此学尚有某几点应行整理而为清人所未见到或未暇及者,吾个人所认为整理应采之方法亦间论焉。虽曰述史,或亦青年欲求国学常识者之一津逮也。"②任公此"小序",直从《发刊宣言》所谓"结账式整理"脱化而来;其"清代学者整理旧学之总成绩"之作,受到《发刊宣言》的影响,是显而易见的。但比之于《发刊宣言》将三百年的成绩归为"整理古书""发现古书""发现古物"三项,任公之"总成绩"则有十二项之多,超出了《发刊宣言》所说的范围。

其三,如果说"清代学者整理旧学之总成绩"是直承《发刊宣言》而来,并有所发挥;那么,"清代政治之影响于学术者"("清代学术变迁与政治的影响")和"清初学术"诸篇,则代表了任公不同于《发刊宣言》对"三百年"学术总结的关于清学的"新见解"。分别言之:(1)所谓"政治影响",可谓任公关于"清学"之所以为"清学"的解释。任公论各代学术,一贯重视"时代背景";他对胡适《中国哲学史大纲》的批评之一,就是胡适过于笼统地述说先秦诸子产生的背景,忽略了对先秦学术演进各阶段背景的具体解说。③ 因此,强调"环

---

① 前揭《胡适文集》3,第13页。
② 《东方杂志》第21卷第12号,第85—86页。
③ 见前揭《评胡适之〈中国哲学史大纲〉》。

境"(其中"政治现象,关系最大"①)对清代学术演进的影响,既反映任公的一贯关注,也是对《发刊宣言》总结三百年学术的矫正或补充。(2)任公对"清初学术"的特别注重,既表明任公对"清学"价值所在的"新认识"(相对于《概论》和《发刊宣言》而言),也反映任公关于当下学术路向的"新主张"(其实又是根深蒂固的一贯主张)。就前者而言,是不赞成将近三百年学术的价值仅限于"整理旧学"亦即《发刊宣言》所总结的三项成绩,而以为"清初学术"以"经世致用"为标帜,不仅气象阔大,开启清代学术的各种门径,而且成为晚清新思想的最初动力和重要思想资源;因此,清初的"经世致用之学",更能代表近三百年学术的真精神,或至少是其不可忽略的重要组成部分。而这样的价值估量,实际上是回到了其 20 年前所著《近世之学术》的立场。② 就后者而言,则代表任公对当下的学术发展仍应朝向"经世致用"的大路发展的期望,这既是又一次的自我批评(对《概论》强调"为学术而学术"的反拨),也是对时下青年趋于所谓"整理国故"的不满,更体现了任公为学的根本精神所在。任公这一"期望"见于他在北师大所作"清代政治与学术的交互影响"(即"清代政治之影响于学术者"的另一版本)的演讲,即所谓

> 希望新思想之输入有清初开山老祖之气象,大胆开出几条有规模的路来,给后人种下许多种子,以便将来有人去作。(但是现在真能拿自己精神从根本上做一种学问工夫者尚少。)此

---

① 前揭《梁启超论清学史二种》,第 105 页。
② 《近世之学术》以为清初五子的思想是清学的光辉所在,而历史上也只有先秦诸子可与之相比。

外再把固有的好的思想使之复活,也是很要紧的事!①

也见于1924年2月发表的另一篇概述清初学术(近三百年的"第一个一百年")的文章——《明清之交中国思想界及其代表人物》:

> 依我看,这一百年是我们学术史最有价值的时代,除却第一期——孔孟生时,像是没有别个时代比得上他。……后二百年都是从此演生出来。第二个一百年,因为满洲压制思想自由,把许多学派都压住了,学者专向考证古典方面做工作。但都是应用先辈的研究方法,把中国旧文献整理出来的不少。这种工作的价值是永远存在的。第三个一百年的末期——即最近三十年间,把第一个一百年的思想全部复活。头一件他们消极的和满洲人不合作的态度,到这时候变为积极的,卒至推翻清朝,建设民国。第二件他们的学问种类和做学问方法,因为欧洲文化输入,重新发出光彩,越发向上进。现在又是第七期的黎明时代②了,我们希望我们黎明运动的成绩,比先辈更胜一筹。③

由此来说,三百年学术最有价值者是第一个百年,而不是乾嘉考证学;今日所应发扬光大者,也非如《概论》所谓"为学问而学问"的"科学"精神。约两年后,任公在清华续讲《补中国历史研究法》,特意强调历史对于"现代人活动之资鉴"的作用,任公说:

---

① 《清代政治与学术的交互影响——梁启超在国文学会讲演》,北京师范大学编《国文学会丛刊》第一卷第二号,第120页。
② 任公将近三百年作为中国学术发展的第六期(此前五个时期为先秦、秦汉、三国南北朝、隋唐及五代、宋元明),而近三百年的"第一个一百年"为第六期的"黎明时代"。
③ 《明清之交中国思想界及其代表人物》,《东方杂志》第21卷第3号,第93页。

> 现在人很喜欢提倡"为学问而学问"的高调,其实"学以致用"四字也不能看轻。为甚么要看历史?希望自己得点东西。为甚么要作历史?希望读者得点益处。学问是拿来致用的,不单是为学问而学问而已。

对于当时"整理国故"的风气,任公也提出了批评:

> 最近几年来时髦的史学,一般所注重的是别择资料。这是自刘知几以来的普通现象,入清而甚盛,至今仍不衰。发现前人的错误而去校正他,自然是很好的工作。但其流弊乃专在琐碎的地方努力,专向可疑的史料注意,忘了还有许多许多的真史料不去整理。
>
> 还有一种史料钩沉的风气。……近来史学家反都喜欢往这条补残钩沉的路走,倒忘了还有更大的工作。
>
> 还有一种研究上古史,打笔墨官司。自从唐人刘知几疑古惑经以后,很少人敢附和,现在可附和他了不得。
>
> 推求以上诸风气,或者因受科学的影响。科学家对于某种科学特别喜欢,弄得窄,有似显微镜看原始动物。……这种风气输入中国很厉害。一般学者为成小小的名誉的方便起见,大家都往这方面发展。这固然比没有人研究好,但老是往这条捷径走,史学永无发展。我们不能不从千真万确的方面发展,去整理史事,自成一家之言,给我们自己和社会为人处事作资治的通鉴;反从小方面发展,去做第二步的事,真是可惜。

任公又自我检讨:

> 我从前著《中国历史研究法》,不免看重了史料的搜辑和别

择,以致有许多人跟着往捷径去。我很忏悔。①

任公这里对"学以致用"的提倡和对"琐碎""疑古"学风的批评,正与其表彰"清初学术"的思路相同。

要而言之,任公于1923年下半年在清华讲授《近三百年学术史》,其心意中实存有《国学季刊》"发刊宣言"这一重要的参照。其所以很快将讲授的重点部分整理发表,也可视为对"发刊宣言"的一种公开地回应。这一看似曲折的回应,实表现出任公在"如何评估清学(近三百年学术)的价值"这一问题上与"发刊宣言"的分歧。而所以有这样的分歧,固然有梁、胡持续"竞赛"的因素,二人在"整理国故"(亦即当下学术方向)问题上的不同主张也是重要的原因。由此来说,《近三百年学术史》又只是反映了特定语境中,任公对于清学史的重点关注所在;明乎此,则《近三百年史》由三个可以独立的部分所组成的"未完成"结构,似也就可以理解。

(四) 隐去的"文艺复兴"与"科学"

与《清代学术概论》相比,《近三百年学术史》几无"文艺复兴"的字样,且所谓"科学方法""科学精神"等比拟亦极为少见。② 与之相应,《概论》所谓清学"节节复古"的"思想解放"主题,在《近三百

---

① 以上引述均见《中国历史研究法补编》,前揭《饮冰室合集》专集之九十九,第10、167—168页。
② 《近三百年学术史》不再以"文艺复兴"比拟清学;其论三百年学术主潮,曰"厌倦主观的冥想而倾向于客观的考察",亦不类《概论》直接以"科学精神"概括清学的特点。虽然也称乾嘉学术为"科学的古典学派",但并无特别的表彰;相反倒是在叙述清初诸家时,时有对其"科学"态度的肯定。

年学术史》中,自然也不再提及。"文艺复兴"与"科学精神"在《近三百年学术史》中的隐去和淡化,其主要原因,自然还是与前述任公此时对清学史的关注重点有关,即由于对"清初学术"的充分肯定而带来的叙述角度和主要概念的变化。然而任公之所以转向关注"清初学术",实际又是受到了对"文艺复兴"与"科学"的现实考量的影响的。

　　任公以"文艺复兴"比拟清代学术,无论是《清代学术概论》还是早期的《近世之学术》,都是与对当下中国思想学术发展阶段(性质)的认定相联系的。《近世之学术》以康、谭之"先秦学派"作为有清以来"古学复兴"的最高阶段,而《概论》实际要说明的则是当下的"新文化运动"仍是晚清以来"思想解放"的继续。① 以新文化运动比作"中国的文艺复兴",是当时一种较流行的看法,胡适及北大《新潮》等,亦是这一观点的鼓吹者。1922年2月15日的胡适日记,记有他和丁文江就此一问题的争论:

　　　　夜赴文友会,会员 Philip de Vargas[菲利浦·德·瓦尔加斯]读一文论"Some Aspects of the Chinese Renaissance"[《中国文艺复兴的方方面面》];我也加入讨论。在君说"Chinese Re-

---

① 任公等欧游期间之所以重视了解"文艺复兴"的研究情况,以及蒋方震:《欧洲文艺复兴史》之所以作,都与认定中国正在进行的"新文化运动"仿佛欧洲的"文艺复兴"有着直接的关联,参见蒋方震《欧洲文艺复兴史》导言(商务印书馆1921年版,第2—3页)和梁启超《欧洲文艺复兴史序》(《饮冰室合集》文集之三十五,第43—44页)。任公还明确地说:"今日以往之历史,正与欧洲黑暗时代相当;今日以后之历史,乃始渐入于彼之文艺复兴时代也。"(《历史上中华国民事业之成败及今后革进之机运》,《饮冰室合集》文集之三十六,第27页。)又,张君劢后来也回忆1919年欧游寓巴黎时情形:"任公、百里、振飞激于国内思潮之变,乃访柏格森,乃研究文艺复兴史……"(《再论人生观与科学并答丁在君》,《科学与人生观》,辽宁教育出版社1998年版,第109页)

naissance"[中国文艺复兴]一个名词应如梁任公所说,只限于清代的汉学,不当包括近年的文学革命运动。我反对此说,颇助原著者。①

类似丁文江意见的还有梁漱溟,但他却连同将"清学"比为"文艺复兴"也一并反对。在其著名的《东西文化及其哲学》中,梁氏说:

> 有人以清代学术比作中国的文艺复兴,其实文艺复兴的真意义在其人生态度的复兴,清学有什么中国人生态度复兴的可说?有人以五四而来的新文化运动为中国的文艺复兴,其实这新运动只是西洋化在中国的兴起,怎能算得中国的文艺复兴?②

梁氏的《东西文化及其哲学》于1921年出版后,曾得到任公一派的赞赏,并因之而引以为同志,有联络梁氏共同讲学的计划③。在后来的"科学与人生观"论战中,梁漱溟虽未参与,但其《东西文化及其哲学》又时为论者涉及,吴稚晖更是将"二梁"(梁漱溟、梁启超)并列,同归入主张"中国的精神文明"的玄学鬼一类④,足以见当时舆论对二人关系的观感。梁漱溟关于"文艺复兴"的看法,或对任公有所影响。

1923年4月间,当任公就"最低限度国学书目"批评胡适时,丁

---

① 前揭《胡适日记全编》3,第558页。
② 《东西文化及其哲学》,商务印书馆1999年版,第215页。
③ 1921年11月间,蒋方震致梁启超书,称《东西文化及其哲学》为"迩来震古烁今之著作";其时,任公等正筹划接管南开文科为"吾辈关中河内",于是有邀请梁漱溟来南开讲学之议;1923年初,任公欲发起"文化学院"以发明儒家人生哲学、先秦诸子及宋明理学、佛家教义和整理研究中国文学、历史,为此又有借重梁漱溟的考虑。见前揭《梁启超年谱长编》,第941、945、983页。
④ 吴稚晖:《一个新信仰的宇宙观与人生观》,《科学与人生观》,辽宁教育出版社1998年版。

文江在《努力周报》发表《玄学与科学》长文,批驳张君劢此前在清华学校所做的"人生观"演讲,由此揭开了当年热烈一时的"科学与人生观"的论战。任公在这场论战中,虽力主调和,但还是被多数"科学"派人视为"玄学"阵营的首领;胡适为汇集论战文章的《科学与人生观》作序,就开宗明义将"玄学"派的言论与任公的《欧游心影录》中所谓"科学破产"相连,指任公为五四后国内反科学言论的始作俑者。① 也是在这一讨论中,论战双方还论及了清学是否为"科学"以及"文艺复兴"的问题。

丁文江以为凡运用"科学方法"者,皆属"科学";所以"梁任公讲《历史研究法》,胡适讲《红楼梦》也是科学","许多中国人不知道科学方法和近三百年经学大师治学的方法是一样的"。② 张君劢则比汉学考据为"欧洲惟物派",宋明理学为"欧洲惟心派",以为"关于自然界之研究与文字之考证,当然以汉学家或欧洲惟物派之言为长";"其关于人生之解释与内心之修养,当然以惟心派为长"。"而国中学者如梁任公,如胡适之,受清学之影响,大抵扬汉而抑宋","适之推崇清代经学大师尤至,称为合于西方科学方法";然而"当此人欲横流之际","又岂碎义难逃之汉学家所得而矫正之乎? 诚欲求发聋振聩之药,惟在新宋学之复活"。③ 张东荪则直接反对将汉学考据的方法等同于科学方法,以为"科学乃是对于杂乱无章的经验以求其中的'不变的关系'","科学之所以为科学不在方法的相同,而在目的的一致。科学既各有方法,而普通所谓科学方法又不外乎论理,于是我根据这个理由大胆宣告汉学家考据方法不能即算是科学方法。

---

① 胡适:《〈科学与人生观〉序》,前揭《胡适文集》3,第152—155页。
② 前揭《科学与人生观》,第49、53页。
③ 同上书,第106、108页。

我承认汉学家有点儿科学精神,但不能以一点的相同,即谓完全相同"。①

菊农由丁、张的人生观与科学的讨论说到现代教育的问题,而牵连"文艺复兴"。"以为现代的悲哀、人生的烦闷、文化的停滞都是由西方的文艺复兴的两种精神所酿成。""文艺复兴有两大意义,即新人与新宇宙之发见。主观方面是个人之发见,客观方面是宇宙之发见。换言之,便是个人主义与机械主义。""在现代教育背后牵线的便是文艺复兴的两大精神,进一步说,现代教育是个人主义与机械主义的教育。好处或者固然亦有,但是这两种人生态度的坏处,现代教育却完全承受了。"因此,"改良现代的教育决不仅是形式的改革,科目的增删,须要根本上打破个人主义机械主义的人生观,建设新的人生哲学,从这新的人生哲学上出发,教育乃可以言改革。"②

吴稚晖批评张君劢的"玄学鬼"人生观和宇宙观,则牵连到梁启超的种种。吴氏说:

> 何以屡杂了得罪梁先生呢?因为张先生的玄学鬼,首先是托梁先生的《欧游心影录》带回的。最近梁先生上了胡适之的恶当,公然把他长兴学舍以前夹在书包里的一篇书目答问摘要,从西山送到清华园,又灾梨祸枣,费了许多报纸杂记的纸张传录了,真可发一笑。

---

① 前揭《科学与人生观》,第131—132页。张东荪在另一篇讨论文章《劳而无功》中,又说:"……科学方法不是汉学家的考据至理很显明。科学注重在实验,考据不过在故纸堆中寻生活,至于那个故纸是否可靠尚是问题。""丁先生怕西洋玄学投入中国的宋学,来借尸还魂,这个精神不但我原谅丁先生,并且还有些敬服;只可惜丁先生同时却把科学投入汉学,做一个同样的借尸还魂。"同前书,第218—219页。

② 菊农:《人格与教育》,前揭《科学与人生观》,第221—222页。

> 他受了胡适之《中国哲学史大纲》的影响,忽发整理国故的兴会,先做什么《清代学术概论》,什么《中国历史研究法》,都还要得;后来许多学术演讲,大半是妖言惑众,什么《先秦政治思想》等,正与《西学古微》等一鼻孔出气。所以他要造文化书院,隐隐说他若死了,国故便没有人整理。我一见便愿他早点死了。照他那样的整理起来,不知要葬送多少青年哩。①

吴氏公布自己的《一个新信仰的宇宙观及人生观》时,又牵连说到所谓"文艺复兴":

> 我们的经院黑暗时代,最冷酷的是南宋;文艺复兴是清朝。我在民八《新青年》所作一文,即言东海西海,心理并同,空气不必用舟车交通而能同。西之希腊小亚细亚像春秋;雅典像战国;罗马像汉魏;中古黑暗时代像宋元;文艺复兴像清朝。时域的短长,虽略有参差,而大致符合。故今日社会尚有一种怪声,群谓我们还要从文艺复兴入手。又是骑马寻马,倒开火车的大谬误。②

以上"科学与人生观"论战中有关"清学"的言论,在"科学"阵营,大致以为"清学"即"科学",亦即"中国的文艺复兴",似乎与任公《概论》的说法相同;在"玄学"阵营,则大致以为汉学考据不能等于科学,而"文艺复兴"所倡导的个人主义、机械主义人生观于今日流弊不少,应予纠正。两阵营在"清学"问题上的如此分歧,对于被视为"玄学"一方领袖的任公而言,想必为此形格势禁而不得不调整

---

① 吴稚晖:《箴洋八股化之理学》,前揭《科学与人生观》,第283—284页。
② 前揭《科学与人生观》,第383页。

自己有关"清学"的论述,或至少也会影响到其接下来在清华的"近三百年学术史"的讲授。由此来说,《近三百年学术史》中"科学"和"文艺复兴"的淡化和隐去,应与"科学与人生观"论战有着一定的连带关系。

继《近三百年学术史》后,任公晚年著述涉及"清学史"者,还有1927年的《儒家哲学》。《儒家哲学》的主旨是阐扬儒家道术及其在现代的意义,本不专为"清学"作;然其叙述"二千五百年儒学变迁概略",仍予"清学"或清代儒学以较多的篇幅。《儒家哲学》述清学虽云以儒学为主,但除略去"考证学"的成绩外,其内容仍为各家各派的介绍。大体而言,其介绍仍以"清初学术"为重,无论"破坏"还是"建设",清初诸家都扮演最重要角色,"清代学术所以能大放异彩,大部分靠他们"。对于清中叶以后学术,则列举皖南、浙东、桐城、常州为四大潮流,称其"主张都很精彩"。① 至于"文艺复兴"及"科学"诸说,已全不见踪影。就此而言,则《近三百年学术史》突出"清初学术",淡化"文艺复兴"与"科学"等等,似又并非皆是"权宜之计",而属于"晚年定论"了。

(五) 小结:从《概论》到《近三百年学术史》

由上篇所述,《概论》之作,适当任公由政界转入文坛之际,欧游所得的新思和引领国内思想文化的壮心,共同促成了这一将历史和现实一脉相连的"中国文艺复兴史"的产生。其"思想解放"的主题和两大潮流的结构,既是对清学史的总结,又有对现实"新文化运

---

① 《儒家哲学》,前揭《饮冰室合集》专集之一百三,第65、70页。

动"的照应；既包含自壮门户的私心，又不乏寻求盟友以"协同动作"的善意。故《概论》之作，实具任公树旗立寨于新文化运动的宣言意义。

比之于兴会极浓、迅即问世的《概论》，三年后的《近三百年学术史》的分段刊发且生前未成完帙，则带有更多的不得已的针对性。其中，以政治与学术的关系为线索概述清学变迁和极力提高"清初学术"的地位，既含有借历史抒一己块垒的感慨，又是对现实文化运动仍应走经世致用之路的指示；既有为"竞赛"而"跟着跑"的不自觉，又有实因主张不同而立异的不得已。而所以淡去"文艺复兴"与"科学"，则既受制于现实中的思想论争，又实是对清学历史再度反思的新认识。如此这般将现实中的志业、心绪转化为历史叙述的多种因素交互作用的面相，正是后人理解从《概论》到《近三百年学术史》之种种变化的锁钥。

六 "自述"的检核:"今文学"运动中的梁启超

如前所述,梁著"清学史"三种有关晚清"今文学"运动的叙述实多有不同;与之相应,其中有关任公本人的记述也随之变化。在《近世之学术》中,康有为及门下居于"超今文"的地位,且以"康、谭"名派,其叙述不及梁氏本人;《近三百年学术史》不以"今文学"为述说的重点,康梁一派被纳入晚清"新思想"的范围之内,其向上直承清初"经世致用"之风,向下则成为外来思想输入之"导引";而躬于其间的梁氏本人,则先为戊戌"新学家"的马前卒,后为与严、章、孙并立的清末"新思想"的诸派之一,又皆与所谓"今文学"无涉。因此,梁著清学史三种述及梁氏本人与晚清"今文学"之关系者,惟有《概论》。

《概论》以晚清"今文学"为清学两大潮流之一,以康、梁一派为晚清"今文学"运动的中心,对于"运动"中的梁氏本人有较多篇幅的介绍,且有意突出其叙述的"亲历者"身份和客观、忠实的态度,[①]予人印象深刻。由此,仔细检核《概论》中任公的"自述",对于了解所谓晚清"今文学"运动的实像,乃至梁著清学史三种有关晚清"今文

---

① 《清代学术概论》"自序",前揭《梁启超论清学史二种》,第2页。

学"叙述的不同,无疑都是有益的。

细读《概论》有关晚清"今文学"运动的叙述,其引人注意之处在于,任公似于有意无意之间,特别提出"梁(启超)、谭(嗣同)"(或"梁、谭、夏[曾佑]")一派的说法,以显现其别样的(不同于乃师康有为的)色彩。其实,梁氏在戊戌期间有关"今文""公羊"的言论,确有独特之处。如少言"伪经",张扬"排荀";于孔子改制说的宣传,更多地突出和倡言其"太平"与"大同"的别解;以及以孔子为教主、儒学为孔教,提倡"保教""传教"等等。然而,这些"特异"之处,尚未引起研究者的足够重视。既有的关于梁启超与晚清"今文学"运动的研究,大多满足于依照《概论》来罗列梁氏所谓"今文学"的论述及其在"今文学"运动中的贡献,虽也有论者试图归纳梁氏"今文学"宣传的特点①,也有论者曾对梁氏在戊戌期间的"今文学"观念和活动(如"三世"说,如"排荀"运动)作了较详细、深入的考察②,但全面、通透的研究仍不多见。因此,以梁氏自述为线索,认真解读梁氏及"梁、谭、夏一派"人有关"今文学"的论说,辨析其要点,揭示其底蕴,将有助于对晚清"今文学"运动之意旨和特点的再认识。

《概论》述康、梁关系,一则以康氏为"今文学"之集大成者,而自任为今文派"猛烈的宣传运动者";再则又承认"启超自三十以后,已绝口不谈'伪经',亦不甚谈'改制'",持论屡与其师不合,"康梁学派遂分"。③ 由此,则任公与"今文学"之关系,至少应以其"三十

---

① 如郑师渠:《梁启超与今文经学》,收入氏著《思潮与学派:中国近代思想文化研究》(北京师范大学出版社2005年版)。
② 孙春在《清末的公羊思想》(台湾商务印书馆1985年版)对梁启超的"三世说"有较细致的列举;朱维铮《晚清汉学:"排荀"与"尊荀"》(《学术集林》卷四,上海远东出版社1995年版)则对梁氏所谓"排荀"运动有较为深入的分析。
③ 见前揭《梁启超论清学史二种》,第63、68、70—73页。

(1902)为界划出段落。因此,以下关于任公"自述"即"今文学运动中的梁启超"的讨论,就更多地限于"戊戌时期"。①

(一) 所谓"排荀"及其意义

《概论》中的任公"自述",其特点之一,即虽自认为"今文学"运动的猛烈宣传者,却又始终强调自己与其师康有为的区别。任公自述与其师的分歧,又以所谓"排荀"首当其冲。任公云:

> 启超治《伪经考》,时复不慊于其师之武断,后遂置不复道。其师好引纬书,以神秘性说孔子,启超亦不谓然。启超谓孔门之学,后衍为孟子、荀卿两派,荀传小康,孟传大同;汉代经师,不问为今文家古文家,皆出荀卿(汪中说);二千年间,宗派屡变,壹皆盘旋荀学肘下,孟学绝而孔学亦衰。于是专以绌荀申孟为标帜,引《孟子》中诛责"民贼""独夫""善战服上刑""授田置产"诸义,谓为大同精意所寄,日倡道之;又好墨子,诵说其"兼爱""非攻"诸论。启超屡游京师,渐交当世士大夫,而其讲学最契之友,曰夏曾佑、谭嗣同。曾佑方治龚、刘今文学,每发一义,辄相视莫逆。其后启超亡命日本,曾佑赠以诗,中有句曰:"……冥冥兰陵(荀卿)门,万鬼头如蚁,质多(魔鬼)举只手,阳乌为之死。袒裼往暴之,一击类执豕,酒酣执杯起,跌宕笑相视。颇谓宙合间,只此足欢喜。……"此可想见当时彼辈"排荀"运动,实有一种元气淋漓景象。②

---

① 约1895—1901年,即梁氏由投身变法维新运动至流亡海外主持《清议报》时期。
② 前揭《梁启超论清学史二种》,第68—69页。

任公此一"排荀"运动的说法,需要具体分析,试说明如下。

首先,任公以"排荀"而立异于其师,并非虚言。检核戊戌时期的康有为著述,如《孔子改制考》《春秋董氏学》,以及此前的《新学伪经考》《长兴学记》《桂学答问》等,均不见"排荀"的言论;相反,以孟、荀并尊,尤其强调荀子的"传经"之功(传《诗》《礼》《谷梁》及其与董仲舒的传承关系等)的论说,则比比皆是。①

其次,任公举夏曾佑、谭嗣同为其"排荀"同志,亦属实事。谭氏之"排荀"见于《仁学》,有名言:

> 故常以为二千年来之政,秦政也,皆大盗也;二千年来之学,荀学也,皆乡愿也。惟大盗利用乡愿,惟乡愿工媚大盗,二者交相资,而罔不托于孔。②

夏氏"排荀"言论,首见于其《答宋燕生书》:

> 执事来书云鄙人归狱兰陵,长素归狱新师,公则归狱叔、董、韩、程,似乎所见不同,各行其是,然实则无不同也!中国政教以先秦为一大关键,先秦以后,方有史册可凭,先秦以前,所传五帝三王之道与事,但有教门之书,绝无国家之史。教书者各以己之教恉寄迹古人,以自取重。故言尧、舜、文、武之若何用心、若何立政,百家异说,莫可折衷,其同归依托则一也!战国之时,列国相争,人始开化,于是经世之教分为二途,孔、墨是矣。而老子一支,即中国出世之教也。(原壤为老子大宗,观"老而不死"一言,则其讲长生可知。)墨子之教,因言苦行而不言报境,(佛之

---

① 还可参见康氏:《万木草堂口说》,楼宇烈整理:《长兴学记·桂学答问·万木草堂口说》,中华书局1988年版。
② 蔡尚思、方行编:《谭嗣同全集》(增订本)下册,中华书局1981年版,第337页。

极乐,耶之天堂,)不合人心,不能行世。而孔子之教,虽同一不说他方世界(说即有碍五伦,故不敢说),而不禁奢华,即以当世为报境(观《乡党》可知),而又有荣名之可贵,子孙之可怀,故不数年而其教大行。其教不外三科九旨,而诸弟子有全闻者,有半闻者。全闻者知君主之后,即必有君民并主与民主,故道性善,(世子不尝药书"弑",盖太平之世,用心也精,责忠孝也密,与传闻世不同,此即性善也。)而言必称尧舜。(此教不言他方,不言未来,故不得不托民主于上古。)得其传者,有若、曾参是矣!(《中庸》《礼运》可征)其不全闻者,不知后二,但知初一,故言性恶而法后王。此派至繁,名家、法家、纵横家、阴阳家、兵家、农家,悉在其中,各效一官之选。盖教门之宗子,所学者为帝王之学,而其他为辅也。(班《志》强列九流,后又知其不可分,于是有六官联事之说。)而荀卿乃此中之一支。斯既相秦,大行其学,焚坑之烈,绝灭正传,以吏为师,大传家法。以不闻三统之故,不识循环,但明一往。(《荀子》书,《秦本纪》,合观之即见。)叔孙通为其博士,决是荀卿家法中人。仲舒作书美荀卿,则其为荀教之徒可知。盖十四博士,强半原出兰陵,汉西京之学已非孔子之旧矣。若歆之古文,周、张、邵、二程之性理,皆贼中之贼,非其渠魁。而韩愈者,不过晚近一辞章之徒,特以所擅文体法于诸子,于是空言义理以实之。观其忽而俯首乞怜,忽而直承道统,则其己心亦不自以为一定,俳优而已!执事罪此数人,与康子之罪刘歆,譬犹加穿窬之盗以篡窃之名,吾为之惜矣。至于所谓山林之教,此皆老氏之流风余韵,后亦渐澌。盖中国之各教尽亡,惟存儒教,儒教大宗亦亡,惟存谬种,已二千年于此矣!①

夏氏此书,作于1895年5月间,时在梁、夏相识并交往、论学之后。②任公晚年曾回忆当时二人交往情形:"穗卿是我少年做学问最有力的一位导师","他租得一个小房子,在贾家胡同,我住的是粉房琉璃的新会馆——后来又加入一位谭复生,他住在北半截胡同浏阳馆——'衡宇望尺咫',我们几乎没有一天不见面。见面就谈学问,常常对吵,每天总大吵一两场,但吵的结果,十次有九次,我被穗卿屈服,我们大概总得到意见一致。"③据此推测,任公之"排荀"或受到夏曾佑的影响。然而,任公此处有关谭嗣同(复生)的回忆,似有误。查梁、谭初相识应在乙未(1895)年末,且相知不深④;二人深交应在任公赴沪主笔《时务报》(1896)以后⑤,而谭氏"排荀"则或受到任公的影响。

其三,既然认定秦以后之学皆"荀学",叔孙通、董仲舒辈都是荀学一脉,则所谓西汉"今文学"理应也在排斥之列。因此,作为"排荀"的"梁、谭、夏一派"(任公语)对于"今古文之争"及相关的"伪经"种种,并无特别的兴致。

任公此一时期的言论,极少见以"今古文"为论题者,对于"伪

---

① 前揭《宋恕集》,第529—530页。
② 夏氏赠任公诗,云:"壬辰在京师,广座见吾子,草草致一揖,仅足记姓氏。泊乎癸甲间,衡宇望尺咫。春骑醉莺花,秋灯狎图史。"据此及梁氏《年谱》,夏、梁相识于1892年,而比邻而居,往复论学则当在1894年。
③ 《亡友夏穗卿先生》,《饮冰室合集》文集之四十四(上),第18、20页。
④ 见梁启超:《三十自述》(《饮冰室合集》文集之十一)、《梁启超年谱长编》第47页;谭嗣同:《上欧阳中鹄》(《谭嗣同全集》,第455页)等。
⑤ 见梁启超:《与严幼陵先生书》(《饮冰室合集》文集之一,第110页);谭嗣同:《壮飞楼治事十篇·湘粤》(《谭嗣同全集》,第445页)。

经"说亦取尽量回避的态度。1897年7月,任公作《〈新学伪经考〉叙》①,篇幅不长,却牵连"荀学之偏、宋学之浅"为说,重在阐明孔教大同学将行于世界,又谓《伪经考》仅是康氏"演孔四书"之初步(此外还有《大义述》《微言考》及阐述孔子"以元统天之义"的著述等),而实际将《伪经考》置于不关"微言""大义"的地位。② 任公还曾为反对康有为欲刻印《孟子公羊同义证传》,致信其师,说:

> 今《伪经考》久印行,而《改制》《大义》《微言》各书未成,世人见者则(曰):吾初以此人为有无量之向,精义无量德,乃直如此焉而已,乌足多也!此谤者所以日多也。今若频出此种零碎之书,将愈为人所轻,而教益不可传。

而对康氏此书多有"考证",任公更直言:

> 其词极辨,然究似未能绝无牵强之处,且此考据家旧习,吾党正排斥不遗余力,必不宜复蹈之。专讲虚考据,不讲实考据,虽无一毫佐证,犹能悍然断之,其何借于此!③

足见任公当年高蹈无前的气势和对"考据"种种的轻蔑。

谭嗣同等更不以所谓"伪经"为然。1897年上半年,谭氏曾数次与唐才常书论"经学",其中论及时下治《公羊》者之弊,云:

> 嗣同自束发治经学,好疏析章句,而不知拘于虚也。迩闻梁卓如述其师康南海之说,肇开生面,然亦有不敢苟同者。
>
> 窃尝思之,孔子作《春秋》,其微言大义,《公羊》固得其真

---

① 《饮冰室合集》文集之二,第61—62页。
② 谭嗣同即称虽读康氏《伪经考》,"然而于其微言大义,悉未有闻也"(前揭《谭嗣同全集》,第445页)。
③ 前揭《梁启超年谱长编》,第81页。

传,顾托词隐晦,虽何休为之解诂,亦难尽晓。至于左氏之书,则不尽合经,疑后人有所附益,然其叙事详,且尽可稽。苟说经而弃是书,则何由知其本事,而孔子之施其褒贬,亦何由察其深意,此章实斋所谓道不可以空诠也。夫《公羊》既难洞其铋谊,而又弗考之于本事,则犹舍舟楫而欲绝江河,可乎哉!然今之鸿生硕彦,争趋乎此而腾空言者,其意不在稽古,盖取传中之片言只字而引申为说,欲假之以行其道也,此固经义孳萌而冀有以辅时及物,则贤于世之抱残守缺而蔪蔪沽名者远矣。抑闻天地之道,一阴一阳,物之变者宜也,而物极必反,则变而不失物则也。今之治经学者,独重《公羊》,固时会使然,而以意逆志,意之肆而或凿空,冥翅达乎极也,意者将梢梢反于本义欤?①

嗣同以为,今日治经应以"区别类目"为先务,而以"新义"附之;应以"公理"为权衡,而非"斷斷争其真伪"。所以治《春秋》,"不必竟废《左》为伪书",治《周礼》,"不攻其伪,特定为姬氏一朝掌故之书,尤为平允不激,而含意未申之贬辞亦即寓乎其中"。② 后来,任公讲学于湘中,其所拟《时务学堂功课详细章程》"第一年读书分月课程表",《周礼》《左传》均在列,③或即有谭、唐的意见。

其四,"荀学"之大弊在"法后王"而"尊君统",故所谓"排荀"之真意,实是排斥君主专制,倡导平等民权。亦即如《翼教丛编》所说:

---

① 前揭《谭嗣同全集》,第528—529页。
② 同上书,第263—265页。又,嗣同以为《论语》"为孔教之真源",比诸耶稣教之《新约》,故主张治经应先《论语》,然后"遂可进治他经"。此与康门惟重《公羊》,又有不同。
③ 见前揭《〈饮冰室合集〉集外文》上册,第26—28页。

"倡平等,堕纲常也;伸民权,无君上也。"①《翼教丛编》以"无君上"入人以罪,正可见戊戌时期公开宣讲"民权"的困难,此亦是当时梁、谭、夏一派的"排荀"言论,多限于同志间的私下议论的原因之一,所谓"但微引其绪,未敢昌言"②。谭嗣同的《仁学》,其言论之激烈、显豁,堪称"排荀"之代表;然当时仅在友朋圈内传阅,并未公开发表。夏曾佑的《论近代政教之原》,或是仅见的公开发表的以"排荀"为主题的言论,然比之于《仁学》,则行文间又多隐晦、闪烁之辞,且未署名。③ 至于任公此一时期的"排荀"言论,则散见于数文之中,为数不多,言辞亦简约、笼统。④ 由此来说,任公《概论》中称"排荀"为"运动"并赋予其"一种元气淋漓景象",则未免稍有夸大之嫌,至少就其实际的社会影响来说,应该有限。

又因为"排荀"之意并不在"荀学"本身,所以亦是私下里,对荀子还有另外的评价。谭嗣同就曾这样说:

> 荀卿生孟子后,倡法后王而尊君统,务反孟子民主之说,嗣同尝斥为乡愿矣。然荀卿究天人之际,多发前人所未发,上可补孟子之阙,下则衍为王仲任之一派,此其可非乎?
> 且俟异日而持平论之。⑤

---

① 《翼教丛编》序,光绪二十四年刊本。
② 《清代学术概论》,前揭《梁启超论清学史二种》,第69页。
③ 《论近代政教之源》刊载于《时务报》六十三册(光绪二十四年四月二十一日),署"某君来稿"。
④ 任公此一时期公开发表的文章,其涉及"荀学"者,有《西学书目表后序》《〈新学伪经考〉序》及《读〈孟子〉界说》等,均属连带叙述,而非专论,且多为陈述,而少批判。至于笼统以"秦汉以来"或"二千年"政教为批判对象的言论,亦散见于此一时期论述中。
⑤ 前揭《谭嗣同全集》,第529页。

同样是对荀子的"另外评价",可以附带一说的,还有章太炎的"尊荀"。1897年9月,章氏发表《后圣》一文,以为荀卿乃孔子后一人,最得孔子真传,其《礼论》以键六经,《正名》以键《春秋》之隐义,其《正论》一篇则无异于孟子所谓"民贵君轻"说;而结论便是"同乎荀卿者与孔子同,异乎荀卿者与孔子异"。① 后来《訄书》(初刻)出版(1900),以《尊荀》篇冠首,解"法后王"之"后王"为素王孔子,而"法后王"即法孔子所作之《春秋》新法。② 太炎"尊荀"显然针对"排荀"而发,意见相反,论题则一,同是对所谓孔子真教旨的阐释。由此,可见此一时期维新人士的共同关注。

其五,"梁、谭、夏一派"之"排荀",又实与所谓"大同""孔教"相关联。《概论》所称"绌荀申孟",所申者实为"大同精意";夏曾佑所以"归狱兰陵",乃因其湮灭孔子太平世之教;而谭嗣同更直言荀学亡孔教,寄希望于孔教有路德。③ 因此,所谓"排荀"之真意,除却排君统、倡民权外,还有恢复以"大同"为核心的孔教真教义的一面,值得专门讨论。

(二) "大同"言说与"复原孔教"

任公《概论》介绍"今文学集大成者"康有为的著述,除《伪经考》《改制考》外,还特意标出《大同书》作为康氏之"创作",言下之意,《大同书》自应在晚清"今文学"运动的范围之内。以往的研究,

---

① 《后圣》刊于《实学报》第二期(光绪二十三年八月十一日),收入前揭《章太炎政论选集》,第37—39页。
② 见前揭《章太炎全集》(三),第7页。
③ 前揭《谭嗣同全集》,第338页。

往往拘泥于《大同书》的著作、出版时间及任公所谓"秘不以示人,亦从不以此义教学者"①之说,忽略了"大同"说在戊戌时期的实际影响。其实,关于"大同"的言说,在戊戌时期的"梁、谭、夏一派"的论述中是一个频繁出现的话题,并且与所谓孔教、"孔教复原"等的言说有着密不可分的联系。

任公《概论》自述从学于"万木草堂"情形:

> 居一年,乃闻所谓"大同义"者,喜欲狂,锐意谋宣传。有为谓非其时,然不能禁也。又二年,而千秋卒(年二十二),启超益独立自任。

又记当年读《大同书》情形:

> 其弟子最初得读此书者,惟陈千秋、梁启超,读则大乐,锐意欲宣传其一部分。有为弗善也,而亦不能禁其所为,后此万木草堂学徒多言大同矣。②

后来的《近三百年学术史》说康有为"虽然有很奇特很激烈的理想,却不大喜欢乱讲。他门下的人,便狂热不可压制了,我自己便是这里头小小一员走卒"③。这里所谓"很奇特很激烈的理想"及门人的"狂热"云云,亦应是指"大同义"和对"大同义"的宣传。凡此种种,皆表明"大同"学说实是任公作为"今文学运动猛烈宣传者"所猛烈宣传的重要内容之一。

对于康有为来说,"大同"说应是其此一时期视为最重要志业的"复原孔教"的核心内容。康氏致力于"复原孔教"的心迹,最早见于

---

① 前揭《梁启超论清学史二种》,第67页。
② 前揭《梁启超论清学史二种》,第68、67页。
③ 同上书,第124页。

光绪十七年(1891)他同朱一新辩论的书札。康有为告诉朱一新：

> 仆昔者以治国救民为志,今知其并不见用,而热力未能销沮,又不佞佛,以为木石必有以置吾心。故杜门来专以发明孔子之学,俾传之四洲,行之万世为事。……且精思妙悟,自视不后于恒人,故谬以自任,如揭鼓而招亡子,然此则仆近岁之志也。或者(谓)孔子道至大至中,不患不行,是亦不然。仆以为行不行,专问力而已。力者何？一在发挥光大焉,一在宣扬布护焉。……今地球四洲,除亚洲有孔子与佛回外,余皆为耶所灭矣。使吾国器艺早精,舟车能驰于域外,则使欧、墨、非、奥早从孔学可也。耶氏浅妄,岂能诱之哉？吾既不能早精器艺,坐今彼诱之而坐大,此不宣扬之失策也。……故仆急急以强国为事者,亦以卫教也。沮格而归,屏绝杂书,日夜穷孔子之学,乃得非常异义,而后知孔子为创教之圣。立人伦,创井田,发三统,明文质,道尧舜,演阴阳,精微深博,无所不包。仆今发明之,使孔子之道有不藉国力而可传者。但能发敷教之义,宣扬布护,可使混一地球(非宣扬则不能,故今最要是敷教之义)。仆窃不自逊让,于孔子之道,似有一日之明,二千年来无人见及者,其它略有成说。先辟伪经,以著孔子真面目;次明孔子之改制,以见生民未有(仆言改制自是一端,于今日之宜改法亦无预,足下亦误会)。以礼学、字学附之,以成一统;以七十子后学记续之,以见大宗。辑西汉以前之说为《五经》之注,以存旧说而为之经;然后发孔子微言大义,以为之纬。体裁洪博,义例渊微,虽汗青无日,而□□穷年,意实在此,若成不成则天也。若有所藉,则以此

数书者,宣孔子之教于域外,吾知其必行也。①

康氏这一自明心迹的陈述,可注意之处甚多,这里不作详细辨析;②所要指出的只是:康氏这里所谓"专以发明孔子之义""敷教"云云,即是任公后来在《论支那宗教改革》和《南海康先生传》中,所归纳的"发明孔子真教旨"或"孔教复原";而康氏所发明的"二千年无人见及"的"非常异义",其最动人的内容,应属"大同"说。任公后来说到1891年间的康有为:

> 先生时方著《公理通》《大同学》等书,每与通甫商榷,辨析入微,余辄侍末席,有听受、无问难,盖知其美而不能通其故也。③

任公这一"回忆"作于1902年,正值其在"保教"问题上背叛师门之际。所以,说其师此时正在发明"大同"义,应是事实;说自己"不能通其故"等等,则是遁词。就当时来说,康有为所发明的"孔子教旨"中,最能吸引、打动他的年轻弟子们的正是"大同"这类关于未来的奇思妙想。而所谓"读则大乐""喜欲狂"等等,恰是当年印象深刻的真实感受。

经康有为发明的"孔教",正是凝聚"康门"同人的旗帜;万木草堂的"同门"意识,其实颇具宗教团体的色彩。康有为教导弟子:

> 第一,要知孔子为万世大教主;第二,要知孔子弟子传教之难。④

---

① 康有为:《答朱蓉生书》,见前揭《康有为全集》(一),第1040—1042页。
② 稍详细的讨论,可参见前揭《戊戌变法史述论稿》,第二章第四节。
③ 《三十自述》,见前揭《饮冰室合集》文集十一。
④ 《万木草堂讲义》,前揭《康有为全集》(二),第571—572页。

并以"耶稣身后十三传弟子,皆死于传教"①等事例,激励弟子们效法,以养成一种为"传教"不惜牺牲的勇猛精神;弟子们则感受到其师的"教主"风范,直以康师为教主②,而以"传教"为己任。后来在《时务报》馆中,章太炎与康门弟子发生冲突,其原因,据章氏说即是不满康门弟子欲以拳脚"自信其学"的狂妄,以及称康氏为"教皇"并身膺"符命"的荒诞不经③。由此约略可见康门弟子"传教"之一二。康有为声称要向海外传教,"宣孔子教于域外",戊戌期间还曾有移民巴西的计划,④但海外传教真正付诸实施,却是在因戊戌政变而流亡海外之后。因此所谓"传教",首先还是面向国内。甲午战败,人心思变,为康有为及弟子提供了更广阔的活动空间,孔教的传布遂走出草堂,流向各地,并与变法宣传相结合。自《强学报》用"孔子纪年",⑤圣学会规定"庚子拜经",⑥到"百日维新"期间,提出建立孔教会,⑦"复原孔教",始终是康有为草堂一系变法主张和活动的重要组成部分。在此之间,"大同"教义也得以广泛流传。

任公作为康门的大弟子,无疑身负更重的"传教"使命。甲午、

---

① 《万木草堂口说》,前揭《康有为全集》(二),第360页。
② 康门弟子在歌颂康有为的教育成就时说:"此乃中国之所寡见,从古教主之迹乃见之,不可以寻常教育家论也。"见前揭陆乃翔、陆敦骙等:《南海康先生传》(上编)。
③ 《致谭献书》,前揭《章太炎政论选集》,第14—15页。又太炎《自定年谱》亦云:"春时在上海,梁卓如等倡言孔教,余甚非之。或言康有为字长素,自谓长于素王,其弟子或称超回、轶赐,狂悖滋甚。"
④ 见《自编年谱》,前揭本,第34页。
⑤ "孔子纪年"是康有为"复原孔教"的一种重要形式,有关的分析可参见村田雄二朗:《康有为与孔子纪年》,陈平原等编:《学人》第二期,江苏人民出版社1992年版。
⑥ 康有为:《两粤广仁善堂圣学会缘起》,前揭《康有为全集》(二),第620页。
⑦ 康有为:《请商定教案法律,厘正科举文体,听天下乡邑增设文庙,以尊圣师而保大教折》,《杰士上书汇录》卷二。载黄同明等主编:《康有为早期遗稿述评》,中山大学出版社1988年版。

乙未间数游京师,随后又赴沪上,其间"以广求同志开倡风气为第一义",先后结识夏曾佑、谭嗣同等人。任公记当时交往论学情况:

> 当时吾辈方沉醉于宗教,视数教主非与我辈同类者,崇拜迷信之极,乃至相约以作诗非经典语不用。所谓经典者,普指佛、孔、耶三教之经。
>
> 穗卿有绝句十余章,专以隐语颂教主者。……又云"帝子采云归北渚,元花门石镇欧东。□□□□□□□,一例低头向六龙。六龙冉冉帝之旁,三统茫茫轨正长。板板上天有元子,亭亭我主号文王。"所谓帝子者,指耶稣基督自言上帝之子也。元花云云,指回教摩诃末也。六龙指孔子也。我党当时盛言春秋三世义,谓孔子有两徽号,其在质家据乱世则号素王,在文家太平世则号文王云,故穗卿诗中作此言。其余似此类之诗尚多,今不复能记忆矣。①

任公此段《诗话》,从一侧面反映当时任公及其同志们对"复原孔教"的痴迷和共识。而同志间的往复论学,相互影响,亦使任公对师门志业有所反省,其致信康有为,说:

> 视一切事,无所谓成,无所谓败,此事弟子亦知之,然同学人才太少,未能广布长舌也。如此则于成败之间,不能无芥蒂焉矣。尚有一法于此,我辈以教为主,国之存亡于教无与,或一切不问,专以讲学授徒为事,俟吾党俱有成就之后,乃始出而传教,是亦一道也。弟子自思所学未足,大有入山数年之志,但一切已办之事,又未能抛撒耳。近学算读史,又读内典(读《小乘经》得

---

① 《诗话》,《饮冰室合集》文集之四十五(上),第40—41页。

旧教颇多,又读《律论》),所见似视畴昔有进,归依佛法,甚至窃见吾教太平大同之学,皆婆罗旧教所有,佛吐弃不屑道者,觉平生所学失所依凭,奈何?……某意以为长者当与世相绝,但率数弟子以著书为事,此外复有数人在外间说世间法,此乃第一要事。①

任公此信所说,一则表明"太平大同之学"确为"吾教"之"依凭";再则又证"宣教""传教"确是康门的宗旨所在;毕竟如后来戊戌年的骤为新贵、参与朝政是难以预知的,对于此时的梁任公来说,在不无矛盾的"办事"(世间法)和"传教"之间,则主张坚持既有的"传教"初衷。类似的意见还见于当年(1896)致康有为的另一封信:

某昔在馆亦曾发此论,谓吾党志士皆须入山数年,方可出世。而君勉诸人大笑之。……不知我辈宗旨乃传教也,非为政也;乃救地球及无量世界众生也,非救一国也。一国之亡于我何与焉。②

任公此一时期有关"传教"及"保教"的具体解释,见于其《复友人论保教书》。该书的要点为:其一,西教之强,固然凭借国力,然在兴起之初,则是"一二匹夫之贱,百折不回以成之者也";孔教之传,亦是如此,"虽肉食者与有力,未有不由匹夫之贱,以强毅坚韧而成之者也";其二,西人以教分国家为三等,一有教,二无教,三半教,而视中国为半教之国,究其原因,实是上下不知尊教之过,所谓"尊之则兴,不尊则亡";其三,今日欲求救亡之道,应仿西人学会之例,建立"保

---
① 前揭《梁启超年谱长编》,第58—59页。
② 同上书,第59页。

教公会",以发明经义,讲求实学;公会设大会于京、沪,各地分立小会,入会之人"见人必发明保教之义,由斯渐广,愈讲愈明,则此道不绝于大地,当有望也";其四,今日从事"保教",应明孔教之大义及其之于今日世界的价值:

> 夫春秋三世之义,据乱世内其国而外诸夏,升平世内诸夏而外彝狄,太平世天下远近大小若一,彝狄进至于爵。窃尝论之,孔子之道,秦以前所传闻世也,齐鲁儒者,讲诵六艺,成为风气,外此则寥寥数子而已,所谓内其国也;自汉至今所闻世也,中国一统,同种族者,皆宗法焉,所谓内诸夏也;若夫所见世之治,施及蛮貊,用夏变彝,则过此以往所有事也。夫以事势言之,则今日存亡续绝之交,间不容发;以常理言之,则岂惟不亡,直将胥天下而易之,此亦视我辈为之而已。①

易言之,未来世界,将是孔教太平大同之学的世界。

任公的确是戊戌时期最有影响的"宣传"家,在其公开发表的言论中,所谓"保教""传教"及孔教"大同"说等有关孔教的论述,可谓比比皆是。试列举如下:

《变法通议》是任公知名度最高的系列文章,其中"论不变法之害",首揭"保国、保种、保教"的目标;"学校总论"借传教士之口,指出中国所以衰弱,在于"教"之未善,亟当发明光大孔教;"论学会"主张先设"总会",而于会中"建立孔子庙堂,陈主会中,以著一尊";"论女学"以为孔教主张平等,其有关"太平世"的规定("天下远近大小若一,无国界,无种界,故无兵事、无兵器、无兵制"等),"西人立国犹

---

① 《复友人论保教书》,《饮冰室合集》文集之三,第9—11页。

未能至";"论幼学"主张编辑"孔子立教歌",其小学功课表则规定"每日八下钟上学,师徒合诵赞扬孔教歌一遍,然后肄业"。"每十日一休沐,至日,师徒晨集堂中,祀孔子毕,合诵赞扬圣教歌一遍,各散归";"论译书"则主张"纪年以孔子生年为主,次列中国历代君主纪年,次列西历纪年"①等。

《致伍秩庸星使书》,建议伍氏出使美国,应"以教华民为第一义",而所教之法,第一即"立孔庙","使华工每值西人礼拜日,咸诣堂瞻仰拜谒,并听讲圣经大义"。②

《说群序》指出:"有国群,有天下群。泰西之治,其以施之国群则至矣,其以施之天下群则犹未也。《易》曰见群龙无首;《春秋》曰太平之世,天下远近大小若一;《记》曰大道之行也,天下为公,选贤与能,不独亲其亲,不独子其子,货恶其弃于地也,不必藏于己,力恶其不出于身也,不必为己,是谓大同。其斯为天下群者哉,其斯为天下群者哉!"③

《论中国之将强》以为孔教"则精粗并举,体用兼备,虽久湮昧,一经发明,方且可以施及蛮貊,莫不尊亲,而何有于区区之神州也"④。

《知耻学会序》,曰"呜呼,圣教不明,民贼不息,太平之治不进,大同之象不成,斯则启超之耻也"⑤。

《万木草堂小学学记》列"传教"目,论说"传教"的意义:"孔子

---

① 以上《变法通议》各节的引述,分别见《饮冰室合集》文集之一,第8、19、33、42—43、52、57—58、74页。
② 《饮冰室合集》文集之三,第5页。
③ 《饮冰室合集》文集之二,第4页。
④ 同上书,第14页。
⑤ 同上书,第68页。

改制立法,作六经以治万世,皜皜乎不可尚矣。乃异道来侵,辄见篡夺。今景教流行,挟以国力,奇悍无伦,而吾教六经舍帖括命题之外,诵者几绝,他日何所恃而不沦胥哉?虽然,《中庸》之述祖德,则曰施及蛮貊;《春秋》之致太平,则曰大小若一;圣教非直不亡,而且将益昌,圣人其言之矣。《记》曰其人存,则其政举。佛教、耶教之所以行于东土者,有传教之人也;吾教之微,无传教之人也。教者,国之所以受治,民之所以托命也。吾党丁此世变,与闻微言,当浮海居彝,共昌明之。"①

《湖南时务学堂学约》亦以"传教"相约束,谓"今设学之意以宗法孔子为主义";"彼西人之所以菲薄吾教,与陋儒之所以自蔑其教者,由不知孔子之所以为圣也。今宜取六经义理制度微言大义,一一证以近事新理以发明之,然后孔子垂法万世、范围六合之真乃见"。"盖孔子之教非徒治一国,乃以治天下","他日诸生学成,尚当共矢宏愿,传孔子太平大同之教于万国,斯则学之究竟也。传教之功课,在学成以后。然堂中所课,一切皆以昌明圣教为主义,则皆传教之功课。"②

《读孟子界说》则全以"大同"(太平)说《孟子》,即孟子传《春秋》大同义:"言无义战为大同之起点","言井田为大同之纲领","言性善为大同之极效","言尧舜、言文王为大同之名号","言王霸即大同小康之辨"。③

要而言之,任公后来在《保教非所以尊孔论》中所批评的"事事

---

① 《饮冰室合集》文集之二,第35页。
② 同上书,第28—29页。
③ 《饮冰室合集》文集之三,第18—20页。

摹仿佛、耶,唯恐不肖"的"保教"种种①,正是其本人在戊戌期间所极力主张的,即所谓"我操我矛以伐我者也"。

任公的"保教"言论,受到严复的批评。严复认为"教不可保,而亦不必保"。所谓"不可保"即"教之一尊未定,百家并作,天下多学术;既已立教,则士人之心思才力,皆为教旨所束缚,不敢作他想,窒闭无新学矣";②"不必保"则是说,孔教在今日中国,实际上并不被士大夫和民众所奉行认同。孔教本没有存亡之危,又并非民众习惯信仰所系,何必要保?今日所保之教,其实与孔教无关。③

黄遵宪也反对"保教",但意见又有不同:

> 楚人素主排外,戊戌年三四月间,保教之说盛行,吾又虑其因此而改(攻)西教,因于南学会演说,意谓世界各教宗旨虽不同,而敬天爱人之说,则无不同然。……且泰西诸国,政与教分,彼政之善,由于学之盛;我国则政与教合。分则可借教以补政之所不及,合则舍政以外,无所谓教,今日但当采西人之政,西人之学,以弥缝我国政学之弊,不必复张吾教,与人争是非校短长也。④

黄氏此说,代表当时一些人对"保教"的看法:即"保教"易启发仇视洋教之心,酿成教案;变法就是要学习西方,而不必借用孔教的旗号。黄遵宪对康有为的"复原孔教"还有另外的意见:

---

① 即"设教会,立教堂,定礼拜之仪式,著信仰之规条"等等,见《饮冰室合集》文集之九,第52页。
② 见《与严幼陵先生书》,《饮冰室合集》文集之一,第109页。
③ 参见严复:《有如三保》《保教余义》,王栻主编:《严复集》第一册,中华书局1986年版,第79—85页。
④ 《致饮冰主人书》,前揭《梁启超年谱长编》,第280页。

> 其尊孔子为教主,谓以元统天兼辖将来,地球即无数星球,则未敢附合也。往在湘中曾举以语公,谓南海见二百年前天主教之盛,以为泰西富强由于行教,遂欲尊我孔子以敌之。不知崇教之说,久成糟粕,近日欧洲如德如意如法,法之庚必达抑教最力,于教徒侵政之权,皆力加裁抑。居今日而袭人之唾余,以张吾教,此实误矣。公言严又陵亦以此相规,然尔时公于此见固依违未定也。①

黄遵宪有关"复原孔教"的意见,有二点值得注意:其一,所谓"兼辖将来"等等,证明康氏发明的孔教教旨,的确包含了为未来设计的"大同"思想,而黄遵宪及严复等对西方思想了解较多的人,对此却"未敢附合";其二,所谓"袭人唾余",则指明康氏所以"复原孔教"的又一原因,即受西方传教士的影响,以为西方各国所以富强,与其宗教的强盛和传教有关。

对于这些来自维新阵营内部的批评,任公当时有这样的解释:

> ……中国今日民智极塞,民情极涣,将欲通之,必先合之。合之之术,必择众人目光心力所最趋注者而举之以为的则可合。既合之矣,然后因而旁及于所举之的之外以渐而大,则人易信而事易成。譬犹民主,固救时之善图也。然今日民义未讲,则无宁先借君权以转移之,彼言教者,其意亦若是而已。②

任公的这一解释,其实也只是说出了当时"复原孔教"或"保教"的一层用意;康门所以"保教"的用心,除了严、黄等人的批评及任公的解

---

① 《致饮冰主人书》,前揭《梁启超年谱长编》,第280页。
② 前揭《与严幼陵先生书》。

释外,或许还应加上守旧派对此的看法:

> 盖康有为尝主泰西民权、平等之说,意将以孔子为摩西而已为耶稣,大有教皇中国之意,而特假孔子大圣,借宾定主以求风示天下。①

最后再说"梁、谭、夏一派"中的夏曾佑和谭嗣同。据现有资料,在"复原孔教"问题上,夏曾佑堪称任公的同志。前述梁、夏之"排荀",其目标即为"复原"孔子民主、太平(大同)的真教旨;这一所谓"复原"的工作,在夏氏与宋恕有关"神州长狱谁之过"的讨论中,被称为"改教",而宋恕则以为应准确地称之为"复教",并以路得"宗教改革"为据(其实夏氏之"改教"正用"宗教改革"之义)②,就此而言,宋氏亦是同志。宋恕初不认为康有为是真能"复教"之人③,且对其"伪经"说多有非议;及见《改制考》,则极表钦佩,以为康有为是真能转移天下人心风俗之人,有大功于世④。由此可见,"复原孔教"实不必牵扯所谓今古文问题。至于谭嗣同,其"排荀"及复原孔教大同说("甚祝孔教之有路德也")的言论,显然受到任公的影响,即任公所谓其"自交梁启超后,其学一变"。然谭氏更受佛教的影响,亦即任公所说"自从杨文会闻佛法,其学又一变"⑤。所以,谭氏判教,以为

---

① 曾廉:《应诏上封事》,中国史学会编:《戊戌变法》(二),神州国光社1953年版,第490页。
② 宋恕:《致夏穗卿书》,前揭《宋恕集》,第528页。
③ 宋恕以为康有为"其学能破东汉经师之障,而未能破西汉经师之障,其论时务尤为隔膜。虽然,可谓中智之士"(见前揭《宋恕集》,第532页)。且宋恕亦不以"保教"为然,以为"秦汉以下,儒教之实早亡,保于何有?"(前揭《忘山庐日记》,第137页)
④ 前揭《忘山庐日记》,第220页。又,宋恕《致饮冰子书》,云:"戊春见更生《孔子改制考》,始服更生之能师圣,始知更生能行污身救世之行,而前嫌冰释。(《新学伪经考》,仆不甚服。)"见《宋恕集》,第602页。
⑤ 《清代学术概论》,前揭《梁启超论清学史二种》,第74页。

佛、孔、耶三教虽同主张平等,但因时会不同,影响其教主对教义的阐发,使佛教"遂以独高于群教之上";亦因此,未来遍治地球,合地球诸教为一者,应属佛教;而其所谓"冲决藩篱"者,其归结亦不过"以心力挽劫运",即"开一讲求心之学派,专治佛家所谓愿力"云云①。由此亦可见,同一"排荀"、复教,其实又有多样的色彩。

(三) "三世说"种种

综观任公戊戌时期的言论,若要说对所谓"今文学"的宣传,或莫过于《公羊》"三世"说。

任公此一时期有关"三世"说的论述,极为常见且多种多样,试作列举如下:

(1) 以"三世"说"力""智":

> 吾闻之《春秋》三世之义,据乱世以力胜,升平世智、力互相胜,太平世以智胜。②

(2) 以"三世"说"科举":

> 古者世卿,《春秋》讥之,故世卿为据乱世之政,科举为升平世之政。③

(3) 以"三世"说"法律":

---

① 谭嗣同:《仁学》,前揭《谭嗣同全集》,第334—335、352、357页。
② 《变法通议·学校总论》,《饮冰室合集》文集之一,第14页。类似的说法,又见《变法通议·论女学》(《饮冰室合集》文集之一,第39页)、《戒缠足会序》(《饮冰室合集》文集之一,第121页)等。
③ 《变法通议·论科举》,《饮冰室合集》文集之一,第21页。

孔子圣之神也,而后世颂其莫大功德在作《春秋》。文成数万,其指数千,有治据乱世之律法,有治升平世之律法,有治太平世之律法,所以示法之当变,变而日进也。今泰西诸国,非不知公之为美也,其仁人君子非不竭尽心力以求大功(公)也,而于国与国、家与家、人与人各私其私之根源,不知所以去之,是以揆诸吾圣人大同之世,所谓至繁至公之法律,终莫得而几也。故吾愿发明西人法律之学,以文明我中国;又愿发明吾圣人法律之学,以文明我地球。①

(4)以"三世"说"君主""民主":

《春秋》之言治也,有三世,曰据乱,曰升平,曰太平。启超常谓据乱之世则多君为政,升平之世则一君为政,太平之世则民为政。凡世界必由据乱而升平而太平,故其政也,必先多君而一君而无君。②

(5)以"三世"说"群治":

据乱世之治群多以独,太平世之治群必以群。③

(6)以"三世"说"文明""野蛮":

中国旧论每崇古而贱今,西人则不然,以为愈上古愈野蛮,愈晚近愈文明,此实孔子三世之大义也。(三世之例,由据乱而升平而太平,义主渐进。)④

---

① 《论中国宜讲求法律之学》,《饮冰室合集》文集之一,第93—94页。
② 《与严幼陵先生书》,《饮冰室合集》文集之一,第108页。更详细的论述,见《论君政民政相嬗之理》(《饮冰室合集》文集之二,第7页)。
③ 《说群序》,《饮冰室合集》文集之二,第4页。
④ 《史记货殖列传今义》,《饮冰室合集》文集之二,第36页。

(7)以"三世"辨"夷狄":

> 今论者持升平世之义,而谓《春秋》为攘夷狄也,则亦何不持据乱世之义,而谓《春秋》为攘诸夏也?且《春秋》之号夷狄也,与后世特异。后世之号夷狄,谓其地与其种族,《春秋》之号夷狄,谓其政俗与其行事。①

(8)以"三世"说"孔教":

> 启超闻《春秋》三世之义,据乱世,内其国而外诸夏,升平世,内诸夏而外夷狄,太平世,天下远近大小若一。尝试论之,秦以前据乱世也,孔教行于齐鲁,秦后迄今升平世也,孔教行于神州,自此以往,其将为太平世乎?《中庸》述圣祖之德,其言曰:洋溢中国,施及蛮貊,凡有血气,莫不尊亲。孔教之遍于大地,圣人其知之矣。②

(9)以"三世"说"性善""性恶":

> 孔子之言性也,有三义:据乱世之民性恶;升平世之民性有善有恶,亦可以为善为恶;太平世之民性善。③

要而言之,比之于"排荀"及"复原孔教"的时隐时现,"三世"说无疑是任公公开言论中运用最为广泛的一个概念,也是最具今文《公羊》色彩的概念。然而又因其无所不适的普遍的且又是随意的极具弹性的解释度,所谓"三世"实际成了一个纯形式的概念,而完

---

① 《春秋中国夷狄辨序》,《饮冰室合集》文集之二,第48页。
② 《〈新学伪经考〉序》,《饮冰室合集》文集之二,第62页。又见《复友人论保教书》,《饮冰室合集》文集之三,第11页。
③ 《读〈孟子〉界说》,《饮冰室合集》文集之三,第19页。

全脱离或超越了《公羊》"三世"说本来具有的意义和范围。易言之，"三世"不过是任公为方便言说而借自《公羊》的一个比拟性的术语。就具体的使用情况看，任公说"三世"，所注重者多在"太平"与"大同"，而其实际内容又取自西政和西学，这样，"太平""大同"作为孔子"为万世立法"中的未来法，就兼具当下的比附西学以维新变法和未来的以孔教统一世界的双重意义。由此，则任公有关"三世"的种种议论，其归结仍在经过"复原"或重新"发明"的孔教，其实质仍是"复原孔教"及"传教"志业的一个组成部分。

（四）小结

由上述对任公"自述"的解读和推而广之的考察，至少任公本人对所谓"今文学"的"猛烈宣传"，实集中于所谓"排荀"和对"大同"学说的发挥与宣扬。前者所"排"为秦以后二千年之政教，则无论今文、古文还是汉学、宋学，一并皆在排斥之列，正所谓"其论学术，则自荀卿以下汉、唐、宋、明、清学者，掊击无完肤"；①后者则不免"貌孔心夷"，其实是用孔子"大同"之名，糅合佛、耶及西洋新学等所创立的新教义（即"创教"）的精要所在，②与所谓"今文学"亦无甚关联。能够将"排荀"和"大同"相连接的正是"复原孔教"——中国的宗教改革这一大事业：即，之所以"排荀"是为其只传"小康"，湮灭孔教真

---

① 《清代学术概论》，前揭《梁启超论清学史二种》，第69页。
② 关于康有为"大同"学说的具体来源问题，还有待更详细的讨论；就梁、谭等人戊戌时期对"大同"说的接受和宣传而言，连载于《万国公报》（1891年11月至1892年3月）的《回头看纪略》（即《百年一觉》）对百年后美国社会的想象，无疑是重要的参照之一。

教旨;而所谓"大同"则正是应当恢复还原的孔教真面目,"排荀"与"大同"是为"复原孔教"这枚硬币的两面。

"排荀""大同"之外,自然还有师门排斥古文的"伪经"说和借自《公羊》的"三世"及"改制"等名目,但在"梁、谭、夏一派"看来,这些则不过是方便"复教"说法的工具,或取或舍,或回避或张大,唯视"复原孔教"的需要。然而又正是"伪经""三世"的今文《公羊》的色彩,为顺应时势的需要,亦不妨约定俗成地将这一"复原孔教"的运动称之为"今文学"运动,但具体的解释又是必要的,这也就是出现《概论》中任公"自述"的矛盾——一面以"今文学"运动的猛烈宣传者自认,一面又以"排荀""大同"作为"宣传"的主要内容——的原因。

如同《近世之学术》与《近三百年学术史》,任公在《概论》中的"自述",同样回避了"复原孔教"的问题(这原本是在《支那宗教改革》《南海康先生传》及《保教非所以尊孔论》中已经说明的问题)。然而同一回避,原因却各有不同。就《概论》而言,所谓"孔教",既是《近世之学术》已放弃的概念(原因见前述),更因民初以来康有为"孔教会"与帝制复辟的瓜葛并引起《新青年》的痛打,而自然避之唯恐不及。不惟如此,任公"自述"还刻意强调康、梁的区别,并将师徒的分手,归结为对"保教"意见的不同,而"排荀""大同"这些本属"复原孔教"的内容,竟也成了康、梁所以相异的所在,如此曲笔,虽情有可原,但距任公所云"超然客观"究竟尚差一间。

尽管任公"自述"试图以对"排荀""大同"的叙述(这的确是"客观"的叙述)来显示所谓"今文学"运动中的异趋,但实际的效应却难免"假作真时真亦假"。新一代的青年人,似乎并不在意康、梁在对待"今文学"问题上的区别,反而对任公不以为然的"伪经""托古"

等等表示出更多的关注。胡适等人一面鄙视晚清公羊学的粗陋①,一面又从中得到了"疑古"的启示,这在任公看来,当然不是对晚清学术的正确评判。后来的《近三百年学术史》将康、梁一派归入晚清新思潮的系列,作为"外来思想吸收"的桥梁,这样的评价,虽然流于宽泛,且也如"先秦学派"一样,并不能全面反映晚清思想学术的真实面貌,但终归是对同样不准确的"今文学"运动的一个校正。

---

① 胡适在《〈国学季刊〉发刊宣言》中,批评清朝的学者"说《诗》的回到《诗序》,说《易》的回到方士《易》,说《春秋》的回到《公羊》,可谓'陋'之至了"。见前揭《胡适文集》3,第9页。

七　变化与不变：重新认识晚清"今文学"

（一）"善变"：关于任公清学史叙述的前后变化

胡适曾说："其实任公对于清代学术的见解，本没有定见"，其具体所指在任公有关"汉学"评价的前后不一。① 胡适此说虽不尽准确，但也可用来指出这样一个事实：任公有关清学史的见解是有着前后不同的变化的。且不仅是对"汉学"的评价，任公对晚清学史的见解、对晚清"今文学"的解说，亦即对"当代"学史的叙述，又更多地表现出这种变化。

康、梁一派是晚清民初学术思想界颇有影响的势力，在任公而言，对此一派人的评价实际是自我评价，且这一评价不仅涉及本派的历史，更关乎本派的当下；不仅关系本派在已经过去的历史上的地位，也反映正展开着的现实中本派的形象、利益和主张。因此，如何位置和评价康、梁，实是任公有关晚清思想学术叙述的一个核心问题，也是影响其有关晚清学术、晚清"今文学"叙述前后变化的最重

---

① 前揭《胡适日记全编》3，第558页。

要原因之一。

任公的"善变"是有名的,其本人的自述更加强了人们的这一印象,所谓

> 启超太无成见,其应事也有然,其治学也亦有然。……常自觉其学未成,且忧其不成,数十年日在彷徨求索中。①

其实,作为一个政学兼修兼行的领袖人物,其生涯中前后思想主张的变化,亦属常情;在这类人物中,任公的此一特点或更突出,似亦不必过分夸大。但应当指出的是,当后人面对任公有关"清学史"的著述(这里尤其指有关晚清"今文学"的叙述)时,却往往忽略了这些不同时期的叙述与任公变化着的思想主张的具体关联,忽略了这些叙述与当时任公心思、意向、志业、谋略等的相互照应和联系。这样的忽略,显然是不应该的。

任公的"善变""无成见"或"跟着跑",也要做具体的分析。这里有主动自觉的"变",也有不得已的甚而是不自觉地"跟着跑"。任公有极强的使命意识,以"为我国新思想界力图缔造一开国规模"为己任。身负如此使命和长期居于思想界引领位置的身份,以及作为一个政治、思想派别的领袖所必须承担的责任,使得任公的言论、著述需要把握与这些使命、身份、责任等相符合的尺度分寸。因此,在任公的言论、著述中,既有积极的号召、主动的论辩,也有不得已的回击、被迫的响应;既要引领风骚,又要顺乎潮流;既要大旗独树,又需"协同动作"。在这多方的照应中,所谓"变化""无定见""跟着跑"也就难免,以至于在论辩、回应中,自觉或不自觉地受到了论辩、回应

---

① 《清代学术概论》,前揭《梁启超论清学史二种》,第73页。

对象的影响,也属自然。任公言论,固然有"随有所见,随即发表",甚而兴之所至,不加约束的一面;实亦有谨慎、矜持,自顾身份的另一面。胡适回忆,任公遗墨约三万件,件件足珍,没有一件是"苟且落笔的"。因为任公成名太早,"他知道他的片纸只字都会有人收藏的,所以他连个小纸条也不乱写"①。作书如此,作文如何?梁著清学史三种论述的不同尤其是有关晚清"今文学"叙述的不同,正可由这些影响"变化"的方面得到部分的理解。

要而言之,在任公的清学史著述中,所谓晚清"今文学"是一个逐渐生成和变化着的概念。时势的变迁、任公本人思想的变化、具体的言说对象的不同以及受这些不同对象的反转的影响等,都不同程度地对晚清"今文学"的生成和变化发生了作用和影响。以下试再对前文所述稍作归纳,以显明本书的眉目和要旨。

(1) 与梁启超所谓《清代学术概论》与《近世之学术》"根本观念""无大异同"②之说不同,也与以往多数研究者视《清代学术概论》与《中国近三百年学术史》互为补充、相得益彰的意见不同,梁著清学史三种有关晚清今文学的叙述,实际存在着较多的差异。这些差异可归结于这样两大问题:第一,晚清"今文学"在清学史中的地位如何?第二,作为晚清思想重镇的康、梁一派,与今文学的关系如何?就前者而言,在《近世之学术》中,"今文学"(即西汉学)是清学四期的第三期;在《清代学术概论》中,晚清"今文学"运动是与前期"考证学"并列的清学两大潮流之一;至《中国近三百年学术史》,"今

---

① 唐德刚:《胡适杂忆》(增订本),华东师范大学出版社1999年版,第73页。胡适对任公此一特点的关注,恰是其个人心态的一种不自觉的流露,其认真制作的"日记"即是例证之一,此处不赘。
② 见前揭《清代学术概论》"自序",第2页。

文学"已无独立的位置,成为融入晚清新思想大潮的若断若续的支流。就后一问题来说,《近世之学术》中的"康、谭派"代表清学发展的一个独立阶段——"先秦学",其与"今文学"虽有学术上的渊源,但又存在着根本的不同;《清代学术概论》则将康、梁作为"今文学"的集大成者和晚清"今文学"运动的中心,并以之代表晚清学术思想的主流;而《中国近三百年学术史》对康、梁的叙述,已少从"今文学"立论,代之以更多强调其在晚清政治变革和吸收外来思想方面的作用和影响。

(2)作于1904年的《近世之学术》,并非两年前发表的《论中国学术思想变迁之大势》的简单续作,而是对章太炎《清儒》的直接回应。这一"回应"的背景是保皇派与革命党两大阵营交恶的加剧,"回应"的焦点集中于有关晚清今文学的评价,而"回应"的实质则在康、梁一派于晚清思想界的地位。

1903年的"《苏报》案",造就了章太炎作为革命阵营代言人的形象,而应时问世的《訄书》(重订本),自然也就因其"革命"意味而备受瞩目,不可等闲视之。其中《清儒》一篇,虽以概论清代"学术"示人,其为乾嘉学术翻案、正名,贬斥道、咸以来今文家言等等,无不具有极强的现实针对性,锋芒所向,直指康、梁一派。

在经历了"自由""激进"的挣扎后重回师门的梁启超,面对来自对立阵营的挑战,不容回避。《近世之学术》之于《清儒》,有简而加详者(如清初),有借用材料而断案已出者(如乾嘉),更有截然相反(如今文学)和阐幽扬微者(如康、谭派),其反对性的一一回应,清晰可辨。"回应"的重点,则在对康、谭学术的解说。梁氏对"康学"基本概念的缘附性解释,有一个自"宗教改革"到"古学复兴"的变化过程;这一过程,实际也是自戊戌以来,中国维新人士借观西学、西史,不断思考中国复兴的文化根据的认识过程。从戊戌前后的议论"复原孔教"(如宋恕等人的言论),到庚子以后的竞言"古学复兴"(如《国粹学报》的言论①),梁氏言说康学的变化,除个人思想的变化外,亦有合于时代思潮者。要而言之,无论"宗教改革"还是"古学复兴",其实质都是要为中国文化寻找源头上的(实际是合乎时代需求的)重新解释。由此而论,则无论是孔教的原教旨,还是足以代表中国"古学"的全盛阶段,都不可能是西汉的"今文学";而本以时代先进高自位置的康学与康门,要么是"中国的马丁·路德",要么是代表"古学复兴"最后阶段的"先秦学派",岂甘心仅与西汉今文学为伍?《近世之学术》不以今文学名康学,真实反映了戊戌以来,康门的自我认知。

(3)《概论》之作,适当任公由政界转入文坛之际,欧游所得的新思和引领国内思想文化的壮心,共同促成了这一将历史和现实一脉相连的"中国文艺复兴史"的产生。其"思想解放"的主题和两大潮流的结构,既是对清学史的总结,又有对现实"新文化运动"的照应;既包含自壮门户的私心,又不乏寻求盟友以"协同动作"的善意。故《概论》之作,实具任公树旗立寨于新文化运动的宣言意义。

(4)比之于兴会极浓、迅即问世的《概论》,三年后的《近三百年学术史》的分段刊发且生前未成完帙,则带有更多的不得已的针对

---

① 参见邓实:《国学今论》(《国粹学报》第四期)、《古学复兴论》(《国粹学报》第九期)等。邓实云:"本朝学术曰汉学、曰宋学、曰今文学,其范围仍不外儒学与六经而已,未有能出乎孔子六艺之外,而更立一学派也。有之,自今日周秦学派始。"(《国学今论》)邓氏此说,似受到梁启超《近世之学术》的影响,但也表明对所谓"古学复兴"即复兴"周秦学派"的认同。

性。其中,以政治与学术的关系为线索概述清学变迁和极力提高"清初学术"的地位,既含有借历史抒一己块垒的感慨,又是对现实文化运动仍应走经世致用之路的指示;既有为"竞赛"而"跟着跑"的不自觉,又有实因主张不同而立异的不得已。而所以淡去"文艺复兴"与"科学",则既受制于现实中的思想论争,又实是对清学历史再度反思的新认识。如此这般将现实中的志业、心绪转化为历史叙述的多种因素交互作用的面相,正是后人理解从《概论》到《近三百年学术史》之种种变化(包括对"今文学"叙述的变化)的锁钥。

(二) 变化中的"不变":晚清"今文学"的思想解放意义

其实,在任公有关晚清今文学叙述的前后变化中,亦有始终大端不变的内容,即对晚清"今文学"之于"思想解放"意义的三致意焉。

在《近世之学术》中,晚清今文学被冠之以"怀疑派",是为晚清"新思想"的先导。

> 数新思想之萌蘗,其因缘故不得不远溯龚、魏。而二子皆治今文学,然则今文学与新思想之关系,果如是密切乎?曰是又不然。二子固非能纯治今文者,即今文学亦安得有如许魔力?欲明其理,请征泰西。夫泰西古学复兴,遂开近世之治。谓希腊古学,果与近世科学、哲学,有不可离之关系乎?殆未必然。然铜山崩而洛钟应者,其机固若是也。凡社会思想,束缚于一途者既久,骤有人焉冲其藩篱而陷之,其所发明者,不必其遂有当于真理也,但使持之有故,言之成理,则自能震聋一般之耳目,而导以一线之光明。此怀疑派所以与学界革命常相缘也。今文家言,

一种之怀疑派也。①

《清代学术概论》对清学的概括是"以复古为解放":

> 综观二百余年之学史,其影响及于全思想界者,一言以蔽之,曰"以复古为解放"。第一步,复宋之古,对于王学而得解放。第二步,复汉唐之古,对于程朱而得解放。第三步,复西汉之古,对于许郑而得解放。第四步,复先秦之古,对于一切传注而得解放。夫既已复先秦之古,则非至对于孔孟而得解放焉不止矣。②

晚清今文学则当"第三步"与"第四步",康有为乃此两期的集大成者,其弟子则大弘其学。

> 康有为乃综集诸家说,严画今古文分野,谓凡东汉晚出之古文经传,皆刘歆所伪造。正统派所最尊崇之许、郑,皆在所排击。则所谓复古者,由东汉以复于西汉。有为又宗公羊,立"孔子改制"说,谓六经皆孔子所作,尧舜皆孔子依托,而先秦诸子,亦罔不"托古改制"。实极大胆之论,对于数千年经籍谋一突飞的大解放,以开自由研究之门。其弟子最著者,陈千秋、梁启超。千秋早卒。启超以教授著述,大弘其学。③

《近三百年学术史》总括"有清一代学术",

> 初期为程朱陆王之争,次期为汉宋之争,末期为新旧

---

① 前揭夏晓虹导读《论中国学术思想变迁之大势》,第127页。
② 前揭《梁启超论清学史二种》,第6页。
③ 同上书,第5页。

之争。①

因而"新思想"的兴起和传播成为晚清学术的主流。光绪年间,中法、中日战争酿成思想的剧变,新思想的急先锋是康有为。

> 那时候新思想的急先锋,是我亲受业的先生康南海(有为)。他是从"常州派经学"出身,而以"经世致用"为标帜。他虽有很奇特很激烈的理想,却不大喜欢乱讲。他门下的人,便狂热不可压制了,我自己便是这里头小小一员走卒。当时我在我主办的上海《时务报》和长沙时务学堂里头猛烈宣传,惊动了一位老名士而做阔官的张香涛(之洞),纠率许多汉学宋学先生们著许多书和我们争辩。学术上新旧之斗,不久便牵连到政局。康南海正在用"变法维新"的旗号,得光绪帝的信用,旧派的人把西太后拥出来,演成"戊戌政变"一出悲剧。表面上,所谓"新学家"完全失败了。②

显然,在梁任公看来,晚清今文学的最大的意义即在"思想解放":一方面是对本国旧经典旧学术的怀疑,一方面是对域外新思想的引入和"淬砺";二者乃一物之两面,故可分述(如《近世之学术》),也可合说(如《概论》),端视对作为新思想代表的康梁一派叙述的方便,并从中可见对所谓"新思想"内容的不尽相同的界定。

在《近世之学术》中,康有为是"新思想"的代表,尽管他也借用"今文学"的概念,但其解说却都是簇新的合乎"进化之理"的新学说,并以此与"今文学"区分高下。

---

① 前揭《梁启超论清学史二种》,第215页。
② 同上书,第123—124页。

康先生之治《公羊》治今文也，其渊源颇出自井研(廖平)，不可诬也。然所治同，而所以治之者不同。畴昔治《公羊》者皆言例，南海则言义。惟牵于例，故还珠而买椟；惟究于义，故藏往而知来。以改制言《春秋》，以三世言《春秋》者，自南海也。改制之义立，则以为《春秋》者，绌君威而申人权，夷贵族而尚平等，去内竞而归统一，革习惯而尊法制。此南海之言也。畴昔吾国学子，对于法制之观念，有补苴，无更革；其对于政府之观念，有服从，有劝谏，无反抗。虽由霸者之积威，亦抑误学孔子，谓教义固如是也。南海则对于此种观念，施根本的疗治也。三世之义立，则以进化之理，释经世之志，遍读群经，而无所于阂，而导人以向后之希望，现在之义务。夫三世义，自何邵公以来，久暗曶焉。南海之倡此，在达尔文主义未输入中国以前，不可谓非一大发明也。……近十年来，我思想界之发达，虽由时势所造成，由欧美科学所簸动；然谓南海学说无丝毫之功，虽极恶南海者，犹不能违心而为斯言也。南海之功安在？则亦解二千年来人心之缚，使之敢于怀疑，而导之以入思想自由之途径而已。①

　　《近世之学术》的著作，自有其特殊的用意(见第三章)，且当晚清"新思想"方兴之际，难窥全豹，故集中于对康南海"托古改制"的阐发；至《概论》之时，则晚清"新思想"作为五四"新文化运动"的源头，不仅必须说清楚，且已首尾完具，方便叙述，故梁启超、谭嗣同皆进入"新思想"叙述的队列，与康有为共同分担晚清"思想解放"的责任。康有为的影响主要在"二考"：《新学伪经考》和

---

① 前揭夏晓虹导读《论中国学术思想变迁之大势》，第128—129页。

《孔子改制考》。

> 《伪经考》既以诸经中一大部分为刘歆所伪托,《改制考》复以真经之全部为孔子托古之作,则数千年来共认为神圣不可侵犯之经典,根本发生疑问,引起学者怀疑批评的态度。虽极力推挹孔子,实则夷孔子于诸子之列;所谓别黑白定一尊之观念,全然解放,导人以比较的研究。①

其《大同书》虽"秘不示人",亦堪称今日言"社会主义"之先驱。

> 有为著此书时,固一无依傍,一无剿袭,在三十年前,而其理想与今世所谓世界主义、社会主义者多合符契,而陈义之高且过之。呜呼!真可谓豪杰之士也已。②

《概论》将康南海更明确地定位于今文学集大成者的位置,即以"飓风"狂扫、"火山"喷发之势,摇动数千年旧典籍、旧学派、旧思想乃至旧法制的根基,而将"新思想"阐发和宣传的任务,赋予了梁启超和谭嗣同。任公虽自命为今文学"猛烈的宣传运动者",但却对乃师"二考"均有不满,而刻意于"大同"思想的宣传:

> 启超治《伪经考》,时复不慊于其师武断,后遂置不复道。其师好引纬书,以神秘性说孔子,启超亦不谓然。启超谓孔门之学,后衍为孟子、荀卿两派,荀传小康,孟传大同;汉代经师,不问为今文家、古文家,皆出荀卿(汪中说);二千年间,宗派屡变,壹皆盘旋荀学肘下,孟学绝而孔学亦衰。于是专以绌荀申孟为标帜,引《孟子》中诛责"民贼""独夫""善战服上刑""授田制产"

---

① 前揭《梁启超论清学史二种》,第65页。
② 同上书,第67页。

诸义,谓为大同精义所寄,日倡道之;又好《墨子》,诵说其"兼爱""非攻"诸论。启超屡游京师,渐交当世士大夫,而其讲学最契之友,曰夏曾佑、谭嗣同。①

《概论》张扬所谓梁、夏、谭一派的"排荀"运动,但在当时(戊戌时期)这一"运动"其实只是朋友圈中私下的高论,见诸报刊且影响最大的"猛烈宣传"仍是任公赖以声名鹊起的《变法通议》。变法失败,流亡海外,任公完全摆脱其师今文经说的影响,通过《清议报》《新民丛报》等风行一时的报刊,成为"新思想"宣传创辟时期的领袖。

启超自三十以后,已绝口不谈"伪经",亦不甚谈"改制"。而其师康有为大倡设孔教会、定国教、祀天配孔诸义,国中附和不乏。启超不谓然,屡起而驳之。②

启超之在思想界,其破坏力确不小,而建设则未有闻。晚清思想界之粗率浅薄,启超与有罪焉。启超常称佛说,谓"未能自度而先度人,是为菩萨发心"。故其生平著述极多,皆随有所见,随即发表。彼尝言:我读到性本善,则教人以人之初而已。殊不思性相近以下尚未读通,恐并人之初一句亦不能解。以此教人,安见其不为误人?启超平素主张,谓须将世界学说为无限制的尽量输入,斯固然矣。然必所输入者确为该思想之本来面目,又必具其条理本末,始能供国人切实研究之资,此其事非多数人专门分担不能,启超务广而疏,每一学稍涉其樊,便加论列,故其所著述,多模糊影响笼统之谈,甚者纯然错误,及其自发现

---

① 前揭《梁启超论清学史二种》,第68页。
② 同上书,第70页。

而自谋矫正,则已前后矛盾矣!平心论之,以二十年前思想界之闭塞萎靡,非用此种卤莽疏阔手段,不能烈山泽以辟新局。就此点论,梁启超可谓新思想界之陈涉。①

梁氏之外,还有被称为晚清思想界"彗星"的谭嗣同。谭氏的贡献,在其"欲将科学、哲学、宗教冶为一炉""尽脱旧思想之束缚,戛戛独造"的《仁学》。其中

> 对于中国历史,下一总批评曰:二千年来之政,秦政也,皆大盗也;二千年来之学,荀学也,皆乡愿也;惟大盗利用乡愿,惟乡愿工媚大盗。当时谭、梁、夏一派之论调,大约以此为基本,而嗣同尤为悍勇。②

《仁学》中虽不免"近于诡辩"的言论,"然其怀疑之精神,解放之勇气,正可察见"。其下篇,

> 多政治谈。其篇首论国家起源及民治主义,实当时谭、梁一派之根本信条,以殉教的精神力图传播者也。又鼓吹排满革命,词锋锐不可当。③

《概论》也提及在言论宣传上堪称对手的章太炎,但又明确指出:

> 而对于思想解放之勇决,炳麟或不逮今文家也。④

《近三百年学术史》更多体现了晚清以来"新思想"的多元特点。中日甲午战争之前,所谓新思想的"原动力",首先是嘉、道年间"新

---

① 前揭《梁启超论清学史第二种》,第73页。
② 同上书,第75页。
③ 同上书,第76页。
④ 同上书,第79页。

兴之常州学派"。常州学派产出一种新精神,"就是想在乾、嘉间考证学的基础上建设顺、康间经世致用之学",代表这种精神的人是龚定庵、魏默深。但此派在嘉、道间"不过一支别动队"。其次,咸、同间,"当洪杨乱事前后,思想界引出三条新路":作为"汉学"对立面的"宋学复兴",因发愤自强而有"西学之讲求",由太平天国带来的"排满思想之引动"。甲午中日战争酿成思想的剧变,思想剧变的"原动力""是残明遗献思想之复活",新思想的急先锋是康有为。思想剧变又酿成政治上的剧变,"变法维新"运动则完全失败了。戊戌政变之后,任公总结说:

> 新思想的中心,移到日本东京,而上海为之转输。其时主要潮流,约有数支:
>
> 第一,我自己和我的朋友。继续我们从前的奋斗,鼓吹政治革命,同时"无拣择的"输入外国学说,且力谋中国过去善良思想之复活。
>
> 第二,章太炎(炳麟)。他本是考证学出身,又是浙人,受浙东学派黄梨洲、全榭山等影响甚深,专提倡种族革命,同时也想把考证学引到新方向。
>
> 第三,严又陵(复)。他是欧洲留学生出身,本国文学亦优长,专翻译英国功利主义派书籍,成一家之言。
>
> 第四,孙逸仙(文)。他虽不是学者,但眼光极锐敏,提倡社会主义,以他为最先。
>
> 要之,清末思想界不能不推他们为重镇,好的坏的影响,他们都要平分功罪。①

---

① 前揭《梁启超论清学史二种》,第124—125页。

总而言之,清末三四十年间,"学界活力之中枢,已经移到'外来思想之吸收'",这也正是"新思想"的核心。而其大毛病,"一是混乱,二是肤浅",任公一派不会独任其咎。

由上述,在任公三种清学史中,晚清今文学的"思想解放"作用,亦即对"新思想"的引动作用是一以贯之的,尽管"新思想"的内容和代表是随语境的不同而变化的。

(三) 广义与狭义:重新认识晚清"今文学"

以上任公"清学史"三种有关晚清"今文学"叙述的前后不一,实际上提出了应当重新认识晚清"今文学"的问题;而任公对晚清"今文学"之"思想解放"作用的始终如一的强调,又为我们更好地理解任公心目和叙述中的"今文学",提供了有启发意义的路径。

本书第六篇对《概论》中任公"自述"的讨论,曾指出任公所谓对"今文学"的"猛烈宣传",其具体而实质的内容却与原来意义上的《公羊》学和西汉今文学几无关联。即由任公"自述"的内容看,其本人对所谓"今文学"运动的"猛烈宣传",实集中于所谓"排荀"和对"大同"学说的发挥与宣扬。前者所"排"为秦以后二千年之政教,则无论今文、古文还是汉学、宋学,一并皆在排斥之列,正所谓"其论学术,则自荀卿以下汉、唐、宋、明、清学者,掊击无完肤";①后者则不免"貌孔心夷",其实是用孔子"大同"之名,糅合佛、耶及西洋新学等

---

① 《清代学术概论》,前揭《梁启超论清学史二种》,第69页。

所创立的新教义(即"创教")的精要所在,①与所谓"今文学"亦无甚关联。然而,《概论》又明确地将这些(梁、谭、夏一派人的思想活动)连同乃师康有为的种种(著述与变法活动等),统统划入"今文学"运动的范围,显然,《概论》的晚清"今文学",是一个广义的概念,即以康梁一派为核心的"思想解放"运动。

如前所述,《概论》之所以作的首要原因,即应胡适所请,记述"于思想界影响至大"的晚清"今文学"运动。因此,《概论》对"今文学"的广义解说,实际上是在胡适给定的"主题"下进行的,符合当时学界的部分后进对晚清"今文学"的笼统认知。

相较于《概论》,《近世之学术》与《近三百年学术史》对于晚清"今文学"的叙述,则属于一种"狭义"的解说。《近世之学术》将"今文学"限于从常州庄氏至廖平的一线传承,即始于庄存与、刘逢禄,寖盛于龚自珍、魏源,至王闿运、廖平而集其大成;"今文学"在清代"古学复兴"的序列中,为"第三期"——"西汉学占学界第一之位置"的时期,有别于第四期的"先秦学占学界第一位置"的康(有为)、谭(嗣同)新学。

《近三百年学术史》大大削减了"今文学"在清学叙述脉络中的篇幅,仅称其为嘉、道间的"一支别动队"。与之相应,也将其作用限于新思想先导的范围;今文学的代表人物,除却庄、刘、龚、魏,对于康有为,则承认其"常州派经学的出身",将其公羊学著作《春秋董氏学》《孔子改制考》,称为"从廖氏(平)一转手而归于醇正""于新思

---

① 关于康有为"大同"学说的具体来源问题,还有待更详细的讨论;就梁、谭等人戊戌时期对"大同"说的接受和宣传而言,连载于《万国公报》(1891年11月至1892年3月)的《回头看纪略》(即《百年一觉》)对百年后美国社会的想象,无疑是重要的参照之一。

想之发生,间接有力焉"。至于任公本人,则几与其师的"今文学"划清界限,成为新思想宣传的先锋,与章(太炎)、严(复)、孙(中山)共同分担晚清域外新思想输入亦即思想解放的责任。

进而言之,同为狭义的解说,《近世之学术》与《近三百年学术史》又稍有不同。前者将康梁一派划出今文学之外,以显示其在晚清新思想发生中的统领位置;后者则将康、梁二分,康属于"今文学",梁归于戊戌后面目一新、波澜壮阔的新思潮;同时,也承认了晚清新思潮发生成长中的多种来源和多种力量,似乎更为客观和通达。

无论广义还是狭义的解说,如果超出经学派别和名目的纠葛,所谓晚清今文学或"今文学"运动,其实际内容和意义仍可大致确定,亦即任公所云晚清"新思想的引入"之一端,及由之而来的"思想解放"潮流。对晚清"今文学"运动之意义的这般确认,恰是任公变化的今文学叙述中始终"不变"的尺度。虽然,从今文学与新思想的关系的维度来界定今文学的意义,其关键处还在对于新思想或现实中新文化建设的认识。实际上是对新思想、新文化的现实考量,影响了任公三种清学史对今文学的意义判断。

当然,以上种种,又仍是对任公清学史的相关内容的概括和申说。其与历史实况之间尚有多方面的出入。比如,前文已指出,戊戌时期康梁一派的思想活动,相当大一部分实际上是围绕着"复原孔教"这一大题目进行的,但无论是《近世之学术》《近三百年学术史》,还是《概论》,出于种种原因,都无一例外地回避了对"复原孔教"——这一他们曾致力的"中国的宗教改革"的大事业的叙述。

最后,关于晚清"今文学",可以试做如此归纳:通常所指的晚清"今文学"运动其实即康、梁一派在甲午前后、戊戌时期的活动;这一

"运动"在文化、学术层面上运作的目标和核心是"复原孔教",在思想、政治层面上进行的是维新变法的宣传和实践;而二者实际上又只是一个整体的两面,其根本的宗旨,又如任公所说,实是欲在西学初入、"学问饥荒"的环境中,力图"构成一种'不中不西即中即西'"的新学说①,以推动中国的变革,挽救民族的危亡。如此"运动",可以如其当事者的初衷,称其为"复原孔教"或"中国的宗教改革"运动,也可以如当时多数人的共识,称其为"变法"运动或中国的"明治维新",还可以如任公最后的解说,泛称其为新思想的初潮;惟若称其为"今文学"运动,则需做出类如形式、内容的更具体的界定。

举例来说,在康有为看来,排斥古文的《伪经考》是为"复原孔教"的必经阶级(即"排斥歆学"),但如此武断,不仅为士人多数所不屑,就连"梁、谭、夏一派"也不以为然,实为排之所不必排;康氏著作引起强烈反响的是《改制考》,尽管其"改制"名目,如同任公倡言的"三世"一样取自《公羊》,然而毁誉双方却有共识,一致认为所谓"改制"实是"改教"。诸如此类关于"今文学"和《公羊》说的当时效应,实有具体分析辨别的必要。

再者,若仅就对公羊学说或今文经说的认同而言,则晚清今文学的学术史的范围要宽广许多,远非康、梁一派所能独占,其间政治立场的歧异,以及学术上的正宗和异端的纷争,也还有甚为广阔的讨论空间。比如,由龚自珍、戴望、谭献、夏曾佑、张尔田等一脉相续的常州今文学的浙西一系。

自然,全面地重新检讨晚清"今文学"并非本书的论题,也非本书之力所能及,但若能由本书提出的问题引出对晚清"今文学"研究

---

① 前揭《梁启超论清学史二种》,第79页。

的新的进展,则又是本书所乐于期待的。至于本书通过对任公有关晚清"今文学"叙述的解读所欲表明者,无非还是"知人论世"或"知人论著"这样的老生常谈,也就是说:任何一种学术史的叙述,都带有作者和时代的印记,需要将其放回它产生的"语境"中进行解读,所谓"经典"的文本亦是如此。

附录 经今文学的异趋:张尔田[①]与晚清民国时期的经史学

"开元四部部居难"[②],是张尔田对其《史微》一书的自评,说的是该书分类归属的不易。文如其人,张尔田本人在晚清民国的学人群中,同样是一位面目颇为复杂的人物。他是康有为、梁启超"邪说""谰言",即所谓"晚清今文学运动"的严厉批评者,但在学术立场上却推崇常州庄氏一系的《春秋》公羊学派;他既好今文家言,又服膺为经古文学张目的章实斋"六经皆史"说,以至绾合二者,"以《公羊》家言而宏宣章义"[③],难免"自有抵牾"之讥;[④]他以胜清遗民自居,标榜"白衣宣至白衣还",以"不入新朝士籍",自解其预修清史的

---

① 张尔田(1874—1945),又名采田,字孟劬,晚号遯堪。浙江钱塘人,张东荪胞兄。清末以例监生为刑部主事,改官江苏试用知府。入民国,以遗老自居,曾参与《清史稿》修撰。又先后任教于北京大学、上海交通大学、燕京大学,门下弟子知名者,有王锺翰、张芝联等。著有《史微》《玉谿生年谱会笺》《清列朝后妃传稿》《遯堪文集》等。
② 张采田《史微》题赠诗,见周谷城主编:《民国丛书》第五编60,上海书店1996年版,扉页。
③ 钱基博:《〈复堂日记〉序》,谭献著,范旭仑、牟晓朋整理:《复堂日记》,河北教育出版社2000年版,第5页。
④ 此借用钱钟书评谭献语:"谭既宗仰今文,而又信六经皆史之说,自有抵牾。"见钱钟书:《〈复堂日记〉续》,前揭《复堂日记》,第3页。至于张尔田与谭献之关系,详见后文。

行止,①但却被更纯正的遗老王国维,指为"无定见""心事难知"。②至于这部张氏成名作的《史微》,尽管以"史"冠名,且也常被后人归入史部著述,但其实际上的"身份",正如作者自言,还有讨论的必要。

面目的复杂,自然带来认识的困难和误解,加之时运不济,难免长期处于边缘位置并几被遗忘。对此,张氏本人似有前知。他曾将《史微》一书,比之于唐代释神清的《北山录》,感慨系之,称:

> 神清书逆于世趋,禅宗仇之,排佛者目笑之,其晦也千余年,时节因缘,今日复显;余之书亦不为竺古者所喜,而为蔑圣者所诽,其晦固宜,而其显也正不知何日!③

类似的诸如"俟之后人""以待河清"等伤时自珍的言论,在张氏及友朋的论著中多能见到。④ 笔者于十余年前读到这些文献,对如张氏这类在近代社会变革大潮中左支右绌,既不见容于新,又难取谅于旧,非新非旧、亦新亦旧、面目模糊的人物,也不禁喟叹其生前身后的寂寞和凄凉。并由此用心于收集张氏的论著和相关文献,拟作绍介,却迁延未成文。

还是因缘时会,近年来有关张尔田的研究,不期然竟有了显著的

---

① 参见钱仲联:《张尔田评传》,收入氏著《梦苕庵论集》,中华书局1993年版,第448—449页。又"白衣宣至白衣还"句,见张氏《乙卯南归杂诗》之十六,《学衡》第七十一期。
② 王国维:《致罗振玉》,见刘寅生、袁英光编:《王国维全集·书信》,中华书局1984年版,第145、208页。
③ 见前揭《史微》题赠诗自注。
④ 如前揭《史微》本,孙德谦序;孙德谦、张采田著《新学商兑》(重刊本),张采田序。

进步。① 拜读已有研究论著,受益良多;然似仍有余义可发,故详人所略,草此小文,以就教于方家。

《新学商兑》是张尔田早年著述,近期的相关研究对之关注不多,本文由对此篇的介绍开始,之后会就张尔田的学术师承与宗尚,《史微》的属性及与近代经学走向之关系等,略抒己见。

一

《新学商兑》(以下简称《商兑》)是张尔田与孙德谦②合著的作品。据该著1935年重刊本张尔田的识语,《商兑》成于光绪丙午,即1906年,是为孙、张论著中的早年之作。该识语又说,《商兑》"当日曾由苏州存古学堂排印",但我们今天所能看到的最早版本是1908

---

① 管见所及,在大陆学界有《史微》的新点校本(黄曙辉点校,上海书店出版社2006年版)的出版,及张笑川(《经史与政教:从〈史微〉看张尔田对中国古代学术思想的解读》,《史林》2006年第6期;《张尔田与〈清史稿〉纂修》,《清史研究》2007年第1期;等)、满凤(《张尔田对"新史学"的批评》,《黑龙江史志》2010年第15期,等)等人的研究;在海外则有蔡长林(《"六艺由史而经":张尔田对经史关系之论述及其学术归趋》,收入氏著《从文士到经生:考据学风潮下的常州学派》,"中央研究院"中国文哲研究所2010年版)、严寿澂(《〈史微〉要旨表诠》,收入氏著《百年中国学术表微·经学编》,华东师范大学出版社2012年版)等诸学者的成果。最新看到的是台湾师范大学陈秋龙的硕士学位论文:《张尔田的经史思想与文化关怀》(2011年)。

② 孙德谦(1868—1935),字受之,又字寿芝,号益盦,晚号隘堪居士。元和(江苏吴县)人。早岁治经,喜高邮父子之学,兼及声音训故。其后得交钱塘张尔田,共治先秦诸子之书。又同好章实斋之言,并称海内治会稽学之两雄。晚年曾执教上海政治大学、大夏大学、广州学海书院等。著有《诸子通考》《太史公书义法》《汉书艺文志举例》《刘向校雠学纂微》《六朝丽指》《稷山段氏二妙年谱》《古书读法略例》等。有关孙氏生平,可参见王蘧常:《清故贞士元和孙益盦先生行状》(《新学商兑》乙未重刊本附录)、吴丕绩:《孙隘堪年谱初稿》(《学海》创刊号、第一卷第六册);有关孙氏与张尔田的交往,可参见张尔田:《与陈柱尊教授悼孙益盦教授书》(《学术世界》一卷八期)。

年刻本,该本前有张尔田光绪三十四年的"叙"言,或即为初刻本。

《商兑》1908年本(以下引述若非特别注明,均用此本)①,有副题"原名辨宗教改革论",署"元和孙德谦益庵辨正 钱塘张采田孟劬申义"。正文之前,有张采田识语,说明作意及体例,云:

> 近世新学小生,其谭六艺诸子也,无不奉梁氏为依归。梁氏之学,盖出于其师,宗仰欧风、醉心宗教,以变政之作用为学术之趋舍:其可以附会者,若公羊、庄、孟,则穿凿之,其不可以附会者,若荀子、汉、宋诸学,则摧拉之;假藉牵合,不顾诬圣蔑经以便其私。此梁氏一人之宗旨,而非六艺诸子之宗旨也。世因信梁氏并信其论定六艺诸子之言,谬种流传大江南北,滔滔未已,良可慨也。益庵取其《论支那宗教改革》一篇,辞而辟之,略示旨归,洵卫道之苦心哉!余读而善焉,意有未尽,辄以鄙见引申之,附诸末简。深思好学之士,亦可无惑于梁氏之谰言,而吾道之昌,庶几以余二人为嚆矢也欤。

由此可知,《商兑》为辩驳之作,其具体"商兑"之对象为康、梁之"新学",其直接针对者乃梁启超《论支那宗教改革》一文。《商兑》由孙德谦初作,用"辞而辟之"体例:即条列梁氏文中语句,然后逐次予以批评;张尔田则于每条孙氏批评后(亦有少数在孙氏文中),以"案语"("采田案""又案")形式,再申己义。就全书来看,张氏之"案语",往往"案"而"又案",且随文附录其正在著作中的《史微》的相

---

① 笔者所用版本为北图藏本,得周海建君之复制,并与1935年重刻本互勘,特致谢意。

关篇章(如《原儒》《原史》《原子》等)①,故其篇幅多超过孙氏文字;在全部批评文字中,孙氏"批评"约占全书三分之一,而张氏"案语"则约为三分之二。

梁任公《论支那宗教改革》(以下简称《改革》)一文,初刊于《清议报》第19—20 册(1899),为任公当年在日本哲学学会演讲的文稿。《改革》着意阐发乃师康有为关于中国的"宗教改革"——复原孔教之真教旨——的基本主张,实为流亡海外之初,任公就戊戌变法期间康梁一派之作为,自解于内外舆论的系列文章之一。此文对于真实地了解戊戌期间的康梁派的思想主张乃至当时维新思潮的特殊取向,具有重要的参考意义。然而奇怪的是,该文不仅在当时的言论界缺少回应,而且在后世的研究者中,似乎也没有引起特别的注意。笔者寡闻,《商兑》或是仅见的认真回应《改革》的专论。

《改革》以为:国家之独立、强盛,首在国民思想的开通,

> 而欲转变国民之思想,不可不于其所习惯所信仰者,为之除其旧而布其新,此天下之公言也。泰西所以有今日之文明者,由于宗教革命而古学复兴也。盖宗教者,铸造国民脑质之药料也。我支那当周秦之间,思想勃兴,才智云涌,不让西方之希腊;而自汉以后二千余年,每下愈况,至于今日,而衰萎愈甚,远出西国之下者,由于误六经之精意,失孔教之本旨,贱儒务曲学以阿世,君相托教旨以愚民,遂使二千年来孔子之真面目湮而不见,此实东方之厄运也。故今欲振兴东方,不可不发明孔子之真教旨。②

---

① 《商兑》中所附《史微》各篇,与后来《史微》刊行本的相应各章,在文字上均有出入,且篇名亦有改易,如《原子》即刊行本之《百家》。
② 梁启超:《论支那宗教改革》,《饮冰室合集》文集之三,中华书局1989年版,第55—61页。

而经康有为所发明的孔子之教旨,可概括为六大主义,即"进化主义非保守主义;平等主义非专制主义;兼善主义非独善主义;强立主义非文弱主义;博包主义(亦谓之相容无碍主义)非单狭主义;重魂主义非爱身主义"。

> 而欲证明此六主义之所以成立,与彼六反对主义之所以误传,则不可不先明孔学之组织与其传授变迁之源流。①

易言之,对孔教"传授、变迁之源流"的梳理,和对孔教之六大主义的解说,是为《改革》一文的两大基本内容。而《商兑》之辩驳,亦围绕这两个问题展开。以下节要排比二文,以为介绍。

(1)关于孔教传授源流,《改革》指出:孔门之为教,有特别、普通之分。普通之教,曰《诗》《书》《礼》《乐》,凡门弟子皆学之;特别之教,曰《易》《春秋》,非高才不能受。得《春秋》之传者为孟子,得《易》之传者为庄子。普通之教,谓之小康;特别之教,谓之大同。门弟子根器不同,所授亦异。荀卿言:凡学始于诵《诗》终于读《礼》,不知有《春秋》;孟子全书未尝言《易》,殆不知有《易》。孔门传授为二大系统:小康教派,仲弓、荀子;大同教派之大师,庄子、孟子。而自秦汉以至今日,儒者所传,只有小康一派,政治、学术皆出于荀子,大同之统遂绝,孔子之真面目,不可得见。②

对于上述有关孔门授受、派分的论说,《商兑》特别拈出"得《春秋》之传者为孟子""得《易》之传者为庄子"、荀卿"不知有《春秋》"、

---

① 梁启超:《论支那宗教改革》,《饮冰室合集》文集之三,中华书局1989年版,第55—61页。
② 梁启超:《论支那宗教改革》,见前揭《饮冰室合集》。以下所引《改革》一文,均据此本,不再出注。

孟子"不知有《易》""小康教派仲弓荀子""大同教派之大师庄子荀子"等数条,逐次予以辨正、申论。其大意为:其一,荀子亦传《春秋》(包括《公羊》大义),孟子则"得《易》之用","儒家者流,皆身通六艺";且"通六艺贵明大谊。诸子著书本以阐道,原非说经,偶有引证,不过触类而及,岂必斤斤六艺之文始足为通经也?"其二,庄子为道家,言其为儒家乃宋儒附会;而道家之学"无不通于《易》,岂独庄子为得《易》传哉?"其三,以仲弓为荀子师并无根据,荀子"合群"说实具"大同"义;而"儒道不同派,庄孟不同术,合而为一,武断极矣"。①

值得一提的是,孙、张在大同、小康的问题上,意见似略有不同。孙德谦认同孔门之大同、小康说,但以为不仅孟子可为大同派,荀子也传大同义,而庄子则非亲爱、小仁义,"绝非以大同为教者"。张尔田则认为"梁氏以大同、小康论定群籍,最为无据"。《礼运》所谓大同、小康,"盖言施治之方因时制宜,亦如《春秋》三世分为太平、升平、据乱,非以大同为优,小康为劣也"。且《礼运》之大同,与梁启超所说的自由平等截然不同;"梁氏大同主义从英人《百年一觉》②悟出,然彼是小说家寓言,即近今泰西政治尚不能仿佛其万一也,岂容附会以诬古书哉!"张氏进一步指出:其实大同主义源自道家,孔子

---

① 孙德谦、张采田:《新学商兑》,1908年初刻本,以下所引《商兑》之文,均据此本,不再出注。
② 《百年一觉》,为美国人毕拉宓(贝拉米)所著具空想社会主义色彩的幻想小说,后通译为《回顾》。1891年李提摩太(署名"析津")将该小说撮要译为中文,名《回头看纪略》,连载于《万国公报》;1894年,上海广学会又出版单行本,易名《百年一觉》。戊戌期间,该小说颇为维新派人所注目(谭嗣同《仁学》中即记有此书),并有康、梁大同说受该书启发的传言。张尔田早年或受夏曾佑影响读过此书,并以之赠人,其《孱守斋日记》(《史学年报》第二卷第五期)云:"以李提摩太所译《百年一觉》赠族侄少苏。是书泰西说部,悬想世界百年后太平景象,所言皆乌托邦事也。"

以匹夫而具天人之德,制法后王,实兼儒道二统;孟子"著书宗旨专属儒家,与大同之教绝不相符"(儒家亦百家之一,不过因孔子所从出而为后人所尊),而大同、小康实不足以为荣辱。此说为张尔田"考镜六艺诸子学术流别"的重要论断之一,《商兑》于此条全文附录《史微》之《原儒》篇,详细论说此新见:孔子以儒家兼道家,其弟子则皆儒家;孟、荀各得孔教一端,光大孔子之道,不容轩轾。

可稍做引申的是,孙、张此处所论,与任公《改革》意旨实有殊途同归、百虑一致之处,即同为"复原孔教"的不同解说。所以如此,除却学术宗尚(张氏亦尊今文公羊,详后)的因素,世风时尚之移人(孙、张同为晚清诸子学复兴的重要人物,且好以近世诸子学之开创者自居,然其子学所受任公等人启发影响,亦难以否认,《商兑》即是一例。亦详后)或更为重要。

(2)《改革》将秦汉以后之政教皆归于荀子的小康之学,并归纳《荀子》全书纲领为四大端,即"尊君权","排异说","谨礼仪","重考据"。其居首者为"政治",后三者皆为"学问"。《商兑》对所谓荀学四纲领,逐条予以批驳。

关于"尊君权",《商兑》指出:荀子尊君权,由君能合群为说,与所谓专制政体无关;秦之专制制度,最近法家,李斯背师,为荀子罪人,梁氏不应将"后代王者尊用秦法"的责任归于荀子。

关于"排异说",《商兑》以为,荀子非十二子,"无不以礼进退之",而非门户水火之见;且孟子拒杨墨在先,人人皆知,荀孟俱排异说,"而但标荀子欲以便其小康之说,是谓不公"。进而言之,"排异主义实为吾国学术不发达之一端。为汉学则驳宋学,为许郑之学则吐弃仲舒、邵公之说,为程朱之学则排斥象山、永嘉之言,为儒学则仇百家、诋二氏,一卷之书不胜其聚讼焉,一家之内不胜其阋墙焉,真刘歆所谓党同门、妬道真,庄生所谓大惑终身不解者也。而其风实起于战国。以孟荀二贤尚不能免,更何论汉宋以降乎?但梁氏欲以后世门户水火之争归罪荀子一人,吾不能不为古人抱恫矣。且梁氏喜大同则取孟子,恶小康则斥荀子,是排异之罪梁氏先躬自蹈之,何其明于秋毫而暗于目睫欤?"

关于"谨礼仪",《商兑》以为,梁氏斥荀子不讲大义而惟以礼仪为重,实是不曾"细读荀子全书"。《荀子》全书一宗于礼。然有言礼意者,有言礼制者,实不专重仪节。且"礼仪、礼义二者岂容分析?"夫所谓礼仪者,而礼义固寓其间矣。"彼不读《荀子》者,又惟梁氏言是从,岂非谬种流传也哉?"

关于"重考据",《商兑》指出:荀子传经专明大义,"绝非专考名物制度训诂可比"。汉代群经虽传自荀子,然两汉学术分二大派,西汉遵今文,专明孔子微言大义,至东汉古文学兴,而章句训诂之书始重。"荀子说经,与西汉今文家书多同,与东汉马融、郑康成章句训诂之学则大异,若后世考据家饾飣琐屑,更无与于荀子矣。"针对梁任公所谓"本朝考据之学"乃受荀学之蠹一说,张尔田特就清代学术作一概述,表现出与同期有关清学史论说[①]的不尽相同之处,引述如下:

> 考据之学实创于宋儒,《考古质疑》《演繁露》《容斋五笔》《困学纪闻》等书是其嚆矢。不但周秦诸子无此种学术,即两汉魏晋儒者章句训诂之书尚重大谊,与琐屑饾飣一字一句之间者迥然分途,不宜合为一家。若本朝诸老,多宗王伯厚、黄东发一

---

① 同期有关清代学术的论述,可参见章太炎:《清儒》;梁启超:《论中国学术思想变迁之大势》;刘师培:《清儒得失论》《近代汉学变迁论》;皮锡瑞:《经学历史》,等等。

派,固自命为考据家矣,然其间亦自有分别。国初沿明季理学余风,顾亭林、黄梨洲、王船山、李安溪、方望溪诸先生表扬六经,皆不脱宋儒蹊径。惠定宇氏起,始知汉儒家法;戴东原氏起,始能于宋儒言理之外别有所得。段若膺氏起,始集声音训诂之大成,然于今古文界限犹未悉也;庄方耕氏起,始能窥今文家发明孔子之微言大义,然于古文犹未知也。章实斋氏起,始畅论六经皆史之谊;龚定庵又本之推阐诸子(观《古史钩沉论》,是定庵有意宣究诸子之学矣),于是古文之真相大明,而我朝学派至此始极盛矣(其间若高邮王氏专以小学说经,王西庄墨守许郑,钱竹汀专长史考金石,门径最窄,不足与诸人比也)。间尝尚论诸老,若元和惠氏一家、婺源江氏一家(东原、若膺皆出于江慎修)、常州庄氏一家、汪容甫、魏默深、章实斋、宋于庭、龚定庵、陈句溪,皆我朝学派中第一流也。江藩《国朝汉学师承记》,所载多饾饤考据之儒,不足见我朝学派之全体也。虽饾饤考据,一字一句之间者间不能免,而于千载宋学封蔀之后独开门径,是岂程大昌、叶大庆诸人所可望哉!至于周秦诸子学术源流,本朝无一人究心(龚定庵虽能知诸子出于史,而于学术源流实全未梦见也),《荀子》一书治之者亦不多见(本朝治诸子者,大抵校勘字句之间,如张皋闻校《墨子》,王益吾注《荀子》,皆不得谓之子学也)。梁氏欲蔽罪古人,巧为附会,真驾言污蔑之尤者也。此等穿凿即从考据家出而乃动诋考据,所谓同浴而讥裸裎者非耶?

由此可知,张尔田虽鄙薄考据,却不以考据概括清代学术。其所看重者毋宁在分别今古文和发明孔子微言大义的今文学,以及对六艺诸子学术源流的究心。从他所罗列的本朝第一流学派、人物,可见其学术取向和追求。

(3)《改革》申论荀学:以为学术上所谓汉学、宋学两大派,其实皆出于荀子;又以为荀学为小康之学,其教仅《诗》《书》《礼》《乐》。而"《诗》《书》《礼》《乐》,孔子纂述之书,实则沿袭旧教耳,非孔子之意也"。"孔子之意,则全在《易》与《春秋》",此即大同之学。

《商兑》则指出:梁氏前谓汉学、考据学原于荀子,已经辨正;此则更谓宋学亦出荀子,尤非事实。相反正是宋儒尊孟抑荀,荀学始微,"是荀子且因宋学而几废也"!"夫汉学之琐屑,宋学之迂疏,论者痛訾之可也,以之毁荀子谓其原皆出于此,非通论也。"《商兑》更反对将六艺(经)割裂为小康、大同的说法,以为六经皆先王政教之书,孔子取而述焉以垂法后王,增之不容七,损之不能五,无所谓大同、小康之分也。且不惟《诗》《书》《礼》《乐》因沿旧教,《易》亦本于伏羲、文王;《春秋》虽改作,亦是不得已取鲁诸侯之史而改制者,"盖孔子皆因沿旧教,或作或述以垂法后王,其意所在,非有偏重也"。张尔田尤进而指出:

> 自来儒者说经,无一人知六艺为何物者,独本朝章实斋一言断之曰六艺皆史也,可谓好学深思心知其意矣。惟是六艺既为先王之史,何以又称之为经,此则章氏不能言也。故其说推之古文家而通,推之今文家则不通矣。余纂《史微》有《原史》篇,今载此可与章氏说参考焉。

其所附录《原史》之结论为:"由前而观,六艺皆王者之史,根据于道家;由后而观,六艺为孔氏之经,折中于儒家。"

(4)《改革》以《易》《春秋》为集聚"孔子之意"的"大同之学",但又将《易》作为"出世间法之书"而不论,极力推崇《春秋》一经、《公羊》一传:"若《春秋》者,则孔子经世之大法,立教之微言皆在焉。"且《春秋》非记事之史,乃记号之书(如算学之代数),其精要全在口说,而其口说之传授,在于《公羊传》。然自东汉以后,《公羊传》一书,若存若亡,《春秋》无人能解,至谓其为非常异义可怪之论,相率不敢言之,此则大同教派暗昧不传之大根原也。

《商兑》驳斥"《易》为出世间书",谓:"六艺皆先王经世之大法,孔子删定以示后王。周《易》本圣人言天地之书,制用前民皆原于此。其所取象风雷火泽,无非天地间物,即消息爻辰诸说出于阴阳五行,亦与人事相终始,岂有所谓出世悬谈耶?"关于《春秋》,《商兑》则用力于三传之关系,以及今古文问题的辨析。认为

> 孔子删定六艺皆有旧说、口说二派。旧说为古文家,口说为今文家。《春秋》为笔削之书,故口说独详《公》《谷》二家,一为后世制法,一为当时垂教,皆圣人应化无方之妙迹,非有所偏重也。至于《左氏》一传,实为《春秋》本事而作,其发凡起例,无非鲁国史策之旧文。盖左氏身为史官,亲见孔子手定春秋,恐口说流传渐失鲁史之真,于是述本事而作传,所以明夫子不以空言说经也。

> 故汉儒皆言左氏不传《春秋》,谓不传《春秋》之口说,非不传《春秋》之本事也。自本朝刘申受疑左氏书法为刘歆所伪造(龚定庵亦有《左氏决疣》),梁氏之师附和之,而不知《左氏传》中如"不赴告不书""有蜚不为灾不书"等皆本鲁史旧文,更可为传本事之一证(余别有《左氏书法考》),安在其为刘歆伪造耶?

在此之后,张氏意犹未尽,又附录《史微》之《原史》篇,申论今古文源流问题。其大意为:

> 古文者,旧史说经之书,而孔子采之者也;今文者,孔子说经

之书,而弟子述之者也(汉初诸儒传孔子口说,先著竹帛以隶写之,故曰今文;古经后出山岩复壁,多蝌蚪文,故曰古文。今古文者,盖两汉时传经者一名词也)。今观古文诸经,多出入于道家,岂非古史旧籍耶?故西汉儒者不认为经,至刘歆校书始附六艺。刘歆虽爱护古文,犹未显然废今文也。显然废今文以古文为定本者,则始于郑康成氏。其后来者,则变本加厉,直欲尽扫今文而后快。唐人义疏出焉,而我孔子删修之大旨益不可识矣。故曰:知六艺之由史入经,则可与论今古文也。

至于《改革》独崇《春秋公羊》之用心,《商兑》则直斥为假借所谓"非常异义可怪之论",而行其"易道""改制"、自由平等之说,"非所以尊《春秋》,实所以诬《春秋》也"。然而"近日笃旧之士,又有因梁氏之附会而欲废《公羊》一传者,此又因噎废食之蔽矣"。

(5)《改革》以上所述,为孔教"变迁源流";以下则分论所谓孔教之"六主义"。《商兑》亦分别予以"辨正"。

"第一,孔教乃进化主义,非保守主义"。《改革》云:《春秋》之立法也,有三世。言世界初起,必起于据乱,渐进而为升平,又渐进而为太平。今胜于古,后胜于今,此即达尔文、斯宾塞等所倡进化之说也。三世之义为《春秋》全书之关键。因三世之递进,故一切典章制度,皆因时而异,日日变易焉。于据乱世则当行据乱世适宜之政,于升平世则当行升平世适宜之政,于太平世则当行太平世适宜之政,必不能墨守古法,一成不变也。故明三世之义,则必以革新国政为主义,而保守顽陋之习必一变。

《商兑》则云:公羊家所言《春秋》三世说,确如梁氏所解释的渐进主义,当其世而行其政,不容躐等。然梁氏之意,仍在借此以说"改制",其所谓"日日变易",又适为"渐进"之反对。且"进化""保守",为近日西学家新名词。孔教以治世救民为宗旨,绝无此种区别。"试以梁氏言征之,孔子曰温故而知新、当仁不让于师,固重进化主义矣,而他日又言信而好古、好古敏以求之,曰信古曰好古,安见其非保守乎?然则梁氏云云非事实矣。"

"第二,孔教乃平等主义,非专制主义"。《改革》云:上文所谓大同派、小康派,小康派以尊君权为主义,大同派以尊民权为主义。小康者,专制之政也;大同者,平等之政也。孟子传大同之学,故其书皆以民权为主义,如民为贵,社稷次之,君为轻之类是也。而《春秋》之法制,皆所以抑制君主之专横,用意深远,条理繁密。其余若井田之制,欲以平贫富之界;亲迎之制,欲以平男女之权,其事更不一而足。可见孔子全以平等为尚,而后世民贼,乃借孔子之名,以行专制之政,则荀子之流毒耳。

《商兑》则云:《礼运》大同、小康二义并立,而曰"此六君子者未有不谨于礼者也",则其视小康也,自非尧舜禹汤文武不足当之,岂后世专制政体所可拟耶?君为民而设,荀子曰君者能合群者也;孟子所谓"民为贵",是言君当以民为贵,非谓民尊于君,而人君反卑之也。至《春秋》法制以天统王、以民随君,固所以抑制君主矣,然未尝使民皆有权也。夫国无民不能独存,而民无君亦不能独治。孔子之教是勉君以爱民,不是教民以仇君,何尝有君权民权之分哉?即以泰西政治而论,惟美法二国是民主,若英若独逸若日本无不以立宪自强,其宪法皆主张君主神圣不可侵犯;即美法二国虽不立君,而仍设大总统以治其民,大总统者,不世袭之君主也。可见国无君不能施政,若皆君民平等无上下之别,不崇朝而乱作矣,讵能久乎?且《礼运》所言小康之"以正君臣、以笃父子"等,与《孟子》所谓"教以人伦,父子有亲、君臣有义"之说,义正相合,则孟子又岂是仅言大同?

梁氏又以大同为平等,则更不可解。自有世界以来,有人物即有富贵贫贱、长幼男女之分。孟子曰:"物之不齐,物之情也。"孟子非彼所谓大同派耶?何以不言平等?董仲舒为《春秋》大师,一则言君权之不可去,一则言民欲之不可从。然则论者谓孔教必以民权为重,岂非臆说也哉!

"第三,孔教乃兼善主义,非独善主义"。《改革》云:佛法以慈悲为第一义,孔教以仁慈为第一义。孔子为救民故,乃至日日屈身,以干谒当时诸侯卿相,欲藉手以变革弊政,进斯民于文明幸福也。当时厌世主义一派颇盛,如楚狂、长沮等皆攻难孔子,而孔子则所谓行菩萨行也。然则学孔子者,当学其舍身弃名以救天下明矣。而自宋以后,儒者以束身寡过、谨小慎微为宗旨,遂至流为乡愿一派,坐视国家之危亡,生民之疾苦,而不以动其心,见有忧国者,则谓为好事,谓为横议,相与排挤之,此中国千年以来最恶陋之习。若能知孔子之在当时,为好事之人,为横议之人,而非谨守绳尺束身寡过之人,则全国之风气,必当一变矣。

《商兑》则云:谓孔子为好事之人、横议之人,诬蔑我孔子甚矣。孔子删定六艺,内圣外王之道,无非勉人寡过,束之于名教之中(浏阳《仁学》论名教之蔽最无理),其为绳尺也严矣。而谓孔子偏然反之,此俗儒宽以律己、苛以绳人之陋习,圣人必不为也。且兼善、独善,为孟子之说,而孟子方且以处士横议欲力辨之;论者信孟子,而谓孔子为好事横议之人,使今有孟子,忧当何如耶!

"第四,孔教乃强立主义,非文弱主义"。《改革》云:孔子六经,重强立而恶文弱,甚矣。自晋唐以后,儒者皆懦弱无气,大反孔子之旨。惟明代阳明一派,稍复本真耳。而本朝(清)考据学兴,柔弱益甚,遂至圣教扫地,国随而亡。皆由压制服从之念多,而平等自立之气减。故今既发明平等主义,则强立主义自随之矣。

《商兑》则云:儒家宗旨不分强立、文弱,惟义之与比。所谓不畏强御、义形于色,固非文弱者所可借口,然如梁氏以流血为强立,则弑父与君亦不从也。阳明论性理虽以致良知为旨,而生平则极尽臣节者也。至国朝考据家专事名物训诂,使经学入于无用,弊诚有之,然今日国势濒危,恐亦非考据家文弱所致也。论者苛责汉学,实是欲加之罪耳。关于阳明之学,张尔田又作专门论述,于此可见其学术倾向。

  梁氏尊视阳明,殆以阳明于学术中能自立门户也。不知学术贵自立,而行己接物则当恂恂于法度之中。试问阳明生平有如梁氏所谓好事横议者乎?至于阳明学术得谤遍天下,爱憎之口至今未已,而其实阳明当日所为依然宋儒矩矱也(余著明儒学案点勘已详论之)。宋学开自二程,至朱子始博大,至象山始入微,阳明始有途辙可循矣。此非阳明之智胜朱陆也,天下事后必精于前,今必繁于古,学术消息之机,其理本如是耳。

  乃世之论者言及程朱则极口尊崇,言及陆王则同声诋毁,并其遗书亦不一寓目焉,真吾之所不解矣。(此就宋学言之,故阳明未可厚非,若以孔教而论,则六经大义微言,与宋学截然两途。不特阳明言心言性,有虚实之分,即朱子涵养须用敬,进学在致知之宗旨,亦非复孔门矩矱也。朱陆异同之争,其亦可以已乎!)

"第五,孔教乃博包主义,非单狭主义"。《改革》云:佛之大乘法,可以容一切。孔子之大同教,亦可以容一切,故《中庸》谓万物并育而不相害,道并行而不相悖。如三世之义,据乱之与升平,升平之与太平,其法制多相反对,而《春秋》并容纳之,不以反背为伤者,盖世运既有种种之差别,则法制各适其宜,自当有种种不同也。当时九流诸子,其大师多属孔门弟子,既受孔教,退而别树一帜。盖思想之自由,文明发达之根原也。听其诸说杂起,互相竞争,而世界自进焉。自汉以后,定于一尊,黜弃诸子;名为尊孔子,而实则背孔子之义甚矣。遂使二千年来,人之思想不能自由。今当发明并行不悖之义,知诸子之学即孔子之学,尊诸子即所以尊孔教,使天下人人破门户之意见,除保守之藩篱,庶几周秦古学复兴而人智发达矣。

《商兑》以为梁氏所列孔教数教旨中,"惟此为无病",尤以言"尊诸子即所以尊孔教"为卓见。但同时又指出,梁氏论诸子,"荀子则诋为小康,孟子则诬为大同",实未能得诸子之真相。因此,张尔田附录其《原子》一篇(即《史微》之《百家》篇),以明诸子之源流。其大意为:黄帝以降,百官之政教即一代之学术,皆掌诸史。学者以官为师,此政学所由合一也。东周时王道既微,官失其守,流而为百家,各引一端,各推所长,其言虽殊,然合其要归无不欲以所学经世,立史统焉。百家中最大者三家曰道曰杂曰墨,道家天子之术,史之大宗也;墨家传自史角,杂家司史所记,史之小宗也,皆欲取合诸侯,以其道代兴后世者也。及汉武帝从董仲舒言废黜百家,表彰六艺,自是以后史统定于尼山,而百家腾跃于环内矣。

"第六,孔教乃重魂主义,非爱身主义"。《改革》于此条略而不论,以"俟之他日"云云而结束本文。但《商兑》则不肯放过,云:重魂而不爱身,是耶稣教之宗旨。耶稣钉死十字架,所谓不爱身也,死后入天堂,所谓重魂也。其教浅陋,不足深论。若我孔教何尝有是哉!六艺皆治世政典,绝无一语言死后情状者,而明哲保身之训,尤为儒者所遵奉。"即如论者戊戌政变窜身海外,彼且甚爱其身,而不能重魂矣。然而受其愚者,倡言革命而自戕其命,以附于孔教非爱身者,皆此重魂主义误之也。"

《商兑》行文至最后,有张尔田两则按语,再申《商兑》之作意。

其一,以对叶德辉的批评,划清《商兑》作者与所谓"守旧腐儒"的界限,表示《商兑》所以作之"学术"公心及不得已之苦衷。节录如下:

> 余所见与梁氏等反对之书,有叶氏《〈輶轩今语〉评》。然叶氏为守旧腐儒,于六艺诸子之大义微言,及今古文之界限全未究心,不过激于意气,詈人反詈,爱憎之口不足以服梁氏也。故梁氏之焰愈抑而愈扬,未必非叶氏诸人有以致之。其书于龚定庵、魏默深,凡梁氏所表章者,皆形丑诋;甚至集矢《公羊》、董仲舒,直欲尽灭《春秋》一经而后快,是岂有人心哉!余与益庵此书,皆平心论理,不为过激之谈,上为古人洗冤,下为来学祛惑,岂梦梦然与梁氏为仇也?(梁氏著述极多,此篇已行世,故不能已于言。至梁氏近年意解,迁变不常,不妨各行其是,学术天下公物,非梁氏一人所得而私也)阅者宜谅其不得已之苦衷。

其二,则对梁任公学术之"杂糅"宗旨再作概括,以明《商兑》"摧陷廓清"之功。云:

> 统观梁氏学术之根据,其重魂之说是从基督教附会得来,其出世之说是从天竺教附会得来,其专制平等之说是从西书附会得来,其得力处,皆不出于六经诸子。界限不清,宗旨杂糅,合牛溲马勃于一冶。新学小生,尚以梁氏为深通中学者,能不为其所惑欤?使其言盛行,则人必疑孔子之道,不如耶稣、佛典、西书远矣,无怪乎六经诸子之书束高阁也。经益庵与予摧陷廓清,今而

后梁氏之底蕴,昭昭然黑白分矣。数年来封蔀迷信,为梁氏变乱之古书,一旦而复明于世,快何如之!

通过以上对《改革》与《商兑》的排比,可以得到对《商兑》的几点概括性认识。

第一,虽然《商兑》总体上是批判《改革》之作,但仔细研判,二者也有异中有同之处。就大处而言,《商兑》对《改革》的立论主题即"中国的宗教改革"(亦即孔教原教旨的复原),并没有直接的涉及,这与张、孙二人致力于发明"六艺诸子"的源流与宗旨的学术志向,有很大关联。也就是说,张、孙志向与任公《改革》主题,在目标上是一致的①,不同在于对目标的解说和达成目标的路径、手段的歧异(详后)。正因如此,《商兑》的辩驳,多集中于《改革》有关孔教授受源流与派分的言论,而在有关孔教宗旨方面,对《改革》提出的六"主义",则有或赞成(博包主义),或有保留地赞成(进化主义、兼善主义、强立主义)。张尔田在《商兑》结束时,还不忘申明作者与"守旧腐儒"叶德辉的不同,其所举各例(对龚自珍、魏源的评价,对《公羊传》、董仲舒的评价),正是张、孙与梁氏意见相同之处。

第二,《商兑》之要义在辨正、阐发"六艺诸子之大义微言",其升诸子侪六艺,本即是学术新趋,即"新学"。1904年,梁任公在论及晚近学术时,曾称其师康有为代表了有清学术递嬗的最新阶段——"先秦学占学界第一之位置的阶段";此一阶段的特点即为"于孔教宗门以内有游、夏、孟、荀异同优劣之比较;于孔教宗门以外,有孔、老、墨及其他九流异同优劣之比较",②《商兑》与《改革》的辩论,正

---

① 张、孙都是民初孔教会活动的积极参与者,张氏更是毕生坚持孔教是宗教的观点。
② 中国之新民:《论中国学术思想变迁之大势》,《新民丛报》五十八号。

在此范围之内。孙、张二人乃晚清表彰诸子学之先进,认为九流俱为经世之学,而"世至衰乱,必先取诸子之道以扶急持倾"①;梁任公于"六艺诸子"的具体评论,虽"迁变不常",但其对于先秦诸子的充分肯定,如同《改革》所谓"诸子之学即孔子之学,尊诸子即所以尊孔教",则始终不曾改变。就晚清学术之时趋而言,孙、张亦是"新学"中人。

第三,《商兑》所特别看重的梁氏学术宗旨,其孔教"重魂说"、《易》为"出世书"说,在《改革》中均无具体论述,并非该文的重点;张、孙所以要做扬高凿深之论,以异教(耶稣教、佛教)之名加诸论辩对手,终不免过甚其词甚至锻炼周纳的文人辩论恶习。在《商兑》对梁氏宗旨的批评中,惟有对所谓"专制平等说"的批评,才堪称旗鼓相当的对垒。然而,张、孙虽不赞成平等,却也不主张专制,他们认为孔教所推崇的"君君臣臣",绝非君主专制,而秦以后二千年专制制度的延续,恰是对孔教的背离。其实张尔田有关君臣关系的认识,更认同于黄宗羲的《明夷待访录》②。而《商兑》对君权神圣的维护和对君民平权的反对,与其刊刻时的政局和张、孙的政治立场是一致的。这从置于《商兑》篇首的张氏"叙言"可见端倪。该叙以主要篇幅,论证所谓大清朝得天下之正当,及康梁诸人"革命变法"邪说之荒谬,多少予人文不符题,牵强附会(指康梁为"革命")的印象。张氏指责康梁师弟"以变政之作用为学术之趋舍",《商兑》之议论,亦难免"政治"作用与色彩。

---

① 孙德谦:《诸子通考》,存古学堂排印本(宣统庚戌),卷一。
② 见张尔田:《致王国维》,马奔腾辑注:《王国维未刊来往书信集》,清华大学出版社2010年版,第242页。关于张、王交往的一些问题,详后文。

二

致力于中国的"宗教改革",曾经是康、梁一派的自我期许和自我评价,也是其所代表的"晚清今文学运动"的要旨所在。① 张尔田在《商兑》中的诸"案语",同样表现出对清代以常州庄氏家族及龚自珍、魏源为代表的《公羊》今文学,乃至孔教传授中的今文经说的认同,从而使得《商兑》对梁任公的批判,平添了几分以"今文学"反"今文学"的复杂性,因而有对张氏学术与今文经学之关系予以考察的必要。

梁任公在《清代学术概论》中,曾引夏曾佑诗以说明清代今文经学兴起之源流:

> 夏曾佑赠梁启超诗云:"瑟人(龚)申受(刘)出方耕(庄),孤绪微茫接董生(仲舒)。"此言"今文学"渊源最分明。②

夏曾佑此诗或作于光绪甲午年(1894)前后,当梁、夏二人在京比邻而居,相与论学之时。③ 约二十五年后(1920),任公作《清代学术概论》仍推崇此诗句,足见当年印象之深刻。而所以如此,或因任公师门并无对此师法、源流的讲究。梁师康有为喜讲"学术源流",然据现存万木草堂时期诸讲义笔记,康氏对清代《公羊》今文学之源流所讲不多,且与夏氏所说(亦是以后梁氏所说者)不同。首先,康氏从

---

① 可参见本书《学术与政治〈近世之学术〉读解》篇。
② 朱维铮校注:《梁启超论清学史二种》,复旦大学出版社1985年版,第61页。
③ 参见梁启超:《亡友夏穗卿先生》,杨琥编:《夏曾佑集》,上海古籍出版社2011年版,第1149—1150页。又见丁文江、赵丰田编:《梁启超年谱长编》,上海人民出版社1983年版,第34页。

未言及庄存与和常州庄氏之学,于清之公羊学亦仅数孔广森、陈立、刘逢禄、凌曙四人,且以为孔氏"陋甚",陈氏《义疏》"间有伪经",凌氏注"未关大义",其所据不过《皇清经解》和《续皇清经解》。再者,其于清代公羊学之兴起,或云孔广森"首倡",或云"以刘逢禄为祖",为游移不定之词。① 那么,任公称夏曾佑是其"少年做学问最有力的一位导师",②则有关清代今文学源流的知识或在此"学问"之内。

无独有偶,张尔田对公羊今文学的研习,也受到夏曾佑的影响。张、夏因同乡关系,约相识于光绪丙申年(1896)。当年,张氏方二十岁出头,为求学士子;夏年长十岁,已是小有名气的青年才俊。夏氏与张尔田的关系,应在师友之间。据夏曾佑《日记》,1896—1898年间,两人在京津多有交往,而又以1896年下半年至1897年上半年来往较密切。③ 期间,夏、张曾在京同居一处,其共同论学当在此时。有夏氏《致汪康年书》(光绪二十二年十一月二十八日)为据。

---

① 现存万木草堂时期康有为讲述清代公羊学的相关记述,列举如下:"本朝孔氏巽轩《公羊通义》,首倡公羊之学,然陋甚。""凌晓楼著《公羊礼疏》,又注《繁露》,极通今学。""陈卓人有《公羊义疏》。""刘申受有《何氏释例》。"(《康南海先生讲学记》,姜义华、吴根樑编校:《康有为全集》第二集,上海古籍出版社1990年版,第218页)"孔巽轩未信'王鲁'","凌曙注《公羊》耳,未关大义"。(《万木草堂口说》,前揭《康有为全集》第二集,第388、389页)"国朝知《公羊》者,刘申受、陈立人、凌晓楼数人而已。"(《南海师承记》,前揭《康有为全集》第二集,第547页)"孔巽轩为《谷梁》学,其《公羊通义》专攻《公羊》王鲁之说。""《公羊通义》未始无补,独不信改制耳。""二千年之后能发挥《公羊》之学者,刘申受之《释例》。"(同前,第552页)"本朝讲《公羊》之学,以刘申受为祖。"(《万木草堂讲义》,前揭《康有为全集》第二集,第589页)又,《桂学答问》云:"陈立《公羊义疏》,间有伪经,而征引繁博,可看。(此书见《续皇清经解》)刘氏逢禄,凌氏曙说《公羊》诸书,可看。(见《皇清经解》)。"(见楼宇烈整理:《长兴学记 桂学答问 万木草堂口说》,中华书局1988年版,第30页)
② 见前揭梁启超《亡友夏穗卿先生》。
③ 此处所用夏曾佑《日记》,据前揭杨琥编《夏曾佑集》。

> 同乡张子萼之子幼萼,读书甚精敏,先已通小学、古文经等学,近治今文学,而旁及于内典。兹托买金陵刻经处经全份,兄若与杨仁山通信,何妨与之言及,请其将书寄至贵馆,示明价值约百余金,即寄款至贵馆提取可也。再,地山亦欲买数十种经,其目与款,容日寄上。①

信中幼萼即张尔田,"近治今文学,而旁及于内典",正是夏、张此时论学的重点,由此也可较准确地知悉张氏"治今文学"及佛学的时间。信中所说托购佛经一事,在后来夏曾佑与汪氏兄弟(康年及弟诒年)的通信中还数次提及,如在此信后数日(十二月初三日),夏曾佑致汪康年书,即云:

> 附上书账一张,幼萼、地山所托。二君性急之甚,急欲其书,大约想今日读经明日成佛,所以如此。望兄信致仁山,将书带至贵馆,示明其值,二佛子即可来取矣,不致累兄淘气也。②

然此事终似不了了之,并引致夏对张的不满。③

然而,无论是今文学还是佛学,都是夏曾佑学问的擅长。此前,夏氏已有"定庵化身"之称,其佛学造诣在友朋中也得到赞赏。④ 后

---

① 前揭《夏曾佑集》,第451页。
② 同上书,第452页。
③ 一年余后,夏曾佑《致汪诒年书》(光绪二十四年三月初四日)云:"张幼萼于前年冬托兄作书买金陵释典一部(由穰兄达杨文会),后未提及,不知尚在尊处否? 今始知其中颇有龃龉。若前途未付书价,不可付书,以免将来淘气。"前揭《夏曾佑集》,第488页。
④ 宋恕云:"穗公聪通,拔俗寻丈,定庵之后,几见斯人?"(《致姚颐仲》,胡珠生编:《宋恕集》,中华书局1993年版,第551页)。梁启超称夏"对佛学有精深的研究"(前揭《亡友夏穗卿先生》),其早年研究佛学多受夏氏影响(前揭《梁启超年谱长编》,第58页)。章太炎初接佛典,亦受夏氏指引(汤志钧编:《章太炎年谱长编》,中华书局1979年版,第38页)。

人传记中多言及夏、张讨论佛学之事,①有关两人论学中的公羊今文学内容则所涉无多。所幸,张氏早年读书札记《屠守斋日记》②,留下了一些相关记述,择取数节,以略见其情。

> 见《春秋董氏学》,穗卿云不如为《蕃露》作注。询《孔子改制考》,穗卿云未尽善。

> 穗卿来言,近阅陈朴园、陈句溪经说,颇可观。盖二家皆能分别今古文流派者也。

> 阅定公《古史钩沉论》《壬癸之际胎观》,非一世之言,穗卿外,无与观微者矣。

> 《公羊春秋》多非常异义可怪之论,治之者宜发狂。然汉之严彭祖、何休,晋之王愆期,唐之殷侑,其人立身皆有本末,历考史传,乱臣贼子殆无有焉。复堂先生亦好《公羊》者,尝以破坏六艺规穗卿,盖老辈之用心如此。程子尝言,有《关雎》《麟趾》之意,然后可以行《周官》之法。余亦谓有恻隐古诗之意,然后可以读《公羊》之书,斯谊也,殆非康廖辈所晓也。③

除此直接标明夏氏名字的关于清代公羊今文学的内容,《日记》还有多条作者读公羊今文书籍的记述,正可见张氏"近治今文学"的情形。而以当时两人学问之修为,无论是今文学还是佛学,夏氏都更多

---

① 如夏元瑮:《夏曾佑传略》(前揭《夏曾佑集》,第1146页);钱仲联:《张尔田评传》(见《梦苕盦论集》,中华书局1993年版,第449页)。

② 据张氏自言,此《日记》乃其"三十五岁以前浏览群书,随笔胠录之作",亦即1908年以前的读书札记。查札记首条记"与夏穗卿阅《无邪堂答问》"事,据前文所云夏、张交往时间,则该札记的起始不早于1896年。1936年,该札记由张氏弟子李沧萍抄录,经张氏审阅,将"所录间有遗漏"者,"追忆续补数则"。首刊于燕京大学《史学年报》第二卷第五期(1938年12月)。

③ 张尔田:《屠守斋日记》,《史学年报》第二卷第五期(1938年12月)。

地处于引领的位置,正如同他此前已做过梁任公的"导师"一样。由此,则至少在有关清代公羊今文学的知识方面,张、梁二人可谓同源,即早年都受过夏曾佑的影响。

上引《屠守斋日记》中,所谓"复堂先生亦好《公羊》者,尝以破坏六艺规穗卿,盖老辈之用心如此"一句,当是夏氏之自述;而由此则可略见夏曾佑学术师承之一端。此复堂先生即仁和谭献,为夏、张前辈乡贤。谭献为学主西汉今文学,于本朝学术盛赞常州庄氏。其自拟《师儒表》以"绝学"居首,而列常州庄氏家学为"绝学"第一,①于晚清庄氏学的表彰有重要贡献。复堂与夏家颇有渊源,夏曾佑父夏鸾翔(字紫笙)、伯父夏凤翔(字子仪)与谭献均为故交,凤翔子夏曾传(字薪卿,即穗卿堂兄)曾从谭献学诗文,其故后所刊《在兹堂诗》六卷,即是谭献为之审定。② 夏曾佑初见谭献,在光绪戊子年(1888),《复堂日记》有记:

> 夏遂(穗)卿孝廉(曾佑),紫笙舍人之孤也,持紫笙遗诗《春晖草堂集》,属予审定。少作差弱,丙辰北行以后筋力于高、岑;出都避地,忧生念乱,成就于(逾)浣花。已而流寓岭南,吐音高亮,寄兴深湛,而宫商繁会,尤有琴笙逸响。一家啸咏,三世文藻,人各有集。湖山有美,数十年间如夏氏者,殊不多见。③

查夏曾佑《日记》,可知见面的具体时间,当年十月初七日记:

> 是日也,初见谭仲修先生。④

---

① 谭献著,范旭伦、牟晓朋整理:《复堂日记》,河北教育出版社2001年版,第28页。
② 同上书,第168页。
③ 前揭《复堂日记》,第176—177页。
④ 前揭《夏曾佑集》,第601页。

之后,关于两人交往,《复堂日记》仅于得知夏曾佑会试抡元时有记,其光绪十六年四月十二日记:

> 见《会试题名录》。夏曾佑遂(穗)卿抡元,紫笙之子、薪卿从弟,翔步云衢,华年妙选。悯然益念薪卿不置。①

而见于夏曾佑《日记》的二人来往,自光绪十四年至二十一年(1888—1895),仍有十余次的记载。夏氏《日记》记人事极简略,与人相见,皆一句带过(如"访谭仲修先生""访仲老"等),故两人相见谈话的具体内容,已不可知。《屡守斋日记》所谓"尝以破坏六艺规穗卿",当为二人论学之稀见记录,吉光片羽,供人想象。且张氏此处所记与《公羊》有关,则夏氏的《公羊》今文学研习,理应得到谭献的指点和影响。所谓"瑟人申受出方耕"一说,或由来有自。

张尔田与谭献应无直接交往②,其对复堂著述的注意,或也得自夏曾佑的引介。《屡守斋日记》前半部分,多记与夏氏的论学,而对谭献著作的记述,即在其间。

> 阅《复堂日记》。谭先生从庄中白、戴子高辈游,与闻常州学派绪余者也,谈艺极精。《类稿(集)》则其所作诗文,诗学六朝,尚有李唐风力,异乎貌袭一流;文以秀逸胜。吾乡文献,三复

---

① 前揭《复堂日记》,第341页。
② 张、谭二人行年,缺少交集,且无二人相识之记载。《复堂日记》"续录"记有张氏挚友孙德谦来函的内容,时在谭氏去世前一年(光绪二十六年,1900);二人本不相识("孙德谦益甫不相识,贻书论学术"),且谭对孙印象亦不佳("孙益甫苏州书来,又洒洒数百言。罗列四部纲要,窃以为炫富,不尽虚心也")。参见前揭《复堂日记》,第410、411页。

靡斁矣。①

此条谈《复堂日记》及《复堂类稿(集)》,涉及谭献之常州今文学和诗文特点;张氏《日记》中还有另条谈《箧中词》②,则言及谭献之词学贡献。

谭献学问中另一特色之处,即对章学诚的推崇。在晚清学术史上,谭献的贡献或不在其自身的学术创获,而在如有远见先识,于举世不问之际,对后世成为显学的常州庄氏学和章学诚之学的率先提倡和表彰。谭献对庄氏学的推崇已见前述,章氏之学亦在谭氏所谓"绝学"之列,③并称"章氏之识冠绝古今,予服膺最深"。④《复堂日记》留有不少谭献访问、搜集、校勘章氏佚作的记录,同治十二年杭州书局所刊《章氏遗书》("浙刻本"),即是谭献主持完成的。⑤ 而谭氏所作《章先生家传》,则应为实斋身后,首篇较翔实的章氏传记。⑥

其实,张尔田亦是晚清以降,公认的信从和表彰章实斋之学的引领人物之一。李详将其与孙德谦并称为治"会稽之学"的海内双

---

① 前揭《屠守斋日记》。
② 张氏云:"阅《箧中词》。本朝词流,余最服膺者三家,纳兰、金梁、水云。拟抄以自随,惟《忆云》未得寓目为恨耳。此选于流别颇矜慎,若能不录生存人则尽善已。"见前揭《屠守斋日记》。
③ 谭献以为国朝"绝学"有四,依次为:庄方耕先生、汪容甫先生、章实斋先生、龚定庵先生。见前揭《复堂日记》,第28页。
④ 前揭《复堂日记》,第17页。
⑤ 同上书,第57、58页。
⑥ 胡适虽也承认谭氏此传为首篇较翔实的章实斋传,却又批评说:"但谭献的文章既不大通,见解更不高明:他只懂得章实斋的课蒙论!"(胡适《章实斋先生年谱序》,欧阳哲生编《胡适文集》7,北京大学出版社1998年版,第25页)胡适显然并没有耐心认真读完谭氏此传,且似不识"家传"之意,所以就不免厚诬前人之讥。关于此传作意,还可参见前揭《复堂日记》,第376页。

雄;①马叙伦称"孟劬戮力文史,其所著《史微》,章实斋后一人而已",视其为章学传人。然尔田之崇章氏,似亦自认受到谭献的影响,张东荪即称其"少餍闻乡先生谭复堂绪论,……于古师东莞、居巢,近则章实斋"②。

就张氏而言,《史微》(详后)之外,最能代表张尔田对章氏学认识的当属《〈章氏遗书〉序》,以为

> 先生当举世溺于训诂音韵名物度数之时,已虑恒干之将亡,独昌言六艺皆史之谊,又推其说施之于一切立言之书,而条其义例比于子政,辩章旧闻一人而已。

序中将章学与"休宁高邮之学"相比铰,以"拙与巧""难与易""约与博""虚与实""逆风会与顺风会"概括分别二者,主张二者不应相非,而当相济,③可见张氏治"会稽之学"的命意所在。或许,这也是张尔田既推崇常州庄氏之学,又讲究会稽章氏之学,看似矛盾却能自洽的用心之处。④ 张氏自承"余生平治学涂辙,宗会稽章氏,而于先生书(即庄存与《味经斋遗书》)则服膺无间然"⑤。钱基博曾由此说到谭献与张尔田的关系:

> 以吾观于复堂,就学术论,经义治事,蕲向在西京,扬常州庄

---

① 钱基博:《现代中国文学史》,刘梦溪主编:《中国现代学术经典·钱基博卷》,河北教育出版社1996年版,第151页。
② 张东荪:《〈史微〉记》,见《史微》壬子刻本"重定史微内篇目录"。
③ 张尔田:《〈章氏遗书〉序》,《遯堪文集》卷二,1948年刻本。
④ 在张氏看来,庄氏学与休宁高邮之学,同属浙西之学,而实斋则为浙东之学(见张尔田:《〈章氏遗书〉序》代,前揭《遯堪文集》卷二)。有关张氏学术与所谓浙西、浙东之渊源,详后文。
⑤ 王锺翰:《张孟劬先生〈遯堪书题〉》,见《王锺翰清史论集》,中华书局2004年版,第2365页。

氏之学(庄存与、述祖、绶甲祖孙父子)之学;类族辨物,究心于流别,乘会稽章氏(学诚)之绪。惟《通义》征信,多取《周官》古文,而谭氏宗尚,独在《公羊》今学;蹊术攸同,意趣各寄。近人钱塘张尔田孟劬著为《史微》一书,以《公羊》家言而宏宣章义,实与谭氏气脉相通。①

也就是说,就兼宗二家之学,即讲《公羊》今文,又尊"六经皆史"而言,张尔田越过了夏曾佑这个中介,直接接续谭献之传。②

在谭献、夏曾佑、张尔田之间,应该还有一个能将三人联结的乡贤前辈——龚自珍。定庵之学亦在谭献所谓"绝学"之列,《定庵文集》被谭氏许为"本朝别集第一,亦唐以来别集第一",③定庵子孝拱则与谭氏为莫逆交;④夏曾佑有"定庵化身"之称⑤,被指为"学风大类定庵"⑥;张尔田对定庵的喜好,终身不见衰减,自云:

> 余少好定庵文,今老矣,好益笃。尝衡三百年文士之卓卓者,汪容甫与定庵而已。
>
> 光绪庚子,余年二十余,居旧京,遭拳寇俶扰,避地白浮邨,即集中记昌平山水所谓百泉也。行箧尽捐,独以此书(即《定庵文集》,引者注)自随。繁忧猥懑,取代萱树,辙环所届,亦未尝

---

① 钱基博:《〈复堂日记〉序》,前揭《复堂日记》,第5页。
② 夏曾佑以经今文为是,古文经为伪,立场鲜明。其名著《最新中学教科书中国历史》即称"好学深思之士,大都皆信今文学。本编亦尊今文学者"(前揭《夏曾佑集》,第1003页)。对于章学诚之学,他曾清楚地将其归为经古文学(参见前揭《屏守斋日记》),并明确反对"六经皆史"说(参见前揭《夏曾佑集》,第911、1003页)。就夏氏与谭献的关系言,其所受影响惟在常州今文学。
③ 前揭《复堂日记》,第28、215页。
④ 见谭献《亡友传》,前揭《谭献集》,第249页。
⑤ 前揭《宋恕集》,第526页。前揭《饮冰室合集》文集之四十一,第48页。
⑥ 梁启超:《近代学风之地理的分布》。

一日而离。到今春丁卯,三十年矣。老逢世革,茕然草际,横政殄行,再罹赭乱,文武之道既尽,生死之路皆穷。炳烛余光,发我寤思。斯册也,殆将与身偕殉欤?①

早年即有人以定庵许张氏,而张氏至晚年仍以承继定庵之余绪自任。

余髫辨诵定庵文慈母帷中,中间肴馔百家,整齐六籍,籀三千年史氏之简,与定庵涂辙,或合或不。年三十矣,治文章家言,斐然不自揆度,成《史微》三十余篇。既杀青可缮写,世或以定庵许我,谢未遑也。虽然,定庵之文奇,而吾之文正;定庵之文隐,而吾之文由隐以至显;定庵文圆而神法天,吾之文方以智效地。至于覃微极思,远见前睹,则未知于定庵何如也。会稽竹箭,东南之美,得一定庵,而余小子乃恢其绪,斯亦足以自慰矣。②

张尔田梳理晚清常州庄氏学流别,以为龚自珍之后,而有谭献;③梁任公说近代浙省仁和、钱塘学风,于定庵之后,则数及夏穗卿和张孟劬。④将二说合看,由龚自珍而谭献而夏曾佑、张尔田,其间实有一脉若隐若现而又清晰可辨的学术香火。

三

《新学商兑》中,张尔田曾引用《史微》数篇为附录,以加强其论

---

① 王锺翰:《张孟劬先生〈遯堪书题〉》,见前揭《王锺翰清史论集》,第2347—2349页。
② 同上书,第2348页。
③ 同上书,第2365页。
④ 梁启超:《近代学风之地理的分布》,前揭《饮冰室合集》文集之四十一。

辩的力量。《史微》乃张氏的代表作，最能体现其学术的面貌和特点，不能不论。

《史微》于张氏生前即多次刊刻，相关情况，其门人王锺翰叙述最分明：

> 先生此书，分内外篇，数十万言，成于戊申三月。先椠内篇于沪，凡为卷四，为篇三十有八，附篇四。既杀青，先生自病多疏舛，丹铅之余，随时改削，越一岁稿定。虽有请锲木者，亦不之许。及辛亥春，山阴平毅君始依改本而覆刊之，然先生之意，尤弗惬也。国变后，镯户著书，讲论亦不少暇。壬子夏日，其弟东荪先生再为刊之，析为八卷，篇目皆同，而日本西京帝国大学且采为必读之书焉。自后南北转徙，教授无定，先后从事史馆又十余年，然简端涂改，未尝或辍，凡得札记一百二条。先生自识曰，此书刻于壬子，到近十五年矣。暄暑无事，修改数处，又补注十余事，是为最后定本。丙寅春后，爰将复校札记一一写定，都附原刻之后而重梓之，亦段笺戴集例也。锺翰来学有年，日以问业，先生不以驽骀之资而常教之。戊寅冬，贻以此书，乃先生丁卯十月病中重校一过者，又举正数事。（略）先生生平著述，精审不自满足，大都如是。①

据此则《史微》共有四种版本，即戊申（1908）四卷本，辛亥（1911）四卷本，壬子（1912）八卷本，丙寅（1926）八卷附札记一卷本。其中戊申初刻本少见②，辛亥本为张氏外甥平毅所刊聚珍版；通行的版本则为壬子八卷本，该本有孙德谦序和张东荪记，丙寅本即此本复校并附

---

① 王锺翰：《读张孟劬先生〈史微〉记》，前揭《王锺翰清史论集》，第2367—2368页。
② 北京大学图书馆有此藏本，为铅印本。

札记。① 顺带一说的是,《新学商兑》所引《史微》诸篇,与辛亥、壬子本相较,均有文字表述上的不同,应是《史微》的早期样态(尚待与戊申本比勘),可供研究《史微》诸本之参考。

壬子本张东荪《记》称

> 兄学邃于史,观书镜大原,分肌擘理,朴属微至,往往不为训诂辞章家所憙。少餍闻乡先生谭复堂绪论,长游燕赵,历大河南北,搜残藏,始潜研乾竺书,益孤进。于古师东莞、居巢,近则章实斋。尝恨周秦之学绝千余年,作者肩相踵,大抵钩稡析乱,譬振裘亡领然,隐心久之。成《史微》数十万言,自谓演浙东余绪。②

由张东荪言,则《史微》应是类如刘勰(东莞)《文心雕龙》、刘知几(居巢)《史通》,尤其是如章学诚《文史通义》的有关史学(文史学)理论的著述,这也是时人及后人对《史微》的基本认知。而所谓"少餍闻乡先生谭复堂绪论",也更多地指向谭氏推崇章实斋的议论。③ 然而,张尔田本人对于《史微》的性质、类属和作意等,则有着与流行认识不尽相同的解说。

壬子本刻成,张尔田题赠高野侯一册,并于扉页手书题赠诗一

---

① 壬子本署"壬子夏五屦守斋重锓",丙寅本署"壬子夏五重锓丙寅之春覆校"。
② 见前揭《史微》(壬子本)"重订史微内篇目录"。
③ 东荪此论或亦来自对尔田自述的理解。尔田《史微》"凡例"云:"往与吾友孙君益葊同谭道广平,即苦阮氏、王氏所汇刊《经解》琐屑饾饤,无当宏恉,嗣得章实斋先生《通义》,服膺之,始于周秦学术之流别稍有所窥见。久之,读《太史公书》,读班孟坚《书》,无不迎刃而解,豁然贯通,一时之所创瘸,殆若有天牖焉。爰悉取六艺诸子存于世者,理而董之,仿刘知几《史通》例,分为内外篇,都十万余言。内篇为古人洗冤,为来学祛惑,本经立义,比次之学居多;外篇发明天人之故,政教之原,越世高谈,论断之学居多。"然而,服膺《通义》,亦有限度;仿效《史通》者,则为内、外分篇之体例。因此,有关《史微》之属性,尔田还有更进一步的解释。详后。

组,就《史微》及相关问题作了解释和说明,对解读《史微》颇有助益。1996年,上海书店出版周谷城主编《民国丛书》第五编,其所收《史微》,即此赠本之影印本,编者慧眼真识,将该组诗一并付印,留此珍贵文献以供研讨。该组诗后以《以旧撰〈史微〉赠野侯媵之以诗》为题,刊发于《学衡》第52期(1926),较题赠本增多一首,诗中"自注"亦有改易。以下即以《民国丛书》题赠本为主,参照《学衡》,将此组题诗记录如次,并随文略作说解。

组诗之一:

董生《蕃露》毛公《传》,故训篇家本两途。汉学师承前辈在,祇应著论号《潜夫》。

自注:

"尝论汉世著书体有二:毛公《故训传》自是说经正宗,仲舒《蕃露》盖欲成一家言,非为经发。余学无似,窃愿附于后者,不中与怀祖诸儒作仆也。'篇家'出《论衡》。"《学衡》刊本"自注"易为:"汉儒著书有两体:毛(公)《诗故训传》,说经体也;董仲舒《春秋蕃露》本非扶助经言,盖欲自成一子,所谓'篇家'也。仆学无似,愿附于后者,不中与怀祖诸儒作仆耳。"

此处"篇家"见《论衡·须颂》①,近代以来通行的解释是"著作家"②,

---

① 《论衡·须颂》:"问说《书》者:'钦明文思'以下,谁所言也?曰:篇家也。篇家谁也?孔子也。"见北京大学历史系:《论衡》注释小组《〈论衡〉注释》第三册,中华书局1979年版,第1149页。
② 见前揭《〈论衡〉注释》第三册,第1149页。又马宗霍《论衡校读笺识》(中华书局2010年版),则以为"篇家"犹言篇章之家,篇即编次意,孔子序《书》为百篇,序为次序之,故曰"篇家"(第269页)。马氏此解与所谓"著作家"不同。

亦是张氏此处借用之意,即所谓"一家之言"。① 张氏认为,董仲舒的《春秋繁露》,与毛亨的《诗故训传》,分属两种不同的学术流别,一为诸子体即"篇家",一为经注体。而《史微》之作,不屑追随高邮王氏做其仆从,而愿附董生《繁露》之骥尾,自成一子,类如王符之《潜夫论》那般,所谓"以讥当时失得,不欲章显其名"也。②

关于《史微》为子书的说明,还见于张氏《与陈石遗先生书》,书云:

> 旧撰《史微》,行世十八年矣,惟先生读之细而辨之详且尽,敢不拜嘉。虽然,先生所教,自是乾嘉以来大儒相传之家法,然似《微》激于二十年前今古文家水火之争,非某之书有异观者之见,自不平耳。……考据家言,凡与前人同者则易之,唯恐勦说不自己出,某系子书,此例在所不用。③

此书作于1926年。当年,《史微》复校后附札记重刊,张尔田通过叶长青寄赠陈衍;陈氏读后,致书孟劬,就《史微》之诋斥郑玄、过信纬书及不疑伪古文《尚书》等,提出商榷;④张氏此书即为回复陈衍而作。书中所谓"某系子书",不必遵从乾嘉考据家所守之例,正可做

---

① 1927年,张尔田曾重校《史微》一过,"又举正数事"。其中之一,即就《论衡·须颂》之"篇家"而言,云:"案'钦明文思'以下,明是史官叙事之词,亦孔子删书因而用之耳。仲任所言,不见伏生《大传》,殆西汉俗儒陋说。"见前揭王锺翰:《读张孟劬先生〈史微〉记》。

② 《史微·子余》篇将王符列为两汉诸子之儒家,云:"王符著书三十六篇,本传言符'志意蕴愤,乃隐居著书三十余篇,以讥当时失得,不欲章显其名,故号曰《潜夫论》。其指评时短,讨谪物情,足以观见当时风政。'今读其书,始于《赞学》,终于《德化》,而以《五德》《氏姓》二志缀其后焉,真儒家宗旨也。"(前揭《史微》卷三)

③ 见《新学商兑》乙亥本附录。

④ 陈衍:《致张孟劬书》,见《陈石遗集》上,福建人民出版社2001年版,第674—675页。

"不中与怀祖诸儒作仆"注脚,其不屑为经师所为之意显然。

《史微》之作,意在"考镜六艺诸子学术流别",其于百家诸子有很高的评价:

> 古无所谓经,史而已;古之治史者,无所谓传注,子而已。故诸子实古经说也。①

百家诸子,乃"六艺之支与流裔",为六经之羽翼,故当与六艺并重,而不容偏废。

张氏重诸子,对诸子之特点亦多有论述。《新学商兑》驳梁启超所谓"《孟子》全书未尝言《易》殆不知有《易》",云:

> 通六艺贵明大谊。诸子著书本以阐道,原非说经,偶有引证,不过触类而及,岂必斤斤六艺之文始足为通经也。②

《屐守斋日记》记有张氏与孙德谦(受之)对诸子特点的讨论:

> 受之语余,子书有曲语,有饰语,有形容语,有假借语,不特庄生寓言也。《论衡》"书增""书虚"等篇已发之。余谓子纪言,其纪事也,取证吾义而止,不求实也。故太史公实事之书载黄帝以来,于子部独慎取之,知此意矣。③

《史微》亦云:

> 六艺者,先王经世之迹也;百家者,先王经世之术也。(《百家》)

> 盖六艺者,先王经世之迹也;诸子者,先王经世之意也。

---

① 前揭《史微》卷六"宗经"。
② 前揭《新学商兑》"《孟子》全书未尝言《易》殆不知有《易》"条。
③ 见《史学年报》第二卷第五期,第348—349页。

(《子余》)

诸子"阐道"而非说经,"纪言"而非述史;为"术"、为"意",所以不同于"迹"。关于子书的特性,还可引章太炎之说以见晚清对于诸子之"通识"。太炎论"说经与诸子之异":

> 说经之学,所谓疏证,惟是考其典章制度与其事迹而已。其是非且勿论也。……其用在考迹异同,而不在寻求义理。故孔子删定六经,与太史公、班孟坚辈,初无高下,其书既为记事之书,其学惟为客观之学……若诸子则不然。彼所学者,主观之学,要在寻求义理,不在考迹异同。既立一宗,则必自坚其说,一切载籍,可以供我之用,非束书不观也。虽异己者,亦必睹其籍,知其义趣,惟往复辩论,不稍假借而已。①

太炎亦是晚清以来主张"六经皆史"的代表性人物,尽管其有关经史的具体主张,与张尔田大有出入,②但此处所谓诸子之学乃是寻求义理的主观之学,因而不同于考迹异同的说经之学,又与张尔田对子学的认识若合符契。

张尔田将《史微》作为董仲舒《春秋繁露》的追随者,其自我期许和追求,还可由其对董仲舒及《春秋繁露》的评价得以窥见。《史微》

---

① 《诸子学略说》,见汤志钧编:《章太炎政论选集》上册,中华书局 1977 年版,第286—287 页。
② 章太炎如同梁启超,也是张尔田早年批驳的对象。且在张氏看来,太炎学说的弊害更甚于任公今文经学一派:"自廖平辈出,而今文弊矣;自章枚叔辈出,而古文又弊矣。今文之弊易见,古文之弊难见;易见其患浅,难见其患深。患浅者不过亡国而已,患深者且将灭种。道之兴废,岂不在人哉!"(前揭《辟守斋日记》)太炎倡国学,亦因念念于亡种之惧,后人见张氏此说,真可喟叹!

认同王充所说,称董仲舒著书胜过诸子①,为一代"鸿儒",曰:

> 王仲任有言:"能说一经者为儒生,博览古今者为通人,采掇传书以上书奏记者为文人,能精思著文连结篇章者为鸿儒。儒生过俗人,通人胜儒生,文人逾通人,鸿儒超文人,故夫鸿儒,所谓超而又超者也。"余观贾董诸贤,虽其立言不无纯疵,而无愧于鸿儒之选,岂有异乎?②

"精思著文、连结篇章",不为经生文士而为"鸿儒",由此处对董仲舒的评论,正可见张尔田《史微》的追求。

组诗之二:

> 敢将家法变雍乾,此是王充谭助编。一样圣文埃灭感,千秋或配北山玄。

自注:

> 近见唐释神清《北山录》。清师护佛,而余右儒。词理渊茂、文质相宣,何敢仰均,若论其同异,抑有可言。神清书综三藏灵文,而泛滥于五部;余之书甄六籍奥谊,而驰骛于诸子,其同一也。神清书区囿篇翰,开径自行;余之书亦越世高谈,不守章句,其同二也。神清之著书也,正当禅学盛极将衰、昌黎排佛之日,故力辟幽空而要之以博观;余之书亦当汉学盛极将衰、异端蔑圣

---

① 《子余》篇云:"董仲舒著书百二十三篇,今存八十二篇,本传称所著皆经术之意。又曰:'说《春秋》事得失,《闻举》《玉杯》《蕃露》《清明》《竹林》之属数十篇,十余万言。'王充谓董仲舒著书不称子者,意殆自谓过诸子也。此真能知仲舒者矣。故其书专以《春秋》为据依,明乎阴阳五行而上本于王道。语曰'通天地人曰儒',《汉志》曰:'儒者,助人君,顺阴阳,明教化',其是之论欤?"(前揭《史微》卷三)。
② 《史微·子余》。

之日,纠便词巧说而遂之于大道,其同三也。虽然,有一异焉。神清书逆于世趋,禅宗仇之,排佛者目笑之,其晦也千余年,时节因缘,今日复显;余之书亦不为竺古者所喜,而为蔑圣者所诽,其晦固宜,而其显也正不知何日!抚卷增喟,实在兹乎!神清书一名《北山参玄语录》,见赞宁僧传。

《学衡》刊本,诗次句为"此是王充谈助篇","自注"易为:

> 唐释神清《北山录》久佚,近始见宋槧本。其书通论佛故,文辞茂美,考其著书之时,盖当佛学极弊之际,命义与余书大旨略同。虽儒释异谈,事有可方,不嫌非类也。《北山录》一名《北山参玄语录》,见赞宁《高僧传》。

张尔田为学,于六艺诸子外,"间习小乘佛教经典"①。其《孱守斋日记》,多有阅读佛教书籍的札记,其中即有"见北宋槧神清《北山录》"一条,②对相关史事有所辨正。此处张氏将《史微》比之于《北山录》,说的是二书作者同处于"圣文埃灭"③的时代,以及二书或相似的命运:即《北山录》当佛学极敝之时,《史微》则值孔教存亡之际,二者均存振弊起衰之志向;然而前者隐晦不彰近千年,后者或不免仍将步其后尘,怎不令人感慨系之!虽然,《史微》与《北山录》终非同类,所以就《史微》的性质和内容而言,与之相似的还应是东汉王充

---

① 邓之诚:《张君孟劬别传》,邓瑞整理:《邓之诚文史札记》上,凤凰出版社 2012 年版,第 409 页。
② 见《史学年报》第二卷第五期,第 362 页。
③ "圣文埃灭"出《后汉书》郑玄传:"自秦焚六经,圣文埃灭。汉兴,诸儒颇修艺文。及东京,学者亦各名家。而守文之徒,滞固所禀,异端纷纭,互相诡激,遂令经有数家,家有数说,章句多者或乃百余万言,学徒劳而少功,后生疑而莫正。郑玄括囊大典,网罗众家,删裁繁诬,刊改漏失,自是学者略知所归。"(《后汉书》卷三十五《张曹郑列传》第二十五)。

所作的《论衡》。同样,《论衡》也是时运不济,先是中原不传,之后亦不过为人"谈助"而已。①

王充之《论衡》,亦是在晚清被重新认识的名著。张尔田《屠守斋日记》有对《论衡》的评语:

> 阅《论衡》。王仲任杂家巨裔,一切阴阳拘忌、流俗荒谬、载籍虚诞皆无所惑,而笃信天命,鳃理万物,多与泰西格致家相合,奇书也。

《史微》亦云:

> 《隋志》于杂家著录充书二十九卷,今观其以《论衡》名书,真杂家之出于议官也。且杂家多以道家为折衷,充于阴阳拘忌、流俗荒诞、载籍虚谬皆无所惑,而笃信自然,此尤可见其宗旨矣。(……盖仲任著书,意在扬榷古今,甄微砭谬,两汉杂家之余绪,此其一綖也。)后人徒以《问孔》《刺孟》鄙之为谈助,是岂能知九流之学哉?②

十余年后(1919),张尔田致信王国维,谈及《论衡》与《史微》之联系:

> 仲任两汉通人,其书亦自开户牖,曩撰《史微》,颇有意准之。今老矣,尤嗜之,不厌谈助之学,得无为兄所哂也。③

以张氏此说,则《论衡》亦是《史微》的模仿对象之一。

---

① 以《论衡》为"谈助",语出《后汉书》"王充传"李贤注。王充《传》:"箸《论衡》八十五篇,二十余万言",李贤注引晋袁山松《后汉书》:"充所作《论衡》,中土未有传者,蔡邕入吴始得之,恒秘玩以为谈助。"(《后汉书》卷四十九《王充王符仲长统列传》)。
② 前揭《史微》卷三"子余"。
③ 《张尔田致王国维》,马奔腾辑注:《王国维未刊来往书信》,清华大学出版社2010年版,第241页。

组诗之三：

> 东原妙喻比舆夫，起废箴肓剧可吁。寄语刘兰休毁辱，更生学本大官厨。

自注：

> 国朝汉学自公羊家兴，争议起。余自用中垒家法，于今古文无所尊，无所废。

《学衡》刊本"自注"易为：

> 三百年经学专尚古文一派。自庄方耕、刘逢禄出，始兴诤议。仆自用中垒家法，于古今文无所尊，无所废。

诗中东原"舆夫"之喻，见段玉裁《戴东原集序》，通常被引用说考据与义理之关系，即考据为轿夫，义理为轿中人；①所谓"起废箴肓"，用何休与郑玄辩论《春秋》三传的故事，以之作为今古文之争的代表；②"刘兰毁辱"出《魏书》刘兰传，传云刘兰"排毁《公羊》，又非董仲舒"③，诗以此况读者以公羊今文学视《史微》的误解；"大官厨"

---

① 段玉裁：《戴东原集序》："先生之言曰：'六书、九数等事，如轿夫然，所以异轿中人也。以六书、九数等事尽我，是犹误认轿夫为轿中人也。'又尝与玉裁书曰：'仆生平著述之大，以《孟子字义疏证》为第一，所以正人心也。'噫！是可以知先生矣。"（《戴震文集》，中华书局 1980 年版，第 1—2 页）
② 《后汉书·张曹郑列传》："时任城何休好《公羊》学，遂著《公羊墨守》《左氏膏肓》《谷梁废疾》；玄乃发《墨守》，箴《膏肓》，起《废疾》。休见而叹曰：'康成入吾室，操吾矛，以伐我乎！'初，中兴之后，范升、陈元、李育、贾逵之徒争论古今学，后马融答北地太守刘瓌及玄答何休，义据通深，由是古学遂明。"（《后汉书》卷三十五）
③ 该传又云："延昌中，静坐读书，有人叩门，门人通焉，兰命引入。其人葛巾单衣，入与兰坐，谓兰曰：'君自是学士，何为每见毁辱，理义长短，竟知在谁，而过无礼见陵也。今欲相召，当与君正之。'言终而出。出后，兰告家人。少时而患卒。"（《魏书》卷八十四列传第七十二儒林）

为《左传》之代称,①据说刘向(更生)明习《谷梁》,"玩弄《左氏》"②,张氏借此表明《史微》于经今文、古文二家,不偏不废的立场。

经今、古文问题,是《史微》的核心议题。张尔田在前引《与陈石遗先生书》中,曾明确指出:《史微》之作,乃"激于二十年前今古文家水火之诤"。③ 类似的说法,还见于《邋堪书题》,其中"《春秋繁露义证》"条云:"余曩纂《史微》,颇救正今古文家末流之失"。④《史微》的今古文主题,还可征之于读者的观感,如张氏弟子王锺翰读《史微》所得之最主要的收获,即:"读先生书,则二千年来今古文家学之诤,亦可以息也夫。"⑤《史微》于今、古文的独到见解,即

> 今文者,孔子说经之书,而弟子述之者也;古文者,旧史说经之书,而孔子采之者也。(汉初诸儒传孔子微言大义,诸经多由口授,以隶写之,先著竹帛,故曰今文。其后佚经出于山岩複壁,多蝌斗文,故曰古文。因二者义旨不同,故以文字别之)。⑥

经今文为孔子口说,经古文为古史经说;今文重在义理,古文兼详纪事;古文多详于政,今文多阐于教;今文传孔子微言大义,古文则为孔

---

① 《三国志》裴潜传,裴注引《魏略》:"司隶钟繇不好《公羊》而好《左氏》,谓《左氏》为太官,而谓《公羊》为卖饼家。"(《三国志》卷二十三《魏书》二十三《和常杨杜赵裴传》第二十三)
② 《汉书》刘歆传:"宣帝时,诏向受《谷梁春秋》,十余年,大明习。及歆校秘书,见古文《春秋左氏传》,歆大好之。……及歆治《左氏》,引传文以解经,转相发明,由是章句义理备焉。歆亦湛靖有谋,父子俱好古,博见彊志,过绝于人。歆以为左丘明好恶与圣人同,亲见夫子,而公羊、谷梁在七十子后,传闻之与亲见之,其详略不同。歆数以难向,向不能非间也,然犹自持其《谷梁》义。"(《汉书》卷三十六"楚元王传第六")《论衡·案书篇》:"刘子政玩弄《左氏》,童仆妻子皆呻吟之。"
③ 前揭《新学商兑》乙亥本附录。
④ 《张孟劬先生〈邋堪书题〉》,前揭《王锺翰清史论集》,第2360页。
⑤ 《读张孟劬先生〈史微〉记》,前揭《王锺翰清史论集》,第2367页。
⑥ 前揭《史微》卷一"原史"。

子微言大义之根据。① 如此对今古文同异分合的多方论证,条分缕析,成为《史微》论述六艺流别的中心线索和主要内容。其有关六艺的主要论点——六艺"由史入经",亦正是为解决今古文问题而提出的。

《史微》于今古文,意主调和,有类于廖平经学初变的"平分今古"。② "盖孔子之纂六艺也,圣德在庶,德无所施,不得不假帝王之旧史以制义法,加吾王心,此古今文两派所以并行不悖也。"③亦即诗注所谓于"古今文无所尊,无所废"。然而,"无所废"是实,"无所尊"则不确。在张氏看来,经主明义,则传孔子微言大义之今文经说,自然应是六经的主旨和后世经学当致力之所在。就《史微》而言,其有关六经的诸"案"(《案易》《案诗书》等)、诸论(《易论》《春秋论》等),实皆一本今文经说,张氏言之不讳。④ 故陈石遗评《史微》有云:"治经主今文而不废古文,与王湘绮、廖祇平之武断悬殊,与皮鹿门之墨守亦迥异。"⑤而张氏叹为知音:"旧撰《史微》,行世十八年矣,惟先生读之细而辨之详且尽,敢不拜嘉。"⑥

---

① 《史微》有关今古文的集中论述见于《原史》《史学》《原艺》《经辨》《附今古文答问》《口说》《争讼》《古经论》《明教》《通经》等各篇,具体论述则可参见《案易》《案春秋》《案礼》《案诗书》《原纬》《原小学》《易论》《春秋论》《礼论》等篇。总之,其论六艺诸篇,皆与今古文问题有关。
② 此仅就"平分今古"而言;廖氏区分今古,以为纯在制度,不关义理。张氏则以为古文多制度,今文重义理。廖氏经学初变的代表作为《今古学考》,见《廖平选集》上(李耀先主编,巴蜀书社1998年版)。
③ 前揭《史微》卷一"原艺"。
④ 张氏云:"此数篇(按:指以上诸'案',实亦包括卷七易、春秋、礼诸论)虽从今文家言,推阐孔子之微言、七十子之大义,然欲穷微言大义之根据,仍须求诸古文,惜古文诸经为章句家变乱,无以窥其奥藏之所在耳。"(《案诗书》)由此,则古文实难为据,所谓"求诸古文",不过托词。
⑤ 陈衍:《与张孟劬书》,前揭《陈石遗集》,第674页。
⑥ 张尔田:《与陈石遗先生书》,前揭《新学商兑》乙亥本附录。

组诗之四:

> 诸老区区事太勤,后来谁与定吾文。实斋自有金刚眼,莫把中郎拟虎贲。

自注:

> 平生为学从实斋出,不从实斋入,世谓余为章氏学,斯未敢承。

《学衡》刊本,自注易为:

> 仆之学从实斋出,不从实斋入。少与吾友元和孙益庵同好章氏书,益庵优于类例,实为会稽嫡传,而仆则未也。世多以我两人并称者,愧不敢承。

此诗首句"诸老"或指张氏师友并同为"遗民"者,①三句"金刚眼"或用禅家"金刚眼睛"喻深刻见道的看法,②末句则用孔融以相貌相似之武士(虎贲)权代蔡邕(中郎)的典故。③ 其旨在说明《史微》及张氏为学与章学诚(实斋)之学的关系,即:实斋之学自有其深刻独到之处,但后来的读者切莫以为《史微》只是实斋之学的传承光

---

① 此处"诸老"或用"河汾诸老"意。元人房祺编辑《河汾诸老诗集》,收录金元之际八位河汾地区的遗民诗人麻革、张宇、陈赓、陈庾、房皞、段克己、段成己、曹之谦的诗作。张氏好友孙德谦为其中段克己、段成己兄弟作《稷山段氏二妙年谱》,表扬二段于金亡后,不仕新朝,甘为遗民的志行操守。张尔田曾为该年谱作序(参见前揭《遯堪文集》卷二)。
② 严羽:《沧浪诗话·诗法》:"看诗须着金刚眼睛,庶不眩于旁门小法。(禅家有金刚眼睛说)"郭绍虞校注:"《传灯录》卷二十五:(良匡禅师曰)唯有金刚眼睛凭助汝发明真心。"(见严羽著、郭绍虞校释:《沧浪诗话校释》,人民文学出版社1983年版,第134页)
③ 《后汉书·孔融传》:"与蔡邕素善,邕卒后,有虎贲士貌类于邕,融每酒酣,引与同坐,曰:'虽无老成人,且有典型。'"(见《后汉书》卷七十郑孔荀列传第六十)。

大而已。其实不用待到后人,如诗自注所说,在当时就有将张氏与孙德谦并视为海内章氏学("会稽之学")双雄的评价,而此评价恰来自作为"遗民"同道的李审言,①无怪乎张氏要寄希望于后来的知音。②

《史微》开篇即云"六艺皆史也",正如同《文史通义》。然而,在张氏看来,所谓"六艺皆史"只说了"六艺"之原,而六艺的价值更在于其由史而入经,即经由孔子删订、编次、述作之后,"六艺之文咸归孔氏","七十子后学因相与尊之为经"。故孔子之前,"六艺皆史",为古帝王经世之迹,孔子之后,六艺为经,乃万世常行之道。③ 章实斋知六艺为史,可谓好学深思、不随流俗;但却"终身不识六艺为孔子之经",故其持论不免悖谬。④ 章氏诬圣害道之谰言,莫过于以周公为集大成者,而以孔子为学周公者,即"宗周祧孔之论",⑤《史微》于此,痛加辩驳。

> 章实斋先生著《原道》篇,以谓集大成者为周公,而孔子之删述六艺则所以学周公也。自此论出,而先圣、后圣始若分茅而设蕝矣。不知周、孔不容轩轾也,孔子以前不必有周公,而周公以后则不可无孔子;天不生周公,不过关系一姓之兴亡而已,而牺农尧舜禹汤文武之书犹在也;天不生孔子,则群圣人之道尽亡,虽有王者,无从取法矣。⑥

---

① 见前揭钱基博:《中国现代文学史》,第151页。
② 然而,作为后辈知己的钱仲联作《张尔田评传》,仍称"尔田《史微》一书,正是光大了实斋之学,以人以研经治史的大法。"(前揭《梦苕庵论集》,第450页)
③ 《史微》卷一"原史"。
④ 《史微》卷八"明教"。
⑤ 《史微》卷一"史学"。
⑥ 《史微》卷八"古经论"。

昔章实斋有言:"周公集典章法度之大成,以行其政;孔子集周公之政,以明其教。"因以为政见实用而教垂空言,儒生崇性命而薄事功,皆由于盛推孔子过于尧舜也。若然,则垂教者绌于行政矣,岂我孔子垂教之本意乎?曰:此章氏之谰言也。政与教岂可以实用、空言分优劣哉?……即使差等周孔之优劣,无宁谓孔子贤于周公。何则?周公之政,历代沿袭不同者也;孔子之教,天不变,道亦不变者也。天下有敢于更张周公典章法度之人,必无敢于灭裂孔子名教之人;周公创制典章法度,以为一世致太平,孔子本周公之典章法度,加以王心,以为万世立名教。①

实斋"知史而不知经"之误,更在于"其说推之古文家而通,推之今文家则不通矣"②。张氏以为章实斋在清代学术史上的地位,在于"起始畅论六经皆史之谊","于是古文之真相大明";③惟是如此,实斋于今文家之微言大义则懵然不知。而周公之典(史),孔子之经,正为古、今文学渊源有自,并行不悖之根据。

夫六艺皆周公之旧籍也,而有经孔子别识心裁者,则今文诸说是也;有未经孔子别识心裁者,则古文诸说是也。今文为经,经主明理,故于微言大义为独详;古文为史,史主纪事,故于典章制度为最备。

夫孔子,大圣人也,周公亦大圣人也,周公之圣为一代致太平,孔子之圣则为万世立名教,孔子之微言大义莫备于今文,周

---

① 《史微》卷八"明教"。
② 前揭《新学商兑》"小康之教在诗书礼乐"条。
③ 前揭《新学商兑》"四重考据荀子之学专以名物训诂为重"条。夏曾佑亦云:"国朝言古文学家,未有深通如实斋者也。"(见前揭《屠守斋日记》)

公之典章法度亦莫详于古文,古文明而后周公致太平之道明,周公致太平之道明,而后孔子损益旧史垂教万世之义亦明,苟知此义,则古今文之哄可以不作矣。①

张氏志在考镜六艺流别,并以发明"由史入经",衡评今古文为自得,自然不甘囿于实斋古文之一隅。陈石遗称张氏:"足下史学殆欲方驾子玄,贵乡实斋未足比数。"②或亦是被张氏叹为知音的缘由之一。窃以为,张氏所以于章实斋"六经皆史"说,多加推崇,恰在于其由此豁然顿悟,得到了沟通古今文学的路径和逻辑的启示。

组诗之五:

> 中天学术溯炎羲(亭林、梨洲),转益多师是我师。囊括微言归派别,横流坐看壑舟移。

此一首是为《学衡》刊本增录者,序次为五,无诗后"自注",其意似亦显豁,可为前一首之补充。首二句"中天学术溯炎羲,转益多师是我师",意谓有清鼎盛期的学术③可追溯至顾炎武、黄宗羲二大家;顾、黄所开创和代表的浙西、浙东学术,都曾是我师法的对象。"囊括微言归派别"句,或即言《史微》之主旨:考镜六艺今古文学及诸子百家之流别;"横流坐看壑舟移"句,谓于动荡之际无奈于时世的迁

---

① 《史微》卷八"古经论"。
② 见前揭陈衍《与张孟劬书》。
③ 此"中天学术"似应指所谓"乾嘉学术",张氏曾云:"惠定宇氏起始知汉儒家法,戴东原氏起始能于宋儒言理之外别有所得,段若膺氏起始集声音训诂之大成,然于今古文界限犹未悉也。庄方耕氏起始能窥今文家发明孔子之微言大义,然于古文犹未知也。章实斋氏起始畅论六经皆史之谊,龚定庵又本之推阐诸子,于是古文之真相大明,而我朝学派至此始极盛矣。"(前揭《新学商兑》"四重考据荀子之学专以名物训诂为重"条)

移,"壑舟"典出《庄子》①。

上一首"自注"云"平生为学从实斋出,不从实斋入"。实斋提倡自黄梨洲以来的"浙东学术"并以其传承者自居,以区别于以顾亭林为代表"浙西"之学。尔田则"转益多师",从"浙东"出,从"浙西"入。王国维于《玉谿生年谱会笺·序》中,曾说及张尔田与"浙东""浙西"学术的关系:

> 君尝与余论浙东、西学派,谓浙东自梨洲、季野、谢山,以迄实斋,其学多长于史;浙西自亭林、定宇,以及分流之皖、鲁诸派,其学多长于经。浙东博通,其失也疏;浙西专精,其失也固。君之学固自浙西入,而渐渍于浙东者。②

王氏此说确是尔田自述,见于其求《会笺》之序于王国维的信札:

> 至两浙学派,亦可略叙。浙东自梨洲、季野、谢山以迄实斋,多长于史;浙西自亭林、定宇以迄旁出之东原、若膺,多长于经。浙东博通,其失也疏;浙西专精,其失也固。弟初从若膺、怀祖入手,后始折入季野、实斋。故虽尚考据,而喜参名理,有浙东之博通而不至于疏,有浙西之精专而不流于固。此实弟一生为学之大旨。③

尔田此札可作"平生为学从实斋出,不从实斋入"和"转益多师是我师"的最好注脚。尔田自负兼擅"浙东、西"二家之长而无其短,既不

---

① 《庄子·大宗师》:"夫藏舟于壑,藏山于泽,谓之固矣。然而夜半有力者负之而走,昧者不知也。"
② 张采田:《玉谿生年谱会笺》王序,上海古籍出版社2010年版。
③ 见马奔腾:《王国维保存的张尔田书信》第5封,《浙江树人大学学报》第12卷第6期(2012年11月)。

屑随王怀祖诸儒之后,亦不甘做章实斋之学的传人,其一再辩白,意即在此。

组诗之六：

> 开元四部部居难,谁识源流出议官。他日典农如借刺,廿篇《鸿烈》待君传。

自注：

> "传"字用鲁读协韵。

《学衡》刊本无改易。诗中"开元四部",出《旧唐书·经籍志》,指成于开元年间的《群书四部录》《古今书录》等大型书目①;所谓"议官"源流,据《汉书·艺文志》,"杂家者流,盖出于议官";②"典农借刺"出高诱《淮南鸿烈·注叙》,记典农中郎将弁揖借《淮南鸿烈》钞写事③;《鸿烈》自然是指《淮南鸿烈》。全诗仍着意于《史微》类属的辨明,大意谓：即使依据"开元四部"这样的大型分类书目,似乎也不太容易安置《史微》的归属,但其实从源流而言,它应当属于子部的杂家;后世若有人对《史微》发生兴趣,请把它看成《淮南鸿烈》那

---

① 《旧唐书·经籍志》云："(开元)九年十一月,殷践猷、王惬、韦述、余钦、毋煚、刘彦真、王湾、刘仲等重修成《群书四部录》二百卷,右散骑常侍元行冲奏上之。自后毋煚又略为四十卷,名为《古今书录》,大凡五万一千八百五十二卷。"又云："后出之书,在开元四部之外,不欲杂其部,今据所闻,附撰人等传。"(《旧唐书》卷四十六志第二十六)

② 《汉书·艺文志》："杂家者流,盖出于议官。兼儒、墨,合名、法,知国体之有此,见王治之无不贯,此其所长也。及荡者为之,则漫羡而无所归心。"(《汉书》卷三十)

③ 《淮南鸿烈》高诱注叙："典农中郎将弁揖,借八卷刺之"。(见刘文典：《淮南鸿烈集解》高诱叙目,安徽大学出版社、云南大学出版社1998年版)《释名疏证补》卷六释书契第十九："书称刺书,以笔刺纸简之上也。王启原曰：高诱《淮南》序言'典农弁揖借取刺之',谓写之也,是汉末有此语。"(刘熙撰、毕沅疏证、王先谦补：《释名疏证补》,中华书局2008年版,第207页)

样的书来研究它。①

尔田对诸子之杂家有较高的评价。以为杂家是与道家、墨家鼎足而三的重要学派,"杂家者,宰相论道经邦之术,亦史之支裔也"。杂家出议官(即坐而论道之"三公"),"议官之道,上以佐理天子,知国体之有此,下则总统百官,见王治之无不冠(贯)"。其术兼儒、墨,合名、法,归本于道家。②"所谓以道德为标的,以无为为纲纪,以忠义为品式,以公方为检格者,此杂家之宗旨也。"③尔田对杂家的推崇,见之于其对存世杂家著述的青睐:《史微》之作,前述已比之于王充《论衡》,此处又明确其所本为刘安《淮南》;据吴宓所说,尔田还有仿吕不韦《吕览》为《新览》(实即《史微》"外篇")的著作计划④,则杂家存世之三大名著,已被一网打尽。

尔田所以重视杂家,主要在于其兼综的特点,而这正是《史微》论六艺诸子的要义所在:兼容并包,不偏不废。尔田认为,孔教的特点即是兼综,孔子本人即以儒家而兼道家,而所谓"兼",亦即"杂"。故《史微》数次引东郭子惠问,说孔门之"杂":

> 孔子以儒家上兼道家也,盖欲范万世为人君、为人臣、为民、

---

① 张氏自注:"传"字用鲁读协韵。即"传"用《论语》"传不习乎"鲁读为"专"意,谓"传"者非传承、传授意,而为专业、专长意。协韵即叶韵,即"传"在诗中读音为chuan。
② 以上引述,见前揭《史微》卷二"原杂"。
③ 前揭《史微》卷六"宗旨"。
④ 吴宓纪张尔田云:"然先生生平精力所萃之二书,迄今尚未作成。(1)曰《新览》(古有《吕览》一书,故名),拟仿诸子之体例,阐述先生独立综合之思想,成一家言。《史微》评述前人,为中国古来学术之总结算。《新览》则宣示自己独到之见解,志在创造。《史微》为《新览》之基础,《新览》则《史微》之外篇也。(2)曰《三礼之新研究》,旨在阐明礼意,使人晓然于古来制度仪节内蕴之义意,知其所以然及不得不然之故。庶中国圣贤制礼之苦心及古礼教之全部思想系统,可以大明。"(吴宓著、吴学昭整理:《吴宓诗话》,商务印书馆2005年版,第185页)

为士,同纳诸轨物之中,而不使一夫失其所也。东郭子惠问于子贡曰:"夫子之门何其杂也?"夫子闻之,曰:"修道以俟天下,来者不止,是以杂也。"嗟乎,修道以俟天下,此孔氏之教所由大而无外欤。①

由此可见尔田自比"杂家"之心意。

综上所述,可简要归纳尔田对于《史微》的自我界说:《史微》者,绝非经训之作,亦非纪事之书,非经非史,是为子学。其重点在条别六艺源流,解说今、古文异同;长于明理,志在兼综,不为乾嘉诸子奴仆,亦不做"会稽之学"的门生,自是一家之言,讨论有待来者。然而,尔田如此用力地界说,仍不能消除当时及后世对《史微》的误解,其原因之一,或在所谓《史微》"外篇"的终未成就。依张氏自述,《史微》本由内外两篇组成,"内篇为古人洗冤,为来学祛惑,本经立义,比次之学居多;外篇发明天人之故,政教之原,越世高谈,论断之学居多。"②然刊行并流传者,仅为"内篇"。前引吴宓所说尔田拟作之《新览》,实即《史微》"外篇":《新览》"拟仿诸子之体例,阐述先生独立综合之思想,成一家言。"

> 《史微》评述前人,为中国古来学术之总结算。《新览》则宣示自己独到之见解,志在创造。《史微》为《新览》之基础,《新览》则《史微》之外篇也。③

则此"外篇"或更具"杂家"(议官论道经邦之术)的风貌。尔田合内外篇说《史微》,世人所见则仅为内篇,由此所生误解,亦所难免。

---

① 前揭《史微》卷八"明教"。引东郭子惠之问,又见卷六"宗经"。
② 前揭《史微》"凡例"。
③ 前揭《吴宓诗话》,第185页。

四

张尔田的一生，或可以清亡为界，分为前后两大段落。之前，先是随父于为官任上，交友问学；后又捐官候补，专心于著述，总之，为悠游自得的生活①。入民国后，则以遗民自居，处处感受被冷落、歧视、误解的纷扰，于新旧思想和派别间做苦苦挣扎，心境常在怨艾凄苦之中。② 本文前述种种，多在清亡之前。以下拟通过对其师友往来的相关材料的排比，以见尔田民国时期志业情怀之一斑。

王国维是尔田晚年引为"知己"的少数人之一。现存王国维来往书信中，张尔田的来函最为大宗。③ 然而实际上两人关系又多微妙处，且反映彼此在学术见解及政治立场上的歧异，试略作钩稽。

张、王初识，约在 1905 年，张氏晚年记忆当时情形：

> 忆初与静庵定交，时新从日本归，任苏州师范校务。方治康德、叔本华哲学，间作诗词，其诗学陆放翁，词学纳兰容若。时时

---

① 马叙伦记张尔田："仕为知府，候补于江苏，不事衙参，日以品茶阅书肆为乐。"见前揭《石屋余沈》，第 94 页。
② 1927 年，尔田重阅《定庵文集》后，自叹身世，云："老逢世革，茕然草际，横政殄行，再罹赭乱，文武之道既尽，生死之路皆穷。"（见前揭《遯堪书题》）如此危苦之言，多见于其读书杂记（如《遯堪书题》）和与友人信札中（如《与王国维书》云："兄谓如何人生最悲者？绝所望而身之穷饥不与焉。启多问[闻]于来学，待一治于后王，古之人所以自慰者安在？此亭林诸公所未遇者，而吾辈遭之矣。"详后文与王国维诸札等）。
③ 前揭《王国维未刊来往书信集》收录张氏致王国维书 44 封，据整理者马奔腾博士言，张氏函未录入者尚有三分之二之多。（见同书第 237 页）该集之后，马博士续将张氏致王国维函 22 封，整理发表（见前揭《王国维保存的张尔田书信》，《浙江树人大学学报》2012 年第 6 期）。马氏的工作，嘉惠学林多多；然其对张氏手稿的辨识亦有错误之处。因暂时无法核对原件，故文中引述均据马氏整理本，而对其中以为有明显错误者，则予以改正，并随文注出。

引用新名词作论文,强余辈谈美术,固俨然一今之新人物也。其与今之新人物不同者,则为学问研究学问,别无何等作用。彼时弟之学亦未有所成,殊无以测其深浅,但惊为新而已。①

早年所作《孱守斋日记》,亦有当年交往轶事:

> 阅王静庵《挑灯词》。余所收径山残藏千余种,因易书入之质棚,为静庵所得,仍手写一目而归之,自是遂与定交。静庵治泰西哲学甚勤,古学亦颇究心,词则酷学纳兰者也。②

辛亥革命起,王国维随罗振玉避地日本,1916年年初返上海,受聘于哈同所属"广仓学宭",主要负责编辑《学术丛编》。由此,张、王二人得以"相聚海上,无三日不晤"。在尔田看来,王氏之学已大变,"思想言论,粹然一轨于正,从前种种绝口不复道矣"③。但在王氏眼中,尔田学问尚好,但心事难知:

> 张孟劬……此君之弟乃党中文豪,现为上院秘书长。渠本在史馆,近又将入京,其人无定见可知。然以学问文章论,尚当为沪上所谓名人之冠。④

> 孙益庵招往作夜谈,坐有况夔笙、张孟劬。夔笙在沪颇不理于人口,然其人尚有志节,议论亦平,……孙君硁硁乡党自好之士。张君则学问才气胜于况、孙,而心事殊不可知。近翰怡为其刻《玉谿生年谱》四卷,索永为之序。⑤

---

① 张尔田:《与黄晦闻书》,《学衡》第60期。
② 《孱守斋日记》,《史学年报》第二卷第五期,第367页。
③ 前揭《与黄晦闻书》。
④ 王国维:《致罗振玉》(1916—11—7),刘寅生、袁英光编:《王国维全集·书信》,中华书局1984年版,第145页。
⑤ 《致罗振玉》(1917—8—27),前揭《王国维全集·书信》,第208页。

显然,王氏所疑惑者,乃尔田之"志节"。除却其弟张东荪的"党人"身份①,张氏应聘于"清史馆",应是重要原因。罗振玉曾怒焚清史馆编修聘书,②王国维与之见解相同。在罗、王看来,应聘民国之史馆,即是志节有亏,至少也是"无定见"或"心事殊不可知"。其实,对于应聘史馆一事,尔田曾多次予以辩解。邓之诚记:

> 君不独精研于学,制行尤谨,初清史馆之开,与纂修者皆前朝旧人。或觊复辟,谓清未亡不当修清史,君不顾,曰:《东观汉记》即当世所修,何嫌何疑耶?③

钱仲联记:

> (张尔田)民国成立以后,不再出仕,但曾应清史馆之聘,参预修订《清史稿》,列名为纂修官。他说:"明修《元史》,所征聘的多是在野布衣,如胡翰等,不闻称官。杨维桢修《礼乐志》,宋濂送他,说他白衣至,白衣还,又岂兴朝所得而官者?鄙人既为前朝官吏,义不可再入新朝士籍。"这是尔田遗老身份的自白。④

吴宓称最爱诵尔田《乙卯南归杂诗》,其中第十六首,即是尔田对参与修清史的自解之辞:

> 白衣宣至白衣还,我比廉夫不汗颜。莫羡骑牛周柱史,蓬莱原在海东山。

---

① 王国维还曾向罗振玉谈及一事:"张孟劬之弟,本党人而近与政界接近者也,不知长儿已定亲,乃欲以其妻妹字之,由孟劬托孙隘庵作媒。此种事多不可解,吾辈简单人,苦无解剖之能力也。"前揭《王国维全集·书信》,第212页。
② 甘孺辑述:《永丰乡人行年录》,江苏人民出版社1980年版,第45页。
③ 邓之诚:《张君孟劬别传》,前揭《遯堪文集》"附录"。又见前揭《邓之诚文史札记》,第410页。
④ 钱仲联:《张尔田评传》,前揭《梦苕盦论集》,第448—449页。

吴宓为此诗加"按语":"首句出《明史·杨维桢传》,末句谓清史馆非清高之所。"①而次句"廉夫"则为杨维桢字。陈敬第为尔田《列朝后妃传稿》作序,亦谈到遗老对参与编撰清史的异见及尔田的态度:

> 乃世之论者,辄谓宗社既亡,宁为圣予、所南之介,无为遗山之通儒。盖儒生言议不探时变,而好行迹责人,往往如此。君曩亦语余:今之耆宿,既以史为询矣,新学諐闻,又不知史为何物。异日者使纤儿执简,以议故国短长,吾不知圣予、所南复生,何以处此?呜呼!若君者乃真心乎遗山之心者也。②

其实,尔田又曾直接向王国维袒露过自己与修清史的心志:

> 然窃自念故国已矣,惟修史自效,庶酬万一。幸《后妃传》已告成,差足正野乘之诬。近为《刑法志》,于宣统末争新律者,衮录尤不敢苟。国可亡,史不可亡,或者稍存正义于几希,此亦穷而在下者之责也。③

正是因了这番借修史以酬胜朝,希存"正义"于国史之心意,尔田于其所撰清列朝《后妃传》中,尽其所能,力证清初所谓"太后下嫁"者,为无根之谰言;并于晚清孝钦太后多有恕辞。

"志节"之外,王国维对尔田学问亦有保留。其与罗振玉书云:

---

① 前揭《吴宓诗话》,第185—186页。
② 陈敬第:《清列朝后妃传稿·序》(张采田《清列朝后妃传稿二卷》绿樱花馆平氏墨版)。其中,"圣予",即龚开;"所南",即郑思肖。龚、郑皆南宋遗民。"遗山",即元好问,金元之际人。"金亡不仕,以著述存史自任;采摭金源君臣遗言往行,至百余万言,元人编修《金史》多本其著。"
③ 前揭《王国维未刊来往书信集》,第241页。

> 张孟劬所作《史微》，乙老颇称之。渠以二部见赠，以其一寄公。中多无根之谈，乙老云云，所谓逃空山者闻足音而喜也，却与内藤博士之倾倒者不同。闻孙益庵德谦亦此一派，二人至密也。①

此处"乙老"即沈曾植，内藤博士即内藤湖南，二人均是《史微》的揄扬者。但在王国维看来，同为赞誉，二人又有不同：沈氏或因同类者已不多而特予鼓励，内藤氏则难免无知少见之讥。据中译内藤湖南著作，其对张尔田《史微》的肯定，首见于《清朝史通论》。该书第五章"史学与文学"之"史学方法"一节，将张尔田《史微》视为《文史通义》的后继之作：

> 《文史通义》是史学通论方面非常有名的著作，中国人也非常地尊敬这位学者。最近有张采田其人，模仿《文史通义》写了《史微》一书。它与《文史通义》相比，虽不能算是名著，但它说明这样的名著虽不可能连续出现，但隔一段时间总会有人想到它，并立志复兴它。即使在今天，张采田的《史微》也是非常与众不同的书。②

此《通论》，本为内藤氏于1915年8月在京都大学演讲的速记稿；由此可知，《史微》面世不久，即引起了内藤氏的注意。20年代初，内藤氏于京都大学讲授《中国史学史》，其中第十二章"清朝的史学"之

---

① 前揭《王国维全集·书信》，第124页。
② 内藤湖南著、钱婉约译：《中国史通论》下册，社会科学文献出版社2004年版，第590页。

"史评"一节的讲授提纲,亦列有张尔田之名。① 内藤氏之所以重视《史微》,实与其对章学诚的表彰相关。内藤湖南是率先于日本学界表彰章实斋之学者,其影响反转又及胡适等人,从而促成20年代中国学界的章学诚热,②此不赘。

至于王国维所谓《史微》"多无根之谈",或指其中那些并无事实佐证的论说。也许正是《史微》予人的这一印象(王氏之后还有陈衍),使得张尔田不得不一再强调说明:《史微》乃子书而非诂经之书,是说理之书而非纪事之书(见前)。而在张、王交往中,张氏自我表曝其学术宗旨和特点的现存材料,亦不仅一见。前述尔田为《玉谿生年谱会笺》索序于王一事,即是一例。尔田致函王氏云:

> 鄙著《玉溪年谱会笺》刊刻将次断手,弁首鸿文,拟得君加墨数行,以志纪念。序中但述我辈交谊及十年来踪迹,惟有一意

---

① 见内藤湖南著、马彪译:《中国史学史》(上海古籍出版社2008年版),第353页,该提纲为:"史事 王夫之(《正统论》);史体(纪昀、邵晋涵)《四库提要》《国史经籍志》(焦竑);史法 方苞(义法之学);史意 章学诚 龚自珍 张尔田 孙德谦 梁启超(不知其意而妄作者)。"至于此节何以仅存提纲,有编校者说明,见该译本第353、398页。
② 内藤氏《章学诚的史学》一文,记述了其提倡章氏学的由来:"我本人最初读到《文史通义》《校雠通义》是在明治三十五年(1902),由于当时深感其寓意深刻,就于杭州购得两部,并将其中一部送给了当时在中国留学的狩野博士。那以后我又在大学等场合对章学诚的学问颇为鼓吹,致使其著作在日本也拥有了相当的读者。十几年前又意外地得到了其《全集》的未刊本,通读这部《全集》,我编写了他的年谱并予以发表。中国有一位叫胡适的人还将我所作的年谱予以增订出版,由此章氏的学问亦引起了中国新派学者的注意。在此之前,中国治旧学的学者,如张尔田、孙德谦等人出于对章氏学风的仰慕,也曾特别进行过钻研;而最近除胡适之外,又有出身于清华学堂的姚明达,以及四川学者刘咸炘等人,都能发挥章氏之学,各有著述公开发表。现在对于此人的学问虽已不再有特别鼓吹之必要,但在此之前,由于学界对其学问所具有之卓越特色尚未给予应有的重视,或者说即便多少有所注意,也未能了解其学问真意的学者确实不在少数。正是出于这样的原因,当时我对章氏的学问给予了极力的鼓吹。"前揭氏著《中国史学史》,第370—371页。

甚佳,似可畅发。弟之学有宗主而无不同,生平极服膺康成家法,而诗谱、诗笺皆郑氏所创。此书其于谱也,经纬时事,即用诗谱之例;其于笺也,探索隐迹,即用诗笺之例。似可即以此义引端。至两浙学派,亦可略叙。浙东自梨洲、季野、谢山以迄实斋,多长于史;浙西自亭林、定宇以迄旁出之东原、若膺,多长于经。浙东博通,其失也疏;浙西专精,其失也固。弟初从若膺、怀祖入手,后始折入季野、实斋。故虽尚考据,而喜参名理,有浙东之博通而不至于疏,有浙西之精专而不流于固。此实弟一生为学之大旨。于序中能插叙数句,尤善。此外则君对于学问之见,及与弟相同之点,皆可一为发挥。至关于玉溪,略为映带可耳,以益萟诸序已详言之也。①

王国维不能拒绝尔田的请求,但所作之序却自有分寸。其中有关尔田为学大端者,云:

> 君尝与余论浙东、西学派,谓浙东自梨洲、季野、谢山,以迄实斋,其学多长于史;浙西自亭林、定宇,以及分流之皖、鲁诸派,其学多长于经。浙东博通,其失也疏;浙西专精,其失也固。君之学固自浙西入,而渐渍于浙东者。君曩为《史微》,以史法治经、子二学,四通六辟,多发前人所未发。及为此书,则又旁疏曲证,至纤至悉,而孰知其所用者,仍周、汉治经之家法也。②

王序不取尔田所谓兼有浙东、西两派之长的自评,但以为《史微》是以史法治经、子二学,则为灼见。张氏收到王序,回信感谢,并一

---

① 引自前揭马奔腾:《王国维保存的张尔田书信》,第5封。
② 王国维:《玉谿生年谱会笺·序》,见前揭《玉谿生年谱会笺》。

抒积郁：

> 奉读赐序,适如人意中语,足以为拙著光矣。而弟所尤以折者,尤在其"所用仍周汉说经之家法"一语。弟昔撰《史微》,议者多谓破坏家法,金句亚(甸丞)至移书相规,谓六经皆史,有似教外别传,恐为世道人心之害。弟答之曰：为学而不使人标一独得之见,标一独得之见即曰为异端,则学术已入断港绝潢,虽不讲学可也。君之此言洵足为我洗冤。①

尔田虽仍强调为学贵"标一独得之见",但仍为王氏所谓"所用仍周汉说经之家法"而感动②,且一度有向王氏之学③靠拢的表示。见于稍后两致王国维书：

> 弟之学素偏重义理,近始晤义理亦非从根柢出不可,否则为驾言、为剿说,此道、咸以来讲今文家所以多未成就也。④

> 弟尝谓从来讲今文家多未成就,即病在得一只义便思兴风作浪,将自己义理寄生于古人。虽亦有与古暗合者,然也不胜其支蔓矣。降及晚近,益复诽谗,不可容诘。推原作俑,庄方耕氏实不能辞其咎。……弟从前为学,往往伤于太华,近颇有趋于朴

---

① 前揭马奔腾：《王国维保存的张尔田书信》,第6封,有改易。
② 此"周汉说经之家法",尔田后易为"周秦说经之家法",并将此"家法"概括为《论语》之"反"(举一隅以三隅反)和《孟子》之"推"(古人善推其所为而已矣),以为此亦即西汉今文家说经家法(见《与王静安论今文家学书》,《学衡》第23期)。尔田的这一改易和说明,与此处王序以郑玄说《诗》之《谱》《笺》比况张氏《会笺》,因而有"周汉说经家法"之誉,有着明显的不同。详后文。
③ 尔田曾与王氏云："尝谓君学极似歆派,而尤与易畴为似,使东原见之,定有后来之畏。仆学虽尚考证,然喜杂名理,诚自愧不及先生之粹。"见前揭《王国维未刊往来书信》,第237页。
④ 前揭《王国维保存的张尔田书信》,第9封。

实之倾向。新刻《玉溪年谱》虽与前所著体例各别,其涂辙间兄观之亦微有不同否?大抵学问如旋螺,然既入其中,为进为退即自己亦殊不能知。故欲得兄言以自考也。①

对于尔田函中所问,王氏如何回复已不可知。但尔田之问所表现出的在为学涂辙间的游移,却清晰可见。

1918年11月10日,梁济(巨川)自沉于积水潭,遗书自承"系殉清朝而死也"②。尔田就此事致函王国维,所说又涉及"志节"问题。函曰:

> 数月前弟因梁君殉清,曾与陈君重远一书论之。不幸海上诸公见者大加訾詈,此事虽微,而关于弟一生志行则甚大。兄知我者,敢一陈之。梁君之死,其志诚可嘉,但吾人持论当为后世,标准则必当绳之以经谊。所谓贤者俯而就之,不肖者跂而企之。考六经,以事死君难者盖有之矣,未闻以殉君见褒者也。……夫以父子、夫妇之亲,圣者尚不忍责人以死,况君臣之以义合者乎?君不能私天下为己有,臣亦不能私君为己有。此非弟言,黄梨洲已先我言之矣。……凡弟所发明者皆古之谊,古之谊不行于今也盖久。昔汪容甫作女子许嫁而婿死从死及守志议,见笑当时。弟今亦以此论得罪清议。立言不慎,千古同慨。虽然,弟之为此言也,盖亦有以。彼辛亥之役,岂辛亥所能告厥哉?彼以二十年之功,披其枝而颠覆其根本,始有今日之效。今欲兴复之,必须先扶其根,而后徐理其枝叶。为培本计,非昌孔教不可。昌孔教

---

① 前揭《王国维保存的张尔田书信》,第12封。
② 梁济:《敬告世人书》,梁济著、黄曙辉编校:《梁巨川遗书》,华东师范大学出版社2008年版,第51页。

非先以国教立之础不可。国教一定,则上可握教育之权,下可改造舆论。以五十年为期,我身虽不及见,我子孙必有幸丁其时者。则我列祖列宗在天之灵慰矣!而当兹国教未定,欲委蛇以达此希望,则又不能不济以权道。《春秋》重反经,大《易》贵随时,《礼》以义起,《诗》《书》无达诂,从变从宜,六经诚证,较然明白。弟于故国,位在四品,不可谓卑,天泽大义,宁不素讲?顾乃不忍老死空山,仆仆焉冒不韪而为之,亦以所处之时,梨洲、亭林之时耳。故弟之言论,其见于重远处者,皆弟之策略,而非弟之学术。弟诚不敢爱惜名誉,而欲为天下播此一粒种子。七载以邀,长图大念者何心?草间偷活者何事?每一枨觕(触),未尝不仰天椎胸,泣尽而继之以血也。而今已矣,既不见谅于新,且不见谅于旧,吾倡焉而无人和,吾导焉而无人相(?),则吾之道其终穷矣乎!益莽勉我少说话,亟感良箴。此后当学金人三缄其口。但愿世人谓此物不识字,则是我生获忠荩之谥也。不胜猥僿,聊复,为兄一吐心膈。知我而外,望勿示人。裁书布臆,临题黯然。①

尔田此函,所谓"椎胸泣血",直欲向知己者剖白心迹,一诉多年积郁;然而得到的回复却似有些失望,见于再复书,其意怏怏:

> 得惠书,敬悉一是。梁君事本不必论,以弟言既出,有关于弟人格之处,故与兄私论之耳。培丈相知最深,当必无异议。②

王氏复书的具体内容,迄未得见。可知的线索见于数年后,尔田为悼

---

① 前揭《王国维未刊往来书信》,第241—243页。
② 同上书,第243页。

王氏自沉所作《哭静庵》诗的一处注文:

> 往岁广西梁某殉国,偶与君语及,君大不谓然,曰:死岂我辈求名地耶!固知君之志早定于先矣。①

由此,知王氏似以巨川所为有求名之嫌,而不以为然;语气间似有兼及尔田自白意:所谓酬恩报主、成仁取义,本为当然之事,只须一秉本心、径行即是,何需大事张扬,或怂怂然患人不知?此亦即《哭静庵》所谓"义本当然安足诧,生逢大暮竟同科。"②然而,梁济与王国维亦有思想相通处。梁氏在《遗书》曾言:丁巳复辟失败后,参与复辟诸大老,本应自杀殉国,却苟且偷生,所以不得不将"表彰大节"引为己责,"代诸公赴死"。③王国维同样认为:南方参与复辟的"北行诸老,恐只有以一死谢国"。"此次负责及受职诸公,如再腼然南归,真所谓不值一文钱矣。"④如此,则梁、王究竟"同科"。

其实,尔田于死节及君臣关系,自有其一贯的见解。早年的《居守斋日记》,就记有对自杀的看法:

> 儒家戒自杀,沟渎之谅,君子不为。孔子之知其不可为而

---

① 张尔田:《哭静庵》,《学衡》第60期。
② "义本当然安足诧"句有注:"欧阳永叔《与尹师鲁书》:'死有不失义则趋而就,与几席枕藉之无异。有义君子在旁,见有就死,知其当然,亦不甚叹赏也。史册所以书之者,盖特欲警后世愚懦者,使知事有当然而不得避耳,非以为奇事而诧人也'。往岁广西梁某殉国,偶与君语及,君大不谓然,曰:死岂我辈求名地耶!固知君之志早定于先矣。""生逢大暮竟同科"句注:"谢康乐赋:'虽发叹之早晏,谅大暮之同科'"。案:大暮:犹长夜。喻死。
③ 前揭《梁巨川遗书》,第101、242页。梁氏云:"诸人儿戏妄动,罪不胜诛,尤以不死为最谬。""致多人于死,而己反无一死者,岂真无一男儿?""死则成忠,不死则一钱不值。"(同上书,第243页)
④ 王国维:《致罗振玉》,谢维扬、房鑫亮主编:《王国维全集》第十五卷,浙江教育出版社2009年版,第308、309页。

为,孟子之强为善,皆此意。佛教亦然,度人救世,律则开之。所谓有杀身以成仁,无伤生以害仁也。毛西河有忠臣不死节辨,谢山识其畏祸。西河不足道,然忠臣何必皆死节,道理本圆,奈何凿而方之乎!①

对于君臣关系,《屠守斋日记》则云:

> 古代君臣之分,不似后世尊严。《孟子》有犬马寇仇之喻,《左传》有肆于民上之责,未尝有所忌讳也。夷齐耻食周粟,感叹于以暴易暴,其意可知,故孔子称之曰仁,孟子称之曰清,未有以忠诚之者。有之,自昌黎《伯夷颂》始,有为之言,异乎古人确论矣。②

由此,则尔田自居"遗民",其意既非"忠君",其志亦非"死节",所坚持者,乃是孔子教义伦理的传承及其知其不可为而为之的精神。援陈寅恪先生所说,其以身心相殉者实为中华固有之文化。因此,在辨梁济自沉事之后,尔田在与王国维的书信中,仍数次借顾亭林表示心迹。

> 亭林不云乎:既以明道救世,则于当今之通患,而未尝专指其人者,亦遂不敢以辟也。……世变滔滔,殆无可为。我辈事业,惟有著书。但使沧沧桑海中留此一粟,则异日不患无发生之用。是即所以报先民者也。③

> 近读亭林集,颇有所感。夫所谓遗民者,大抵皆古人最伤,以之事上焉者不能为夏臣,靡下焉又不能为翟义。身老矣,道既

---

① 《史学年报》第二卷第五期。
② 同上。
③ 前揭《王国维未刊往来书信》,第244页。

不行,不得已托于遗之一途,犹且曰仁以为仁,犹且曰君子之道死而后已。彼其心故不蘄乎后人之称之也。然而后之人读其遗书,睠然流涕,未尝不慨想其为人。①

正所谓"亭林不作,吾安适归?"虽然,尔田又深知时世的不同,求亭林之所为未必可得,故难免悲观和绝望:

> 兄谓如何人生最悲者?绝所望而身之穷饥不与焉。启多问(闻)于来学,待一治于后王,古之人所以自慰者安在?此亭林诸公所未遇者,而吾辈遭之矣。②

其绝望至深处,遂生对人类文明存续的疑惑:

> 呜呼,世变至此,书契以来所未有也。人之一生有始有壮有究,人类之一期亦然。意者其殆邻于究乎!③

此已非进化论,显然是当时方兴的文明周期史观。

在悲叹为多的通信中,偶也见"高兴"的事情:

> 近有一事差可喜。大学堂教员胡适所作《墨子哲学》,其根本谬点,弟前函已言之④。前月夏穗卿以其书属为审定,弟即草一书,洋洋数百言,痛驳其误。一日穗卿函约过谈,云有

---

① 前揭《王国维未刊往来书信》,第245页。
② 同上书,第250页。
③ 同上书,第244页。
④ 该函云:"近大学有胡适者,著一书曰《墨子哲学》。其论经上、经下六篇为《墨辩》,非《墨经》,尚精,惟好以西人名学皮附为说。夫谓古名家即今之名学可也,谓古名家即用名学之式则不可。西城因明已不同三段法,公孙龙所称藏三耳、坚白石、白马非马,其公式皆不可知,安能妄加推测。迩来风气,讲中学者多喜附会西籍,久之必使中学渐失其独立精神,为祸于学术盖不小也。"见前揭马奔腾:《王国维保存的张尔田书信》。

好音相告。急往,则胡君适于昨日来,穗卿当面出鄙书,大乐之矣!晚间饮席有林琴南,弟偶述及此事,琴南急出席握余手曰:虽与君初交,今日之事,不可不一握手!嗟乎,自大学为陈独秀、胡适辈一班人盘踞,专创妖言,蹈溺后进,有识者殆无不切齿,亦可见怨毒之于人深也。兄不来此,真有先见。望便转告益荪,以为笑乐。①

如此这般,即已兴高采烈,多少有些无聊赖。其中所表露出的对新文化运动中人的"怨毒"②,或正是尔田论学在前述短暂"游移"后,又坚定了其一贯地对国朝学术"考据"一派(尤其是所谓以科学方法"整理国故"一派)予以批判的缘由。③ 此见于尔田与王国维通信者,首先有《与王静安论治公羊学书》《与王静安论今文家学书》二书。前一书论及义理之学与考据之学的区别:

> 大抵治义理之学,较之考核名物训诂者,难且百倍。考核名物训诂,但使有强有力之证据,即可得一结论。治义理之学,既

---

① 前揭《王国维未刊往来书信》,第 239 页。作为回应,胡适则称孙德谦的《诸子通考》"见解远胜于张尔田的《史微》"(曹伯言整理:《胡适日记全编》3,安徽教育出版社 2001 年版,第 430 页)。
② 陈垣记张尔田一事:"人各有所好,不能强同。忆民国廿三年拙著《元典章校补释例》刻成,适之先生为之序。一日,于某宴会中,孟劬先生语余曰:'君新出书极佳,何以冠以某序? 吾一见即撕之矣。'余愕然曰:'书甫刻成,似未送君,何由得此?'孟劬曰:'此吾所自购者。'余曰:'君购之,君撕之,乃君之自由,他人何能干预',孟劬默然。"见陈智超编著:《陈垣来往书信集》增订本,三联书店 2010 年版,第 436 页。
③ 被张尔田称为"吾业之所自始"的《塾议一》《塾议二》两文(均收入《遯堪文集》),即集矢于对专门考据的批判;之后此一要义即贯穿于《新学商兑》《史微》等著述中。民初沪上与王国维重逢,受王氏的影响,对考据之学,似曾有短暂的青睐,并引触其治学路向的"游移"(见前揭致王国维书)。但随着新文化运动转向胡适提倡的以科学方法"整理国故",而乾嘉考据因其方法近于"科学"被重新肯定,张尔田迅速回到了原有的抨击"国朝考据"的立场。

无实在证据,取供吾用,则必须纵求之时间,横求之空间,从至繁极赜中籀一公例,综合而比较之,而后结论乃成。自古成家之学。殆未有不如是者。①

后一书则就前书所论,更加引申:

> 读书得间,固为研究一切学问之初步。但适用于古文家故训之学,或无不合;适用于今文家义理之学,则恐有不合者矣。何则?故训之学,可以目验,可以即时示人以论据;义理之学,不能专凭目验,或不能即时示人以论据故也。两汉今文家学,上蜕化于战代诸子,下以开章句,佚书虽亡,今见之于世者,伏生之《书》、韩婴之《诗》、董生之《春秋》,殆无一不用周秦说经家法。周秦说经之家法,大抵皆根极名学,而最通用者,在《论语》则谓之"反"("举一隅不以三隅反则不复也"),而在《孟子》则谓之"推"("古之人所以大过人者,无他焉,善推其所为而已矣")。七十子后学之传记,其引经演义,殆无不然。……惟其所用之家法不同,故古今文两家流别,亦遂硕异。由古文考证之学言之,虽谓西京今文家说,皆不出于孔子可也。若由余所论之家法言之,则虽谓西京今文家说,皆不背于孔子亦可也。故弟尝谓不通周秦诸子之学,不能治今文家言。虽然,此之家法,善用之,则为益无方,不善用之,亦流弊滋大。嘉道以来,不乏治今文诸经者,语其成果,乃无一人,终不能与金坛高邮诸儒同其论定者,凡以此也。兄近治《公羊》,详于义例、故训、名物、历算,自是国朝治学正轨。惟弟之所言,似亦不可不存为参镜之资,否则遇无可佐

---

① 《学衡》第23期。

证处,或恐有疑非所疑者矣。①

上引二书,皆刊于《学衡》(第23期)。私人通信,公之于众,则内容必及公论,而文字不免婉转。然其不以考据为尽治学之能事之用意,又显而易见;其所谓"疑非所疑",亦有别指,正是对"整理国故"掀动的疑古风潮的批评。而在为学宗旨和路径上,显然,尔田又回到了今文家义理之学的立场。

在此后与王国维的通信中,尔田更直接对所谓"考古""疑古"提出批评,指出其弊害:

> 凡一国文化,入其中者如饮食然,日用而不知方能凝固而持久。以其为古而考之,则已离乎文化围范,其考之也愈精,则其离之也愈远,久之信任古人之心亦愈薄,故考古学者破坏文化之初步也。人但知宋学末流为空疏,而不知三百年学术末流为破坏,此亦亭林诸公创始者所不及料也。②

同一函中,尔田还对时论称王氏为"考古"大师,深致讥评,谓

> 近阅杂报,兄竟为人奉为考古学大师矣。日与此辈研究礓石者为伍,得无有陨获之叹耶!弟尝谓周孔以前有何文化,不过一堆礓石而已。此种礓石愈研究愈与原人相近,再进则禽兽矣。

在同期尔田与他人的通信中,则明确对王氏本人表示了不满,前引与陈衍书即云:

> 某生平师友若孙仲容年丈暨王君观堂,其为学皆自有本末,

---

① 该书初载《学衡》第23期,此用《遯堪文集》本,较《学衡》刊载者,略有改易。
② 前揭《王国维未刊来往书信》,第258页。

乃亦为时风众势抎之而去,私心诚不能无惜,则虽谓考据之学无益于兹世,未为过也。①

而所谓"时风众势",即所谓"整理国故"的新考据学:

> 近十年有皖人胡氏者,提倡科学方法,语必东原、高邮,尊其名曰国故学,学子靡然向风,而考其成绩乃反远之。若夫殷墟契龟、敦煌残楮,其所以为吾经典佐证者,盖亦有限;然此乃成学者取资,今悉摒落一切,驱天下学僮惟是从之,至有正经疏注终身未读其全,而中西稗贩高谈皇古者,侮圣蔑经,行且见披发于伊川矣。②

其实,对于"时风众势",尔田也知道难以抵挡,但仍认为不应"趋时",而应该就能力所及"指明其末流之所及",以待后来者评判。③

1923 年,王国维北上,就职于故宫小朝廷,张尔田则辞去北大教职,返回沪上。此后,二人仍保持书信往还,但较前似已渐疏远。④ 1927 年 6 月初,王国维自沉于颐和园之昆明湖。尔田得知消息,"流脸沾膝"。悲痛的同时,又力为老友辨诬,指斥报刊所载王氏学行多

---

① 《上陈石遗先生书》,《学衡》第 58 期。与之类似的批评还见于《致钱仲联书》:"夏呋翁(按:指夏敬观)词,弟尝评为词中之郑子尹,有清一代,无第二手者;而近日忽喜作考据,欲与王静庵辈当场赛走,可谓不善用其长矣。"(前揭钱仲联《张尔田评传》)或是受尔田的影响,邓之诚《张君孟劬别传》亦称"国维颇有创见,然好趋时"(前揭《邓之诚文史札记》,第 410 页)。

② 前揭《上陈石遗先生书》。

③ 尔田致王国维书云:"至于事变之来,固非吾力所抵制;然苟就吾范围中指明其末流之所及,俾后来人无或归咎创始者,是亦学中应有之一附带条件而,而卫道之说不与焉。"(前揭《王国维未刊来往书信》,第 259 页)尔田又曾云:"圣贤无趋时学问,学问而趋时,学斯敝矣。《易》曰:时来六龙以御天。孔子乘时者也,非趋时者也,故曰君子而时中。"(《孱守斋日记》)

④ 就现有材料看,民初的张、王交往中,张居主动一方。但进入 20 世纪 20 年代后,张氏或因不满王氏"趋时",其交往的"热情"已不如前。

"失真"之处,以为王氏治学"奄有三百年声韵、训诂、目录、校勘、金石、舆地之长,而变化之",后来居上,精博过前人;而世人却"专喜推许其《人间词话》、戏曲考种种",不知此皆其"所吐弃不屑道者",故以"后死之责"自任,力为剖白,以报故人。① 然而,尔田对王国维之学的评价又是有保留的,其《哭静庵》诗有句:"一代末流趋破坏,非君无以激颓波"②,咋看似赞扬,然细究则"末流"当指乾嘉学术即"三百年考据学"之末流(亦即"整理国故"之"疑古""辨伪"),而所谓"激颓波",充其量不过标树三百年"声韵、训诂、目录、校勘、金石、舆地"之最高典范而已,其大端总不出"古文考证之学"。③ 而在尔田看来,"考据者所以为学之具,而未可即以为学也"④。

至于王国维的死因,《哭静庵》作模棱含糊之辞,即云"为痛先皇养士辰""夜夜英灵绕御河",又云"义本当然安足诧,生逢大暮竟同科"⑤,似兼具"殉清""死义"二意。然私下,却以为王氏死于罗振玉的逼债。马叙伦记王静安之死,云:

> 某年五月廿九日,某报载何天行《王静安十五年》祭文,意在发明静安本心不在为遗老,其死则困于贫。夫静安是否不愿竭忠清朝,其人死矣,无可质矣。至于其死,实以经济关系为罗叔言所迫而然,则余昔已闻诸张孟劬,惜未询其详。后又闻诸张

---

① 见张尔田:《复黄晦闻书》,《学衡》第60期。
② 张尔田:《哭静庵》,《学衡》第60期。
③ "非君无以激颓波",取意或同李白"扬马激颓波,开流荡无垠"(古风"大雅久不作")。太白对以司马相如、扬雄所代表的"汉赋",本即有赞有弹。
④ 张尔田:《报叶君长卿书》(《学衡》第57期),亦即《邅堪文集》卷一"与叶长青书"。
⑤ "义本当然安足诧"句有自注,已见前引(即国维对梁济之死不以为然);"生逢大暮竟同科"句自注:"谢康乐赋:'虽发叹之早晏,谅大暮之同科'"。案:"大暮",犹长夜。喻死。

伯岸,则未能言其详也。①

然则,尔田仍不以"殉清""死君"为然。②

五

现存尔田晚年书信中,有致李详(审言)数札。其中涉及对梁任公《清代学术概论》一书的评论,及尔田有关晚清今文学的意见,值得一叙。

先是,任公《清代学术概论》(以下简称《概论》)出版后,李详有

---

① 前揭《马叙伦自述》,第135页。
② 马、张相晤谈静安死因,或当1927—1930年间在沪、杭,或者为1931—1937年间在北平,而又以前者的可能性为大。其实,静安自沉时,尔田远在上海,有关死因的意见多得自传闻加之自我的判断。1930年北上任教于燕大,则对静安死因有更多了解。1935年12月间,夏承焘致函尔田问"王静安死因",尔田回复:"静安与罗龃龉事诚有之,然在自沉之前一年。闻静安未死前数日,梁新会在研究室偶谈及:冯兵将到天津,行在可危。静安颇为之动,则其死自当以殉君为正因也。但静安与罗关系实深:辛亥革命,同避至日本,静安不名一钱,全仰给于罗;为之代撰题跋,考订文字。其后在沪数年,馆穀所入,又皆托罗储蓄。此静安所自言。至贩卖古籍,乃罗所为。静安书生,不问家人生产,必无其事。嗟乎,静安往矣,身后为其门弟子滥肆表扬,招人反感,流言固有自来耳,可为一叹。"(夏承焘:《天风阁学词日记》,浙江古籍出版社1984年版,第414、416页)尔田得出"以殉君为主因"的结论,亦是依据传闻;此传闻或来自吴宓,吴氏持静安"殉清"说(见《吴宓日记》第三册,三联书店1998年版,第344—345、347页,1927—6—2,6—4),且与尔田交好,曾有聘请尔田任教清华国学院的动议。(前揭《吴宓日记》第三册,第138页;前揭《王国维未刊来往书信》,第259页)尔田厌恶王门弟子在静安身后对其的"滥肆表扬",而王门弟子中多数不认同静安"殉清""殉君"说(王门弟子相关言论,参见陈平原、王风编:《追忆王国维》,三联书店2009年版)。由此,尔田虽不以"殉君"为然,却不妨其修正有关静安死因的意见,以"殉君"为王氏之死的"主因"。同样的议论还见于约稍后的致陈柱书:"静安身后,为其门弟子滥肆表扬,令失真相,且于殉忠大节讳而不言,仆深恨之。"(张尔田:《与陈柱尊教授论孙益庵行状书》,《学术世界》一卷九期"论学书四首")

《〈清代学术概论〉举正》(以下简称《举正》)一文,刊载于沪上报纸。① 约当 1923 年,即尔田辞去北大教职返沪后,在与审言通信中得知《举正》一文,致函索阅,云:

> 梁氏才本庸琐,读书灭裂,勇于专断,最便耳食者掑扯。所操愈下,得车愈多。秦痔之喻,复验于今。弟虽不能使田巴杜口,聊当谈药。尊作驳议,未得见之,能示我一读否?②

以"秦痔"比梁任公著述,快意谩骂,足见尔田不忘旧恶,怨毒之深。③得《举正》读罢,尔田有长函评说:

---

① 李稚甫:《二研堂全集叙录》记:"《〈清代学术概论〉举正》一卷,稿本。梁卓如氏于民国十年,撰《清代学术概论》一卷,由商务印书馆出版,自诩为《中国学术史》之五种,将陆续刊布。而论事多乖,引证疏谬。先君时居上海,乃为文正之,于报端露布,雅为当世所重,资为谈助。而梁气沮,未有答辩。嗣书亦不复出云。后写定《举正》文为一卷,附于全集之后。"(《李审言文集》,江苏古籍出版社 1989 年版,第 1464 页)然李稚甫似亦未见此稿,其所作《李详传略》云:"蔡元培先生任中央研究院院长时,特嘱许寿裳先生将此稿索去。"(前揭《李审言文集》,第 1472 页)且并未提供《举正》在沪报发表的线索。后钱基博撰文批评《清代学术概论》,曾提及李详《举正》,但评价甚低,云:"梁氏此书初出,兴化李详审言有举正之作。唯李氏谀闻足以动众,而昧于问学之大,徒为毛举细故,引绳及于字句,而未窥梁氏症结所在。"(钱基博:《后东塾读书杂志二》,《青鹤》第 1 卷第 5 期)

② 《张尔田致李审言札》,载苏晨主编:《学土》卷一,广东高等教育出版社 1996 年版,第 41 页。

③ "秦痔"见《庄子·列御寇》:"宋人有曹商者,为宋王使秦。其往也,得车数乘;王说之,益车百乘。反于宋,见庄子曰:'夫处穷闾陋巷,困窘织屦,槁项黄馘者,商之所短也;一悟万乘之主而从车百乘者,商之所长也。'庄子曰:'秦王有病召医,破痈溃痤者得车一乘,舐痔者得车五乘,所治愈下,得车愈多。子岂治其痔邪,何得车之多也?子行矣!'"(王先谦:《庄子集解》,中华书局 1987 年版,第 282 页)所谓"怨毒"又是相互的。钱玄同购到重刻的《新学商兑》,即在日记中称其为放狗屁之书:"购得张尔田之《新学商兑》,放狗屁之书也,堪膺荒谬图书馆之上选也。"(《钱玄同日记》1937—2—16,北京大学出版社 2014 年版,第 1244 页)钱氏在日记中还曾称张尔田、孙德谦、刘承幹(瀚怡)三人为"王八旦"。(前揭《钱玄同日记》,第 569 页)

> 损书并《〈清代学术概论〉举正》一篇,匡谬正俗,切理餍心,读之益人神志。尚论一代学术,谭何容易!梁本妄人,又笃信其师,安得不妄。
>
> 国朝汉学,自亭林后,定宇、辛楣以及戴、段、高邮父子,皆不歧视古今文。同时最服膺戴氏者,为孔巽轩,且著《公羊通义》,以讲明西京绝学。阳湖庄氏,虽独尚何休,原未尝显立门户。至刘申受始攻难《左氏》。其后沈文起著《左传补注序》,遂痛诋《公羊》,为之报复。然申受之学,一传而为凌晓楼,再传而为陈卓人,无不义据通深,已不尊用其师之说。即庄氏弥甥宋于庭,亦莫不然。陈硕甫经学出自茗膺,申毛抑郑,与庄氏无涉。惟同时魏默深,喜为翻案,说近猖狂。然魏氏本非经师,又无所受,承学者不甚宗之。仁和龚氏,则以金坛外孙,为申受所荐士,遂自名为刘氏学。而经术浅薄,既不可以之附金坛,又岂可以之汙申受?梁氏无端分河饮水,别出今文一派,以与古文角立,为位置其师张本。彼两汉博士争立学官,故有今古水火之异,此谚所谓"饭碗问题"也。我辈生千载后,何必扬其波而汨其泥?即此一端,其书虽拉杂烧之可也。
>
> 鄙作《与梁氏论学术书》,系泛论近日新学之流弊,稿久不存,想或在益庵处也。①

尔田此函对梁氏《概论》的批评,集中于其有关晚清经今文学的叙述,涉及问题有二:其一为晚清今文学的传承系谱的问题;其二即所谓晚清今古文之争的问题。尔田以为,清代今文学传承的正宗,应是由庄(存与)、刘(逢禄)而凌(曙)、陈(立),而被任公尊为"今文学之

---

① 《张尔田致李审言札》,前揭《学土》卷一,第42—43页。

健者"的龚(自珍)、魏(源)①,则或"浅薄"或"猖狂",皆应排除在常州今文学的谱系之外。乾嘉汉学本无今、古文问题,常州今文学一系,亦无门户立异之意,梁氏《概论》却妄引两汉"今古水火之异",构造所谓晚清"今古文"的角力、讧争,其目的只在标榜乃师康有为在晚清学界的领袖地位。②

其实,尔田有关清代今文学的见解,前后曾有变化,试稍作梳理,以资比较。早年的《辟守斋日记》记有两度阅读庄存与《味经斋遗书》的心得:

> 读《味经斋遗书》。庄先生深于《易》,深于《礼》,深于《春秋》,深于天官、律例、五行,故能博大精微,根极道要,延今文家一线之传,斯为真汉学,斯为真经学。尝谓庄葆琛言夏小正,刘申受言三传,陈勾溪、凌晓楼言《公羊》,龚定庵言史、言诸子,无不渊源庄氏。呜呼,若庄氏者,可为百世之师已。
>
> 再读《味经斋遗书》。经学至此真能分汉宋两家言理之界限,元和惠氏、婺源江氏不及也。③

《邂堪书题》之"《味经斋遗书》"条,亦应作于此时。④

> 孟子有言,古之人所以大过人者无他焉,善推其所为而已矣。七十子后学,治经皆如是。惟西汉今文家学,独得其传。庄

---

① 梁启超著、朱维铮导读:《清代学术概论》,上海古籍出版社1998年版,第76页。
② 《概论》称康氏为"今文学运动之中心"(前揭《清代学术概论》,第77页)。
③ 《史学年报》第二卷第五期,第352、353页。
④ 王锺翰:《张孟劬先生〈邂堪书题〉》记尔田语《书题》:"曰:'此乃少年信笔及之,乌足示人?'坚请再三,始获赞许。"(前揭《王锺翰清史论集》,第2335页)然查《书题》诸条,绝多作于晚年(20世纪20年代以后);三数条未有系年者,或即"少年"之作。"《味经斋遗书》"及凌曙"《春秋繁露注》"均属此类。又:"《味经斋遗书》"条称"循诵再周",与《日记》所谓"再读"相合。

299

先生深于今文家法,然亦不尽墨守今文家言,故所著书皆摅其所自得,期符乎古圣之心,蟠天际渊,与道大适。文辞古茂,贾董之俦。不必以考据家陈言议其失得,校其离合也。先生犹子葆琛氏,及刘、宋诸儒,皆从先生出,始以今文学起其家。其别子为江都凌氏,传陈卓人先生。门人有孔广森、邵晋涵。广森别名他师,晋涵颇究心义训,不欲以考据学自画。是为先生之道,与浙学榛通之始。其后,仁和龚氏,邵阳魏氏,皆私淑而有得者,以其所术一变至史。龚氏之后为谭仲修,魏氏之后又有皮鹿门。然而儗诸先生则有间矣。道之精微,通于神明,信乎弘之者在人欤! 余生平治学涂辙,宗会稽章氏,而于先生书则服膺无间然。循诵再周,记之。①

由上述诸条,则尔田于庄存与之学,推崇备至;于常州今文学之传承,亦如数家珍,详尽无遗,即自庄存与而孔、邵,而(庄)葆琛,而刘(逢禄)、宋(翔凤),而龚(自珍)、魏(源),而凌(曙)、陈,而谭、皮。② 《日记》对于清末"今古文"之争,也有记述:

> 乾嘉诸儒治经学,今古文多不甚区别,定宇、东原皆然。道咸以来,两派始渐有角立之势。自廖平辈出,而今文弊矣;自章枚叔辈出,而古文又弊矣。今文之弊易见,古文之弊难见;易见

---

① 前揭《王锺翰清史论集》,第 2365 页。
② 《逊堪书题》"《〈春秋繁露〉(注)》"条,称凌曙"固亦常州之传也。其后,再传而为陈卓人,实事求是,今文之学遂与古文考据家方驾。后又有皮鹿门,本之以治他经,疏通西京坠谊,其源皆导于此。近有序皮氏书者,沟宋、刘、龚、魏诸儒于陈、皮之外,知大谊而拨微言,殆非笃论。"(前揭《王锺翰清史论集》,第 2359 页)则亦排出宋、刘、龚、魏、凌、陈、皮的传承系列。而有关陈立的评价,亦同《日记》:"阅陈勾溪《公羊义疏》,引证甚繁密,是以考据家法治今文之学者。"(《史学年报》第二卷第五期,第 357 页)

其患浅,难见其患深。患浅者不过亡国而已,患深者且将灭种。道之兴废,岂不在人哉!①

尔田虽对今、古两派讧争不以为然,且以廖平、章太炎为之末流,然并不否认其相争之事实;又以为章氏古文之弊远过今文,殊不知念念于亡种之惧,恰是太炎学术的核心关怀所在,后人睹此,真可喟叹。

尔田在《日记》中,也曾对常州庄、刘"所推绎尚多不合乎名理"表示惋惜,②但现存材料中,尔田对庄、刘的批评,似始见于1917—1918年间,其与王国维的通信中。如,以为"道、咸以来讲今文家所以多未成就",原因即在不知"义理亦非从根柢出不可",而多为"驾言""剿说";③并指庄氏为此始作俑者:

> 弟尝谓从来讲今文家多未成就,即病在得一只义便思兴风作浪,将自己义理寄生于古人。虽亦有与古暗合者,然也不胜其支蔓矣。降及晚近,益复诽谗,不可容诘。推原作俑,庄方耕氏实不能辞其咎。④

前文所引尔田《与王静安论今文家学书》中,更认为清代学人不能善用西汉今文经学之家法(亦即周秦说经之家法),所以

> 清嘉道以来,不乏治今文诸经者,结果无一人成就,终不能与金坛高邮诸儒,同其论定者,凡以此也。⑤

---

① 《史学年报》第二卷第五期,第366页。
② 同上书,第353页。
③ 前揭马奔腾:《王国维保存的张尔田书信》,第9封(约1917年冬)。
④ 前揭马奔腾:《王国维保存的张尔田书信》,第12封(约1918年春)。
⑤ 《学衡》第二十三期(1923—11)。

在之后的《与陈石遗书》中,则对庄、刘,并及康、廖皆有指责:

> 即如阳湖庄、刘诸先生过尚《公羊》,立说稍一不慎,又岂知伪左氏、伪诸经之无所不至乎!
>
> 若晚世康、廖辈扬今文之衰焰,驾言空说,将古人成家之学,全推入洸洋中去,则某虽愚亦未忍赞同也。①

至此,尔田对清代今文学的批评,重点已从其疏于考信转向其勇于疑古,正与前述其民国初年治学取向的折而复还,大体一致。

在此之后,尔田对于晚清今文学仍有零星评论,见之于《邂堪书题》者,就有关于凌曙和龚、魏数条。凌曙的《〈春秋繁露〉注》,曾被尔田赞为"创通弘恉,统绪可寻,实较苏舆疏证为有家法,非徒斤斤训诂名物者比"②。至1932年,尔田得见苏舆《〈春秋繁露〉义证》,则以为"要其随文诠释,大体完善,则固优于凌氏远矣。《繁露》无善本,《公羊》又易为奇衺所托,得此差正律涂"③。评判的角度和标准显然都有了变化。对于龚、魏,尔田虽摒二人于晚清今文学之外,又于二人有所轩轾("魏不及龚"),但对二人于晚清思想界之贡献仍给予了充分肯定:

> 我朝承雍、乾积威之后,以迄于道光,事变日殷,文网渐弛,朝廷已有不能统御言论之势。考据陈言既感无用,书生乃折而讲时务,放言改为,世或以末流变法之祸归咎龚、魏,实亦时会使然。要其文章,务为恢奇,如天马不受衔勒,一脱桐城窠臼,固自有其不朽者在,未可以悠悠之口横议之也。龚、魏两家,学恉不

---

① 《学衡》第58期。
② 前揭《王锺翰清史论集》,第2359页。
③ 同上书,第2360页。

必尽同,而思想之开放则同。今日视之,已为前鱼,然在当日,则亦莫能有三也已。①

综上所述,尔田于经学主今文经说,但对于清代今文学的评价却有前后的不同。前期推崇常州庄氏学,梳理其谱系,表扬正宗,排斥末流;后期则集中于对晚清今文学"驾言剿说"、荒经疑古等共同弊端的批评,尤注意于其对当下及后世学风的恶劣影响。而所以有此前后的差异,既关个人学识的变化,又是"时会使然"。

六

尔田晚年不惟对清代今文学持批评态度,对以乾嘉学术为代表的清代考据学,如前所述,其斥责更不稍假借,直言"考据之学无益于兹世"②。然而,在其晚年交往中,却又多朴学之士。杨树达《积微翁回忆录》,记有30年代与尔田来往的情形。其中有尔田数函,对杨氏考据成就赞誉有加,其一云:

> 得大著,祗领循诵,敬佩敬佩。先朝儒者固多,语其精者,不过二三人而已。先生治学,实事求是,碻而不支,质而不俚,不坠前人家法。此当于石臞、茂堂诸老求之,非弟之私言也。弟幼时于音韵、训诂、三《礼》、三《传》皆尝少役心力;老矣,退而为三百年文献之探讨。气渐浮,心渐粗,自知不及先生之邃密。今又衰病,益不能更进于是,惟冀斯道不绝。有先生为

---

① 《遯堪书题》"《古微堂内外集》"条(1937),前揭《王锺翰清史论集》,第2363—2364页。
② 见前揭《上陈石遗先生书》。

之,贤于我自为远矣。此又区区服义之心,所欲白之左右者也。①

此处"大著",即杨氏所辑《古书疑义举例丛刊》(内有杨氏《古书疑义举例续补》)一书,及《书罔知天之断命解》《左传戴氏考》诸文,乃杨氏为报尔田为其《汉书窥管》作序所赠者。《积微翁回忆录》记尔田又一函,云:

> 旧腊方点校《永宪录》,竟为风邪所袭,一病几革。今始下床,忽奉大著《论丛》之颁,急读一过,沉疴顿起。敬谢,敬谢。凡学之立也,必先循轨道,而后方可言岐创。公之学精确,而又能自开户牖,具创通之美,不待言也。而弟所尤佩者,则不坠乾嘉大儒家法也。今之缀学,知稗贩而不知深研,知捷获而不知错综。以此求异前辈,而不知适为前辈所唾弃。卮言日出,往而不返,则其能读尊书者也亦无几人耳。弟少年亦尝究心声韵训诂,涉世为口,徒业乙部,斯道久不谈矣。然能知公学之精博,自谓差不后人。天未丧文,延朴学之一线,其必在兹乎?②

此处《论丛》,即杨著《小学金石论丛》,亦杨氏所赠者。上两函中,尔田均以乾嘉学术传人许杨氏,这在了解尔田学术宗主者看来,未必即是高度评价;反之,则多会将其作为肯定、赞许之语。尤其是尔田相较于只知"稗贩""捷获"之时下考据末流,以为杨氏不坠乾嘉家法,又能自具创通之美,即所谓"先因后创",所以能延朴学于一线,则极

---

① 杨树达:《积微翁回忆录》,"一九三六年七月七日"条,北京大学出版社 2007 年版,第 83 页。
② 前揭杨树达:《积微翁回忆录》,"一九三七年二月二十日"条,第 91 页。

得积微本人之认同,引尔田为知己。①

上两函中,尔田又一再言及,其早年尝究心声韵训诂及经传之学,老来则退而为史学,作三百年文献之探讨。前说或不免自饰、周旋之意,后说则道出尔田晚年学问之重心所在。自任职史馆(1914),尔田即开始专注于"三百年文献"的搜讨,其间教授于北大等校,所授则为《文选》等文学类以及佛学类课程。② 1923年离开史馆,南归沪上,任教于中国公学、交通大学、光华大学等校,曾任交通大学国文系主任③,但期间《清列朝后妃传稿》的刊行,则有助于其清史专家身份的确认。故1930年受聘于燕京大学,尔田已是历史系教授(后为历史系研究院导师)。④ 如其燕大门人王锺翰所云:"晚参史局,然后专心乙部,以迄于今,巍然为史学大师。"⑤

---

① 杨氏将此"先因后创"引申为"温故知新",以为"温故而不能知新者,其人必庸;不温故而欲知新者,其人必妄"(前揭《积微翁回忆录》,第91页)。后又撰《温故知新说》,以温故而不能知新者谓黄侃,不温故而求知新者谓胡适(前揭《积微翁回忆录》,第107页)。

② 尔田自言"弟自往岁承教上序,实继亡友申叔讲席,课诸生《楚骚》《文选》"(前揭《张尔田致李审言札》第一封)。前述尔田与王国维的通信中,亦屡次言及授《文选》课程事,并言编讲义"曰《选学述义》"(前揭《王国维未刊来往书信集》,第252页)。另据《国立北京大学职员录》(1922—6),则张尔田又曾为哲学系讲师,讲授《佛家哲学》(《北京大学史料》第2卷上,北京大学出版社2000年版,第376页)。

③ 前揭钱仲联《张尔田评传》。

④ 吴兴华回忆,尔田所授课程为《史微》《隋唐五代史》(吴兴华:《张尔田孟劬先生》,《燕大文史资料》第7辑,北京大学出版社1993年版)。张芝联回忆,1941年燕大历史系研究院导师有容庚、邓之诚、张尔田、王克私(Phlippe de Vargas)等人(张芝联《从〈通鉴〉到人权研究:我的学术道路》,三联书店1995年版,第5页)。

⑤ 前揭王锺翰《张孟劬先生〈遯堪书题〉》。

尔田自称其退而为史学乃"涉世为口",或为谦辞,亦是无奈。①在当时的大学中,经学早已没有独立地位,仅为历史研究之对象,此亦尔田不满于仅知"六经皆史"(不知孔子修史为经)的缘由;其他传统学术(子部、集部之属),则成为各专史(哲学史、思想史、文学史等)的研究内容;有此,被视为传统学问之通人的尔田,②不史而何为?然而,其对当时史学研究主流诸派人物,又均致不满,直言不讳,不嫌不避:

> 学术谲觚,兆于世变。自陶希圣辈讲社会史,直视吾先民为南非之红蕃,而文化澌灭不复返矣。自顾颉刚辈讲古史,谓大禹无其人,禹之治水无其事,而江淮水灾连年告矣。自钱穆辈讲《禹贡》,谓汉儒之大九州为伪造,而今日蹙国百里矣。自孟森辈讲故国史,不惜揭人黑幕以扬其丑,而天道好还,大力

---

① 《夏鼐日记》有对张尔田在燕大讲授史学课程的生动记述和评论,从中颇能窥见此种"无奈"。夏鼐记云:"下午去听张尔田的《史学概论》课。疏疏的胡须、乱杂的头发,进课室来毕恭毕敬地鞠一躬,然后坐下来。微微摇着头说话,苍白的唇间可以看出两列的黄牙,中间已落下几粒了。用两只手做着姿势来加重语气,使得坐在头一行的女性,掩口作吃吃笑。他越发得意了,以为是学生们听得有兴味而笑了。越发高兴地说自己是想造就几个人而教书,却不知道这下面一大堆人都是为学分而读书。我幻想着,他现在大概还在那里做美满的梦罢!可怜这位老头儿,不知道假设这肥皂泡般梦破炸了,他也能感到幻灭否?我觉他们这种人也是幸福的,虽然'目薉时艰,世风日下',未免要摇头叹息几下,而他们自以为是的态度,使他们的苦痛感低了许多。像我现在这样彷徨的境况,真算太苦了。"(夏鼐:《夏鼐日记》,华东师范大学出版社2011年版,卷一,第31页。1931—2—16)又记云:"张尔田的思想,便在国学堆中,也不能适合。因为现在一班国学,正如他所说的充满着抄书匠的考据家,你来讲求义法,反要遭藐视。"(前揭《夏鼐日记》,第36页,1931—3—18)

② 张芝联惊异于尔田之博学,故师从之。自记:"我逐渐发现,孟老在义理、词章、考据、佛学等方面都有传世之作,他集浙东浙西学术于一身,而尤尊章学诚(实斋)《文史通义》。我暗自庆幸能拜孟老为师,他对我也格外诱掖,爱护备至。"(前揭张芝联《从〈通鉴〉到人权研究:我的学术道路》,第6页)。

汗复出矣。邪说殄行,魇民炽盛,患气之乘,吾又安知其所终极也。噫!①

邓之诚是尔田晚年在燕大的同事,亦自称其史学"颇与时贤异趣",却引尔田为"至契":

> 之诚端居读史,历数十年,深信史学以纪载为本,颇与时贤异趣。晚乃得君,君素服膺章学诚、龚自珍,之诚惟此不敢苟同,余皆与君合,以是称至契。君没,弥孤立之惧,故知君最深者莫之诚若矣。②

虽然,晚年为"史学大师"的尔田,实又少有史学类著述,毋宁更多诗、词学讨论的文章。以致所谓"深信史学以纪载为本",并未见诸实际。所以如此,或与尔田晚年对所谓"学术"认识的变化相关,去世前一年(1944),其与钱仲联书,云:

> 弟少年治考据,亦尝持一种议论,以为一命文人,便不足观。今老矣,始知文学之可贵,在各种学术中,实当为第一。即以乙老(按:指沈曾植)而论,其史学、佛学,今日视之,已有积薪之叹,而其诗则自足千古,异日之传,固当在此而不在彼也。③

与之相应,尔田晚年与后来均成为大家的龙榆生、夏承焘、钱仲联等后辈文学青年,保持着密切的交往。其晚年作品,发表于龙榆生主编的《词学季刊》《同声月刊》者,约有数十篇之多,占据其晚年发表作

---

① 张尔田:《与陈柱尊教授论学书》,《学术世界》一卷四期(1935—9)。
② 前揭邓之诚《张君孟劬别传》。
③ 钱仲联辑:《张尔田论学遗札》"甲申札第三通",《文献》1983年第2期,第157页。

品的绝大多数①。龙氏还是尔田指定的身后遗文编订的执行者。②

然而,最终为尔田身后《遯堪文集》的出版,筹措资金并主持校订者,却是尔田生前最后的及门弟子张芝联。③ 张氏1941年秋考入燕京大学研究院攻读历史,师从尔田。其回忆当时问学情形:"直到1944年底我离京返沪这三年多时间里,我不间断地去向孟老请教,并把他的答问写成摘记。可惜两本问答录,在'文革'中遗失了。"④ 现存的一份"问答"记录,也是尔田最后一篇学术长文,即《历史五讲》。

《历史五讲》,署"钱塘张尔田讲稿 受业张芝联记录",初载于《同声》第四卷第二号(1944年11月15日)。文前有张尔田题识:

---

① 此所谓"晚年作品",指尔田30年代后发表于各期刊的各类文章。"七七事变"前,尔田多数文章发表于《词学季刊》《学术世界》,前者又多于后者,约二十余首。北平沦陷后,尔田文章除少数几首外,几尽发表于《同声》(先为月刊,称《同声月刊》,后为不定期刊,称《同声》),约三十余首。

② 夏承焘一九三九年一月廿六日日记:"早过榆生久谈,见孟劬翁二函,新词数首,拳拳以身后文字托榆生。谓大病以后,饰巾待尽矣。"(《天风阁学词日记》,《夏承焘集》第6册,浙江古籍出版社、浙江教育出版社1997年版,第75页)龙榆生记1945年初北上见尔田情形:"执别依依,以身后遗文为托。孰料余南归未旬日,遽传先生于人日下世。"(龙榆生为张尔田《钱仲联〈海日楼诗注〉序》所作"按语",见《同声》第四卷第三号)

③ 《遯堪文集》约辑成于1938—1939年,张东荪记其事曰:"民国二十六年七月七日,日寇入占平津,余与先兄困居燕京大学。其门人王锺翰惧先兄著述或因310而致散佚,乃从事纂辑得成斯篇。后经先兄亲自审定,略有删取,成为定稿。"(张东荪《遯堪文集·跋》,见前揭《遯堪文集》"附录")陈柱有《遯堪文集·序》,署"己卯(1939)中春"(后刊于《同声月刊》第二卷第十二号),可助确定其辑成时间。该《文集》先由吴丕绩在沪"措赀雕版,乃未及三分之一而太平洋战事发矣",遂中止。1948年,张芝联在沪集赀若干(不足之数,由张东荪凑足),并"亲任校阅,乃有《文集》的出版(参见张东荪:《遯堪文集·跋》)。惟邓之诚称"门弟子辑文得百余篇,厘为四卷,藏于家"(《张君孟劬别传》),而已刊《遯堪文集》仅二卷,收文(连同附录)共六十篇。

④ 前揭张芝联《从〈通鉴〉到人权研究:我的学术道路》,第5—6页。

> 余自燕庠罢校,生徒雨散,屏迹陋巷,又兼患目,不能阅书。时惟张君芝联,从问历史大义。每有所告,辄归而记之,已录成谈撮一册。继复以中国文化真相为问,因思此问题繁广,关系历史全部,非作有系统之叙述,不能详明。余既略述梗概,芝联复为之记录,竟成一册,即名之曰历史五讲。芝联为吾老友咏霓先生之子,少年好学,兼通英法文。余嘉其守志之敦,衰年得此,吾道嘱累为有人矣。书成,辄题数语志之。癸未五月张尔田记。

文末又有龙榆生识语:

> 孟劬先生此文,乃去夏讲稿,由及门张君记录者也。适中法研究所主者见之,拟登载所创办之《汉学》杂志。排印甫毕,乃因手民关系,延迟半年,至今未能出版。今春沐勋北游,访先生于大觉胡同寓斋,得见最后改本,语意较前稿更为完善。窃以为先生此文,乃天下公言,非一家之私言也,其是其非,自当予天下人以共见。辄援章实斋"言公"之例,先行转载本刊。异日《汉学》杂志出版,前后两稿,不妨并行于世。

稍后《汉学》第一期刊载此文,易名为《论中国文化及其宗教道德》(后作为附录,收入《遯堪文集》者,即此文)。① 比较《同声》《汉学》所刊两文,确如龙氏所云,《同声》文有少量文字增删改易,应为修订稿;但若就基本内容而言,《汉学》刊文的题目或更恰当。

《历史五讲》以为"宗教也,文化也,道德也,是三者如连锁然。

---

① 尔田此文投稿于《汉学》,或即张芝联负责联系。张氏当时兼职于北平"中法汉学研究所",《汉学》即该所学报。张氏燕大研究院期间,在尔田指导下所撰论文《〈资治通鉴〉撰修始末》,亦发表于《汉学》第一期。见前揭张芝联:《从〈通鉴〉到人权研究:我的学术道路》,第7页。

无宗教即无文化可言,无文化即无道德可言"①,并由此展开对中国固有道德、文化和宗教特点的论述。在此洋洋万言的长文中,予人印象最深刻者,莫过其称中国宗教为一种"保种"宗教。

> 既欲保种,则须知种族存亡之历史。在历史有一必不可免之公例焉,所谓有盛必有衰,有进必有退是也。故欲其不衰必先使之不遽盛,欲其不退必先使之不遽进。

因此,这"保种"宗教的基本教义即为"中""时中":

> 孔子以为天下之动,贞乎一者也,物无有不盛亦无有不进,盛与进天也,而使之不遽盛不遽进则人也,故天工必以人代之,是之谓中,凡毗阴毗阳皆为失中。中也者,中道而立、无过不及之谓也;然中又非株守而不变者也,株守不变则孟子所谓执一,而非执中矣,故又须随时代之推移、环境之转换而认清中位之所在,孔子于是又名之曰时中。果能时中,则能常常保持其平衡矣。

由此"时中"教义,则发生中国文化极富"弹性"的特点:

> 孔子之教义既以时中为揭橥,使中国民族常保其潜在力,而于是文化上遂发生一种弹性作用,其对外也,有时抵抗,有时则又以不抵抗为抵抗。蒙古博尔济锦、满洲爱新觉罗,当其盛也,中国人至俯首帖耳而臣之,及其既衰,则摧枯拉朽而去之矣。其于文化也亦然,遇文化低于我者,则以中国文化而同化之,遇文化高于我者,则不惜一切突变而同化于彼;此种同化非心悦诚服之同化也,一时怵于其势,乘间以达其所为也。

---

① 见《同声》第四卷第二号,以下对《历史五讲》的引述,均同此。

　　　　盖历史公例有盛则必有衰,古今变无常而天人倚伏之理则有常,孔子教人知其常以应其变。中国人受此种哲理之暗示,故其对外也,能始终坚韧于一时,因祸以为福,转败以为功,不但陑穷有所不辞,亦且诡随有所不避,吾故谓中国文化最富于弹性者,此也。

如此解说中国固有宗教和文化,自然令人思及当时尔田本人所处之境遇①和中华民族面对外来强敌侵略的严峻局面,这即是一种自解,又是对中华民族和中国文化之当下因应和未来走向的一种充满矛盾的新认识。

　　向上回溯至民国初年,尔田也曾对中国固有宗教(即"孔教")有过较为集中的论述,其代表作之一即为《政教终始篇》。② 此篇以"大同""小康"说孔教,所谓"小康乃我孔子教义之始基,而大同则我孔子教义之鹄也"。其议论颇类在《新学商兑》中批评过的康门说。或因此,尔田自知"斯文出,必有以非常异义罪我者",故于篇末以"真理初无避就,神而明之以俟后人"自解。而在事后数年,与王国维的通信中,尔田对民初积极参与陈焕章"孔教会"活动之用心,又有另

---

① 张东荪记当时情形:"余因燕校被封为敌人逮捕入狱,先兄亦受惊而病几于危殆", "追余出狱,先兄体力迥不如前,未及睹胜利已溘然长逝。"(《遯堪文集·跋》)邓之诚则对尔田"制行"予以表扬:"倭人设东方文化会,续修四库全书提要,重币聘君,君峻拒之。君本殷顽,倭方纳逊帝,乃推中夏之义不与倭并存,何其壮也。"(《张君孟劬别传》)而夏承焘则曾有另一种担心:"复孟劬先生,谢惠《列朝后妃传》。函中斥郑海藏屈节异族,孟劬以遗老自处,近日东人谋占华北甚亟,他日如送清帝来北平,孟劬或以此受累,故先以微言规之。"(前揭《天风阁学词日记》一九三五年十二月一日)

② 见《孔教会杂志》第2期,收入《遯堪文集》卷一。同期同类作品,后亦收入《遯堪文集》者,还有《与陈重远书一》《与陈重远书二》《与人书一》(原题为《与人论昌明孔教以巩固道德书》)、《与人书二》(原题为《驳某君孔教非宗教孔子非宗教家书》,收入《文集》有改易)等。

一番不为外人道的解释：

> 彼辛亥之役，岂辛亥所能告厥哉？彼以二十年之功，披其枝而颠覆其根本，始有今日之效。今欲兴复之，必须先扶其根，而后徐理其枝叶。为培本计，非昌孔教不可；昌孔教非先以国教立之础不可。国教一定，则上可握教育之权，下可改造舆论。以五十年为期，我身虽不及见，我子孙必有幸丁其时者，则我列祖列宗在天之灵慰矣！而当兹国教未定，欲委蛇以达此希望，则又不能不济以权道。《春秋》重反经，大《易》贵随时，《礼》以义起，《诗》《书》无达诂，从变从宜，六经诚证，较然明白。弟于故国，位在四品，不可谓卑，天泽大义，宁不素讲？顾乃不忍老死空山。仆仆焉冒不韪而为之，亦以所处之时，梨洲、亭林之时耳。故弟之言论，其见于重远处者，皆弟之策略，而非弟之学术。弟诚不敢爱惜名誉，而欲为天下播此一粒种子。①

由此，则尔田民初论孔教，或不免"济以权道"，行以"策略"；然至《历史五讲》，"时中""权变"竟成了孔教本身之精义，其中深藏的悲哀与无奈，令人感慨。

《历史五讲》至篇尾，始以数百字"略言历史"。其大意谓：中国学术重"事理"之研究（西洋重"物理""心理"研究），而历史为"搜聚事实材料之总汇"，故中国学术中之重要者，非史学莫属。历史研究，须"征文考献"，然仅此又不足以尽史家之能事。"征文考献者，史家之工具而非史家之目的也。史家之目的，班固所谓'历纪古今成败祸福存亡之道'，尽之矣。"老子、孔子以至诸子百家，"虽所术不

---

① 前揭《王国维未刊来往书信》，第242—243页，此函约作于1919年中。

同,而言治言理无有不凭借于历史者",亦即由历史之纪而悟道。但经、史仍有不同:"贬天子、退诸侯、讨大夫以达王事",乃孔子《春秋》之法,非史家之法。史学不以褒贬为目的,其纪治乱,"须不隐不虚,就吾人所集之材料,举其大数综合之而成一公例,彰往以察来,见微而知著,斯乃史家之天职也"。

尔田论经、史,重在分别,前文记《史微》已及之。晚年所论,亦大略如初。1935年重刊《新学商兑》,其所增加"按语"即有云:

> 古人未尝离事以言理,经学者即事察理之学也。事,变也,至变之中有不变者焉,是之谓经。若但考事实变程,即史学矣。学者须善思之。①

但至《历史五讲》,却似乎又有了隐隐的变化:且不论其以绝大篇幅论中国宗教与文化,却又将其纳入"历史"之题下,这一显而易见的矛盾②;既就其将史学之法归要为综合事实而成"公例",则与所谓"即事察理"之经学,实际已相去不远。虽然尔田仍以"褒贬"之法归孔子"教经",但似乎更欣赏"谁毁谁誉而我不参末议于其间"的态度,而以之为"我之史法"。其间所蕴涵的经、史升沉及由相分而相合之寓意,恰如同经、史学自近代以来所走过的行程。尔田最终以"时中"为中国宗教、文化之精义,其本人及其思想、学术,非践行此义者乎?

草成于 2014 年寒假前一日
再改定于 2016 年 9 月 23 日

---

① 《新学商兑》(1935年刻本)"其精要全在口说而其口说之传授在于公羊传"条。
② 尔田对此自解为:其所论宗教、文化,"皆历史家所应知者,亦为历史上必须解决之问题"。

后　记

　　呈现在读者面前的这本小册子，实在是一篇旧作。且不说上世纪90年代后半期，数次开设有关清代学术史的读书课时即有的写作意图和初步设想，就是真正动笔并完成初稿的时间，距今也已近十年。

　　面对日新月异的学术潮流，之所以还要将此旧作刊出，除了不敢辜负清华国学院慨允将其列入丛书的雅意，更主要的还是想借此表达多年蓄积于心的对师友的感念：刘师桂生、陈师祖武、朱师育和、张师步州多年教诲，恩重如山；蔡乐苏教授、王宪明教授、欧阳军喜教授、彭刚教授、殷存毅教授，或为同门，或如手足，扶持、鞭策，感念至深。悠悠岁月，石火人生，唯此情谊，最为珍贵。

　　还要感谢刘东教授、岳秀坤教授，以及本书的责编，正是他们的关心、宽容和辛劳，使得这本小书最终能够出版。

作　者

2016年9月于清华园荷清苑